Sonnenaufgang im Todestal

Amiira Ann

Sonnenaufgang im Todestal

Leben unter Muslimen

Impressum

Marienburger Str. 3
71665 Vaihingen/Enz

eMail: verlag@grain-press.de
Internet: www.grain-press.de
Satz: Grain-Press
Cover: Johnny Berger, alias *David*
Druck: CPI Germany 25917 Leck

Name und Orte wurden verändert, um
Personen zu schützen.

ISBN Nr. 978-3-944794-471
Best. Nr. 3598447

Für Jesus

Für Maliik, Rana, Arwa

und andere Freunde, die für
ihren Glauben an Jesus ihr
Leben verloren haben

Inhalt

Prolog

17. September 2005 – Feueralarm

Eine ohrenbetäubende Explosion weckte uns jäh aus dem Schlaf. Es war kurz vor 2.00 Uhr. Ich riss erschrocken die Augen auf. Alarmiert war mein Mann Chris mit einem Satz aus dem Bett und hatte die Balkontür des Schlafzimmers aufgerissen. Im Bruchteil einer Sekunde sah er bestürzt, dass das Auto im Hof, unterhalb unsres Schlafzimmers, lichterloh brannte. Sofort war ihm klar, dass das Haus in Gefahr war.

„Debora, ruf die Nachbarin an, sie soll die Feuerwehr alarmieren!“, rief er mit heiserer Stimme, während er sich fieberhaft Shorts und T-Shirt überzog.

Trotz Jetlag nach der Rückkehr aus Deutschland in den Jemen waren wir beide durch den Adrenalinschub sofort hellwach und unter Hochspannung.

„Was war das für ein Knall? Was ist passiert? Was heißt denn überhaupt ‚Feuerwehr‘ auf Arabisch?“, fragte ich erschrocken, während ich mit zerzausten Haaren und nur mit einem kurzen Nachthemd bekleidet, zum Telefon hetzte.

Doch meine verstörten Fragen wurden nicht mehr beantwortet, denn mein sonst so besonnener Gatte stürmte bereits die Treppe hinunter, immer drei Stufen auf einmal nehmend.

Die Situation war mehr als brenzlig, denn das vollgetankte Auto könnte jederzeit explodieren. Zu allem Übel standen die haushohen Flammen kurz davor, die völlig ausgedorrten, zehn Meter hohen Neem-Bäume in unserem Garten zu erfassen und einen Großbrand auszulösen. Dann wäre tatsächlich auch unsere gesamte Nachbarschaft in Gefahr.

Chatija, eine meiner besten Freundinnen hier, wohnte mit ihrer Familie gleich nebenan. Nur zwei schmale Höfe trennten unsere benachbarten Häuser.

Die zwei Meter hohe Hofmauer zwischen unseren beiden Häusern würde nicht genug Schutz vor dem Feuer bieten.

Meine üppige Nachbarin war immer sehr nervös und ängstlich, besonders wenn ihr Mann nachts in seinem Restaurant in der zwanzig Kilometer entfernten Stadt arbeitete. In Nuqba[1], Lithma[2] und Balto[3] gehüllt, flüchtete sie hysterisch schreiend mit ihren vier verschlafenen Jungs und den aufgeschreckten laut meckernden Ziegen, die mit in ihrem Haus logierten, auf die Straße. Dort setzte sie sich entsetzt auf die staubige Sandstraße und beklagte ihr Schicksal: „*Ya Allaaaah*!!!![4]"

Dass sie hätte Hilfe holen sollen, vergaß sie in ihrer Aufregung völlig. Aber das spielte sowieso keine Rolle, denn es gab keine Feuerwehr, was wir Ausländer aber erst später erfahren sollten.

---

1 Kopftuch, das den gesamten Kopf bis zur Brust verhüllt

2 Gesichtsschleier, der das gesamte Gesicht bedeckt, aber auch umgeschlagen werden kann, dass ein Augenschlitz freibleibt

3 Schwarzer bodenlanger Mantel

4 O Gott!

Inzwischen versuchte Chris, die lodernden Flammen unter Kontrolle zu bekommen, indem er das Wasser aus dem viel zu kurzen und dünnen Gartenschlauch, der neben der Haustür befestigt war, nutzte. Er verschanzte sich vorsichtshalber hinter dieser Holztür, obwohl er natürlich genau wusste, dass ihm diese nur wenig Schutz bieten würde, falls das vollgetankte Auto in die Luft gehen sollte.

Da ich hoffte, dass unsere Kinder, David, Martin und Tim, die im Kinderzimmer auf der Rückseite des Hauses schliefen, relativ sicher waren, stürmte ich die Treppe hinunter, um Enrico, unseren 19-jährigen neuen Lernhelfer aufzuwecken und um Hilfe zu bitten. Er hatte gerade sein Abitur abgeschlossen und war mit uns im Land der tausendundeinen Nacht. Der großgewachsene, sportliche junge Mann fühlte sich etwas unsanft aus dem Schlaf gerissen, rannte aber schlaftrunken aufs Flachdach. Dort befand sich der Wassertank. Ich suchte hastig ein paar passende Gefäße zusammen, um damit das Wasser zu schöpfen. Enrico schüttete die schweren Eimer dann von oben auf das brennende Fahrzeug. Beißender Rauch und haushohe Flammen erschwerten unsere Bemühungen und heftiger Hustenreiz plagte uns „Feuerwehrleute". Selbst feuchte Tücher um Mund und Nase brachten nur wenig Erleichterung.

Mein Unterbewusstsein registrierte, dass sich der Wassertank trotz der schlimmen Wasserknappheit doch immer wieder füllte. Im letzten Vierteljahr vor unserer Abreise nach Deutschland war die gesamte Stadt umgebaut worden, weil der Präsident anlässlich der 15-jährigen Wiedervereinigungsfeier von Nord- und Südjemen mit seinem ganzen Gefolge aus der Hauptstadt Sanaa nach Mukalla gekommen war, um dem Gouverneur, seinem Schwiegersohn, einen Besuch abzustatten.

Bei den Renovierungsarbeiten der Bundeslandhauptstadt Mukalla waren im vergangenen Jahr viele Wasserleitungen zerstört worden. Das verbliebene kostbare Süßwasser war für Zementmischungen und neue Straßen verbraucht worden. Entlang der Straße zum Flughafen war alles kilometerlang begrünt und bepflanzt worden. Diese verschwenderischen Verschönerungen verursachten einen akuten Wassernotstand, sodass das teure Nass seither mit Tanklastern von weit her transportiert werden musste, um die Wassertanks immer wieder auffüllen zu können.

Verbissen kämpften wir drei Deutschen jetzt gegen die Flammen an, um zu verhindern, dass das Haus oder die Bäume Feuer fingen. Dann wäre alles verloren.

Inmitten des laut prasselnden Feuers war nun ungeduldiges Hämmern an der eisernen Hoftür zu vernehmen:

„*Salaam aleykum*[5]. Macht auf, wir wollen helfen!“, rief die drängende Stimme des jungen Nachbarn Fuad, der im Haus gegenüber wohnte.

„Ich kann nicht öffnen, das Auto kann jeden Moment explodieren! Ich komme nicht am Brandherd vorbei“, brüllte Chris frustriert, aber dankbar, für die angebotene Hilfe zurück.

Aus heiterem Himmel ging plötzlich die Hupe des Autos los. „Tuut Tuuuut“, wie ein ununterbrochener Alarmschrei.

Ich bekam eine Gänsehaut und schrie: „Chris, Chris, Chris!“

---

5 Wörtlich: Friede auf/mit Euch (Guten Tag)

Auf einmal sprang der Motor des brennenden Wagens an. Ich schrie noch lauter vor Schreck. Das Auto rollte einige Meter rückwärts, wie von Geisterhand bewegt, Richtung Hoftür.

Entsetzt beobachtete ich durch den beißenden Rauch diesen sonderbaren Spuk vom Dach aus. Ich fragte mich erschüttert, ob Chris vielleicht doch in den brennenden Wagen gesprungen war, im verzweifelten Bemühen, das Haus und damit seine Familie zu schützen. Lag er bewusstlos mit dem Kopf auf der Hupe? Wie sonst sollte ich mir erklären, warum das Ding wie eine Sirene unablässig tutete? Mein Kopf wurde blutleer und ich meinte, den Boden unter den Füssen zu verlieren. Panik überfiel mich.

„Chris!? Wo bist du?“, hallte mein verzweifelter Schrei über die Dächer der schlafenden Stadt.

Kapitel 1

Erster Besuch im Tal des Todes

6 Jahre vorher

Unsere beiden Söhne, David (5) und Martin (3) drückten ihre Gesichter ans Fenster der Boeing 737 der Yemenia Airways. Sie wollten auf keinen Fall den bezaubernden Anblick des in der Dunkelheit hell erleuchteten orientalischen Landeplatzes verpassen, wenn wir endlich in dieser geheimnisvollen arabischen Stadt landeten. Unsere Jungs waren trotz des stundenlangen Flugs überhaupt nicht müde, ich beneidete sie um ihre endlose Energie! Die Stewardess lächelte und versuchte erst gar nicht, unsere beiden fröhlichen Jungs daran zu erinnern, dass sie sich zur Landung anschnallen mussten. Sie ahnte wohl, dass sie sich sowieso gleich wieder abschnallten, sobald sie außer Sicht war!

In meinem Kopf schwirrten die Gedanken über dieses aufsehenerregende Land der Königin von Saba, dem wir uns unaufhaltsam näherten. So oft erschien es wegen Al Kaida-Anschlägen oder tragischen Entführungsgeschichten in den Schlagzeilen der Weltpresse.

Ich spürte, wie die freudige Erregung in mir zunahm. Ich konnte es kaum mehr erwarten, dieses Land wilder Beduinenstämme, genialer architektonischer Bauwerke und liebenswerter und gastfreundlicher Einwohner endlich kennenzulernen. Natürlich hatten wir auch gehört, dass im ärmsten Land der Arabischen Halbinsel der radikale Islam existierte und es viele Extremisten gab. Aber Angst hatten wir keine. Schließlich waren wir jung, enthusiastisch und voller Idealismus! Und wir waren außerdem als Botschafter des Höchsten unterwegs!

Ein paar junge deutschsprachige Pioniere hatten uns zu einem Besuch im Hadramaut – „Tal des Todes" – eingeladen. Wir sollten prüfen, ob wir demnächst dorthin auswandern wollten, um unsere Gaben und Fähigkeiten in die bald beginnende Projektarbeit einzubringen. Konnten wir ahnen, was in diesem noch unerschlossenen Gebiet auf uns wartete?

Auf einmal erinnerte ich mich an den Traum, den ich fünf Jahre zuvor gehabt hatte:

> Ich musste allein zu Hause zurückbleiben, während mein Mann in dem Katastrophengebiet war, von dem die Nachrichten ständig berichteten. Täglich erfuhr man in den Medien von vielen Todesopfern, und ich wusste nicht, ob er noch lebte, denn alle Telefonleitungen waren abgeschnitten und es gab keinerlei Kommunikationsmöglichkeiten. Ständig wartete ich angespannt auf ein Lebenszeichen von ihm, doch umsonst. Mein Herz war schwer. Sorgen und Trennungsschmerz bedrückten mich und raubten mir die Ruhe.
>
> Doch dann stand er frühmorgens plötzlich an meinem Bett und weckte mich mit einem Kuss.

Ich war glücklich und hörte gespannt zu, als er mir von seinen abenteuerlichen Erlebnissen berichtete: „Ich stand neben Jesus auf einer Mauer. Es war laut, die Flammen loderten; man hörte viele Stimmen schreien und ich musste entsetzt mit ansehen, wie unter mir hilflos Menschen versanken, hinabgezogen von einem unwiderstehlichen Sog. Ich bekam kaum Luft. Es war unbeschreiblich schlimm. Doch Jesus war bei mir und er hatte seine Hand auf meine Schulter gelegt. ‚Zieh diesen Mann dort drüben heraus!‘ Ich tat, was er sagte. So half ich auf seine Anweisung hin einigen Menschen aus diesem feurigen See, und sie konnten ihr Leben retten. Aber die ganze Zeit dachte ich an dich, weil ich wusste, dass du dir Sorgen machst. Weil ich dich nicht erreichen konnte, bat ich meinen Chef, dass ich heimgehen darf, um dich zu trösten."

Als Chris berichtet hatte, war ich tief berührt davon, wie Jesus meinen Mann gebrauchte und was für eine wichtige Rolle er hatte.

Doch gleichzeitig war mir klar, dass diese Aufgabe meines Mannes für mich auch eine traurige Seite hatte! Er würde nicht hier bleiben! In kurzer Zeit wäre er wieder fort, besessen von dieser Aufgabe, Menschenleben aus diesem Pfuhl zu retten. Und tatsächlich teilte er mir schon bald mit, dass er nun wieder gehen müsse. Mein Herz blutete, und ich bat ihn: „Bitte lass mich diesmal nicht wieder allein zurück, ich will mit dir gehen!"

Chris zögerte. Er warnte mich: „Es ist sehr schwierig dort für Frauen und es ist absolut kein familienfreundlicher Ort! Es gibt dort vielleicht für dich auch nicht so viel zu ‚tun', und deine Aufgabe wäre stattdessen das Gebet. Bist du dazu bereit?"

Als Chris mir diese Frage stellte, rang ich nur kurz mit mir. Ich bin nämlich gerne aktiv! Dann antwortete ich entschlossen (wie Rut gegenüber ihrer Schwiegermutter in einer Geschichte der Bibel): „Ja, ich will mitkommen! Wo du hingehst, da will ich auch hingehen, und wo du lebst, da will ich auch leben!"

Kurz darauf wollte ich nun meine Freunde überzeugen, mitzukommen und bestürmte sie: „Freunde, ihr habt doch in den Nachrichten von dem Krisengebiet gehört, wo täglich massenhaft Menschen sterben. Bitte kommt doch mit uns! Es gibt so viele Notleidende , die dringend Hilfe brauchen!"

Aber unsere Freunde taten alles, uns verrücktes junges Paar von diesen ausgefallenen Hirngespinsten abzubringen. In unserem Bekanntenkreis ließ sich keiner von meinem Appell begeistern! Enttäuscht sah ich in die Gesichter meiner Freunde, die mit mir sprachen. Stirnrunzelnd und besorgt warnte der eine: „Seid doch vernünftig. Es ist für uns und für euch ein zu großes Risiko!"

„Es ist doch viel zu heiß und gefährlich!", beschwor uns ein anderer. „Und außerdem braucht man euch doch hier."

„Und warum wollt ihr überhaupt weg, es geht euch doch so gut", meinte ein Dritter. „Chris hat einen gutbezahlten Job, der ihm Freude macht und wo er Karriere machen kann. Ihr habt viele Aufgaben und Freunde hier. Lasst doch andere gehen, die keinen so tollen Job haben."

Ich kämpfte tapfer gegen die Sätze meiner Freunde. War es wirklich nur alberne Abenteuerlust oder Naivität, die uns zu diesem Entschluss gebracht hatten? War das Risiko zu hoch und die Sache es nicht wert? Hatte Chris sich den Ruf Gottes nur eingebildet? Zweifel wollten sich in meinem Kopf einnisten und zerrten an mir, wie der Wind an einem Segel. Aber dann wurde mir klar, dass Jesus uns gerufen hatte, und dass es um Menschenleben ging. Da war unsere Bequemlichkeit völlig zweitrangig, selbst wenn wir dafür Familie und Heimat verlassen mussten! Mein Entschluss stand fest. „Wir wollen unser Bestes geben! Wir wissen, dass wir gehen sollen. Wir werden gehorsam sein!" Und traurig fügte ich im Stillen hinzu: „Selbst wenn es bedeutet, dass wir allein auf dem Weg sind."

Chris und ich wurden nun auf Bahngleise geführt, denen wir wie schwebend folgten, Stunde um Stunde, bis wir schließlich an ein Meeresufer gelangten. Dort endeten die Eisenbahnschienen, und der Weg führte uns nahtlos weiter über den Ozean. Auf der anderen Seite des großen Wassers, weit hinten am Horizont, wurde eine Wüstengegend mit vulkanartigen Bergen sichtbar.

Beim Aufwachen hatte ich damals sofort gewusst, dass dies kein normaler Traum gewesen war und hatte geahnt, dass Gott mir etwas sagen wollte.

Gleich landeten wir zum ersten Mal mit heftig klopfenden Herzen auf dem Flughafen von Ryaan. Innerhalb von Sekunden waren wir klatschnass geschwitzt. In den nächsten Tagen traf es mich dann wie ein Schlag, als ich erkannte, dass wir buchstäblich im Lande meiner Träume gelandet waren! Es war seltsam: Obwohl hier in dieser fremden orientalischen Welt alles völlig anders war als dort, wo wir herkamen, war es für mich doch überwältigend vertraut und heimisch! Déjà-vue. Ich fühlte mich, als ob ich endlich nach Hause gekommen wäre! Nicht einmal an der unerträglichen Hitze oder der permanenten Geräuschkulisse nahm ich Anstoß. Und ich nahm auch kaum den Schmutz und die bedrückende Armut der Menschen um mich her wahr. Es war, als ob ich verliebt wäre und alles durch eine rosarote Brille sähe. Ich schwebte wie auf Wolken. Der Traum, den ich vor fünf Jahren geträumt hatte, wurde wieder lebendig. Ich wusste plötzlich, dass diese Gegend, die ich damals gesehen hatte, einen Namen hatte: ***Hadramaut – Tal des Todes***.

Die liebenswerten Menschen, die ich im Traum gesehen hatte, gab es wirklich und sie brauchten dringend Hilfe! Sie hatten mein Herz im Sturm erobert, und sofort war mir intuitiv klar, dass wir hier am richtigen Platz waren! Das würde mir und meinem Mann Kraft geben, auch wenn wir bereits ahnen konnten, dass es hier im Morgenland nicht immer nur einfach werden würde!

Am nächsten Tag bewunderten wir unterwegs im Auto nach Mukalla schweigend und fasziniert die einzigartige Landschaft: Die Mittagssonne spiegelte sich im türkisfarbenen Meer, das sich endlos bis zum Horizont ausbreitete. Die unzählbaren Sandkörner glitzerten am weiten Sandstrand. Kamele sahen aus wie Wüstenschiffe, als sie schaukelnd in den Dünen des weitläufigen Strandes nach knappem Grün suchten.

In der Stadt angekommen, schlenderten wir dicht nebeneinander die belebten Gassen entlang und beobachteten begeistert die zahlreichen dunkelhäutigen Menschen. Lautes Stimmengewirr, emsige Händler, die ihre Ware anboten, tiefverschleierte Marktfrauen, die versuchten, kaufwillige Kunden anzulocken, hupende Autos auf den überfüllten Straßen, dazwischen einfache Eselskarren. Darum herum drängelten sich in einem farbenprächtigen Gewimmel die vielen afrikanisch aussehenden jemenitischen Einwohner!

Ich war fasziniert: Die weiße Stadt schmiegte sich zwischen die dunklen Berge und das Blau des Indischen Ozeans; das goldene Licht der Sonne ließ die Provinzstadt wie Porzellan aufstrahlen. Kein Wunder, dass diese wunderschöne Stadt im Südosten Jemens „Perle Arabiens“ genannt wird. Im Hafen von Al Mukalla ankerten malerisch bunte Fischerboote und die rustikalen Holz-Sambucas, mit dem charakteristischen Kiel-Design.

Verspielte Delfine konnten wir vom Ufer aus beobachten, weiter draußen sollte es wunderschöne Korallen-Riffe geben. Eine flimmernde Hitze schimmerte über der faszinierenden Stadt, vom Meer wehte eine leichte Brise. Wir spürten Orient pur. Ich hatte das Gefühl, durch eine Zeitmaschine um 1000 Jahre zurückversetzt geworden zu sein und mich in einer Geschichte aus „Tausendundeiner Nacht“ wiederzufinden.

Die Stadt war voller Leben, auf dem Markt gab es bunte Läden mit Kleidern, Tüchern, Körben und vielen anderen Dingen. Bemalte Stände, mit wunderschön aufgestapelten Früchten und Gemüsesorten. Schwere, undefinierbare Gerüche. Frischfleisch hing blutig und von Fliegen umschwirrt an Haken am Metzgerstand, daneben der Fischmarkt: Der unverkennbare Fischgestank konnte manchen geruchsempfindlichen Touristen den Magen umdrehen, schien hier jedoch niemanden zu stören.

Am Nachmittag, als es nicht mehr ganz so heiß war, waren die Frauen auf dem Markt: Die mit schwarzen Tüchern Vermummten schlenderten an den Ständen entlang. Trotz glühender Hitze waren sie in bodenlange schwarze Mäntel gehüllt, trugen die schwerbeladenen Körbe auf dem Kopf, das jüngste Baby meist auf den Rücken gebunden. Nur an der Richtung, wohin sie sich bewegten, konnte ich erkennen, wo vorn war, denn der Gesichtsschleier bedeckte sie so komplett, dass man nicht einmal die Augen sehen konnte! Die Mütter beachteten ihre sie umringenden dunkelhäutigen Kinder nicht bei ihrem Einkaufsgang. Falls diese Frauen in Eile waren, möglichst schnell aus der Sonne zu kommen, ließen sie sich das jedenfalls nicht anmerken. Vielleicht waren sie ja auch froh, dem Haus und ihren vielen Aufgaben für einige Momente entfliehen zu können?

Ihre Kinder tummelten sich barfuß im Sand oder plantschen im Wasser, um sich abzukühlen. Die prinzessinnenhaften Kleider der Mädchen waren an manchen Stellen zerrissen und vom billigen Waschpulver und der Sonne vergilbt.

In den Teehäusern oder auf dem Marktplatz saßen viele Männern im Schneidersitz auf dem Boden. Sie rauchten *Shisha*[6] , tranken Tee und kauten mit dicken Backen *Qat*[7]. Dazu wurden die Blätter und Stängel fein säuberlich aus-

6 Wasserpfeife

7 Einheimische Kaudroge

gewählt und mit den Fingern abgezupft und in die Backe geschoben.

Chris raunte mir zu: „Das Kauen dieses grasartig schmeckenden Suchtmittels verschwendet viel Zeit und Geld, doch es soll die Potenz anregen. *Qat* macht müde Männer munter."

Die eher kleinwüchsigen jemenitischen Männer trugen hier im Südosten *Futas*[8] zu Halbschuhen. Bunte Tücher, die sie meist lässig über die Schulter gelegt hatten, leuchteten in grellen Farben in der Sonne.

Es war ein buntes lärmiges Treiben, das aber auch gleichzeitig entspannt wirkte. "Hektik" schien ein Fremdwort; hier galt eher das Sprichwort: „Komme ich heute nicht, dann komme ich vielleicht morgen." *Inschallah!*[9]

Als der Muezzin zum *Marib*[10] rief, ließen die Männer alles stehen und liegen, entschwanden schnell in Richtung Moschee, wo sie pflichtschuldig ihre Gebete verrichteten, sich in Richtung Mekka verneigend. Man sah jetzt nur noch die Schuhpaare vor der Moschee-Tür stehen. Die Frauen verschwanden ebenso hurtig von der Bildfläche, sie beteten zu Hause.

Nur die einheimischen Jungs spielten unbeaufsichtigt weiter. Sie ließen sich durch den Moschee-Vorsteher nicht von ihrem Spiel ablenken. Noch durften sie eine unbeschwerte Kindheit genießen.

Die Töchter waren bei der Mutter daheim – wie es die Tradition verlangte. Hier waren die meisten Mädchen Anal-

8 Feingewobene Wickelröcke mit schönen Mustern

9 So Allah will! Vielleicht

10 Abendgebet

phabetinnen, weil es unschicklich für sie gewesen wäre, das Haus zu verlassen (und in die Schule zu gehen). Ich wusste, dass es für viele auch unerschwinglich war, das Schulmaterial zu kaufen.

Von den komplett schwarzgekleideten Frauen dieser Kleinstadt sah man nur die Schuhspitzen mit meist sehr hohen Absätzen unter den schwarzen *Abayas*[11] hervorlugen. Schwarze Tücher waren enganliegend aber elegant um den Kopf drapiert, sodass man die Haare nicht sehen konnte. Zusätzlich hatten schwarze mehr oder weniger durchsichtige Gesichtsschleier, mit oder ohne Augenschlitz, die Gesichter der weiblichen Wesen verhüllt. Ein vornehmes Handtäschchen rundete das schwarze Outfit ab.

„An das alles beherrschende Schwarz muss man sich zuerst gewöhnen.“, seufzte ich.

Aus Jordanien war uns das Leben in der arabischen Kultur im Großen und Ganzen vertraut, aber im Vergleich dazu war es im Jemen doch sehr viel strenger!

„Es ist eigenartig, wenn man die Gesichter der Frauen nicht sehen kann“, murmelte ich befangen. „Man weiß nicht, ob sie lächeln oder nicht. Ich frage mich, wie sie sich fühlen, so abgeschirmt und verborgen? Und wie viel können sie durch den Gesichtsschleier überhaupt sehen?“

Die zahllosen bunt bekleideten Kinder waren ein farbenfroher krasser Gegensatz zu den schwarzgewandeten Frauen.

***

Ich lächelte, als mein Blick auf meinen gutaussehenden breitschultrigen Chris mit seinem dunkelhaarigen Äuße-

11 traditionelles islamisches, mantelartiges Kleidungsstück

ren und dem Schnauzbart fiel. Eigentlich passte er perfekt in die Arabische Welt! Meistens strahlte er eine gelassene freundliche Heiterkeit aus. Er war grösser als die meisten eher kleinwüchsigen Einheimischen. Vor allem, wenn er sein Tuch wie diese lässig um Schulter oder Kopf schlang und die traditionelle *Futa* und ein Hemd trug, sah er aus wie einer von ihnen! Die Jemeniten meinten oft, er sei aus einem anderen arabischen Land. Vielleicht aus Syrien? Dass dieser Fremde nicht aus ihrem Land stammte, war offensichtlich durch den leichten Akzent im sonst fließenden Arabisch und seine manchmal komplizierte Wortwahl. Aber sie wollten kaum glauben, dass er aus Europa kam! Viele Araber wollten dorthin, warum also sollte ein Europäer bereit sein, den Luxus und das schöne Leben seines exquisiten, grünen Landes, dessen Bilder man im Fernsehen bewundern konnte, gegen die feucht-schwüle Hitze, die Armut und die karge Wüstenlandschaft einzutauschen?

Es war mir natürlich bewusst, dass man mir, im Gegensatz zu ihm, die Fremdartigkeit schon von Weitem ansah. Obwohl meine Haut durch Sonne und Wind gebräunt war, sah ich neben den südjemenitischen Einwohnern mit afrikanischem Einschlag eher blass aus. Meine Größe passte zu den einheimischen Frauen, die kaum 1,60 Meter waren. Ich trug eine Nickelbrille, sodass man meine braunen Augen nur sah, wenn man genauer hinblickte. (Was den einheimischen Männern ohnehin streng verboten war!)

Mein Mann beschrieb mich dem Team, das wir kennenlernen sollten, folgendermaßen:

„Meine kleine blonde Frau ist kontaktfreudig, freundlich und warmherzig und auf eine natürliche Art liebevoll. Weil sie keine Berührungsängste hat und auch keine oberflächlichen Gespräche mag, lernt sie immer erstaunlich schnell Menschen kennen und schließt sensationell tiefe Freundschaften."

Für uns alle vier war es gut, während unserem Besuch die beiden Familien, die schon seit ein paar Monaten dort wohnten, und die beiden alleinstehenden Teamfrauen kennenzulernen. Unser Team hatte vor, in einem bestimmten Projektgebiet außerhalb der Stadt Entwicklungsarbeit zu leisten und den Bedürftigen auf jede erdenkliche Art und Weise zu helfen. Der junge Teamleiter hatte nach dem Zahnarztstudium Arabisch studiert und seine Frau, eine Physiotherapeutin, geheiratet. Er hatte ein großes Herz für seine Vision, aber noch keine praktische Erfahrung.

Das Einsatzteam bestand außerdem noch aus den Webers mit ihren fünf Kindern: Samuel und Benedikt, die etwas älter waren als unser David, Tabea, gleichaltrig wie unser Ältester und Tobi, der später mit unserem Martin eingeschult werden würde, sowie dem Jüngsten, Gideon. Ihre Mutter, Eva, war eine sanfte Frau, die ihre Kinder und den Haushalt in der Fremde gut im Griff hatte. Ihr freundlicher und aufgeschlossener Ehemann Udo strahlte eine natürliche charismatische Autorität aus.

Hebamme Heidi, eine urige Schweizerin, kannten wir bereits aus unserer Sprachschulzeit in Jordanien. Sie war damals bei Davids Geburt dabei gewesen und freute sich über das Wiedersehen. Wir und sie konnten uns eine baldige Zusammenarbeit wirklich gut vorstellen. Außerdem gab es eine deutsche Kinderkrankenschwester und eine Abiturientin, die die Schulkinder für ein Schuljahr unterrichtete.

Obwohl ich bei unserem ersten Spaziergang in der Stadt ein bodenlanges blaues Gewand mit langen Ärmeln und ein großes Kopftuch trug, das sittsam meine blonden Haare bedeckte, fühlte ich mich ausgestellt. Wenngleich ich aussah, wie eine große Konservendose und alles dezent versteckt war, bemerkte ich die Blicke der Menschen und fühlte mich unbehaglich! In Jordanien war sogar ein knielanger Rock und Ellbogenlange Ärmel ohne Kopftuch ausreichend, um sich unter den Einheimischen wohl zu fühlen. Hier aber fühlte ich mich ohne schwarzen Umhang so, als ob ich im Badeanzug durchs Einkaufszentrum schlenderte.

„Chris, Ich glaube, ich falle auf wie ein bunter Hund! Es ist mir unangenehm, wenn ich so angestarrt werde. Schau doch, alle Frauen tragen pechschwarz, bei den meisten ist sogar das gesamte Gesicht bedeckt und man kann nicht einmal die Augen sehen. Trotzdem spüre ich, wie sie mich mit Blicken durchbohren. Einige tragen trotz Hitze sogar Handschuhe und Strümpfe, damit man ja keinen Millimeter Haut sieht!"

„Ja, das ist beeindruckend. Nun verstehe ich auch, warum das Team beschlossen hat, dass alle Teamfrauen die bodenlangen, schwarzen Mäntel tragen sollen – dazu Kopftücher, die aber auch farbig sein können. Mit der Verschleierung soll den Einheimischen Respekt gezeigt werden. Wir wollen ihnen auf Augenhöhe begegnen. Unter dem dünnen, weiten Mantel kann man ja tragen, was man will."

„Vielleicht sollten wir möglichst bald auch so einen schwarzen Mantel kaufen, dann würde ich weniger auffallen und mich dann sicher wohler fühlen", schlug ich eifrig vor.

„In der Parallelstraße gibt es Kleider und *Abaya*-Läden. Sollen wir mal schauen, ob wir etwas für dich finden?", ermutigte mich Chris und bog schon in eine Querstraße ein, sodass wir nach ein paar Schritten in der Kleidergasse waren.

Zuerst war ich überwältigt von der wirklich sehr engen Passage, wo es anscheinend unendlich viele Shops gab, die ihre schwarze Stoffware feilboten. Hier war es ziemlich finster, da keine Sonne durchkam und die mehrstöckigen hohen Häuser dicht aneinandergebaut waren. Chris führte mich zielstrebig zu einem Laden, wo viele schwarze *Baltos* draußen an einer Kleiderstange hingen und im Wind flatterten. Am Eingang stand ein schwarzhaariger Mann mit dichtem schwarzem Vollbart und finsterem Blick, der uns gleich in den fensterlosen stockdusteren Laden hineindrängte, eifrig schwarze Mäntel von der Stange riss und zum Anschauen an seinen eigenen Körper hielt. Ich versuchte, tief durchzuatmen, da eine Art Panik in mir hochstieg. Die Tür stand zwar offen, doch ich fühlte mich beklommen und beengt wie in einer schwarzen, engen Höhle. Es war muffig und stockfinster in dem kleinen völlig vollgestopften Raum, der an mehreren Stangen übereinander schwarze Mäntel und passende Kopftüchern darbot. Die schwülwarme Luft stand absolut still, kein Lüftchen bewegte sich, anscheinend war momentan Stromausfall. Der Verkäufer stand geschickt vor dem Ausgang, sodass man sich nicht einfach an ihm vorbeidrängen konnte, zumindest nicht, ohne ihn zu berühren. Ich war völlig überwältigt – alles um uns war schwarz, pechschwarz. Und es roch durchdringend nach …? War es Weihrauch? Oder Mottenpulver?

Ich merkte plötzlich, dass ich eine Abneigung gegen schwarz hatte. Warum war mir das eigentlich früher nie aufgefallen?

Schnell hatte ich erkannt, dass alle dargebotenen Mäntel für mich viel zu lang waren und schüttelte bei jedem Exemplar verneinend den Kopf, während der Händler unablässig die Schönheit und Qualität der *Baltos* und ihrer dazu passenden großen schwarzen Schals in einem sonderbaren arabischen Singsang anpries. Eigenartigerweise spürte man trotz seines übertriebenen Eifers seine Reserviertheit und fast ablehnende Kälte.

Plötzlich hielt ich die finstere Enge nicht mehr aus und beschwor meinen Mann flehend: „Ich muss hier raus und zwar jetzt sofort!"

Fluchtartig verließ ich das winzige Geschäft, vorbei an dem Kaufmann, der uns weiterhin unablässig volltextete. Draußen atmetet ich tief ein und aus, um das Schwindelgefühl unter Kontrolle zu bekommen.

Chris murmelte beim Hinausgehen dem erfolglosen Verkäufer zu, dass wir „*Inschallah*" vielleicht später zurückkämen und drängte sich ebenfalls an dem konsternierten Mann vorbei.

Draußen fragte er besorgt: „Was ist denn eigentlich los? Du bist so blass geworden und hast ausgesehen, als ob du gleich umfallen würdest?"

„Wo hätte ich in dem engen Raum hinfallen sollen? Etwa in diese schrecklich stinkenden schwarzen Mäntel?", fragte ich und versuchte schon wieder, zu lächeln. „Es war einfach furchtbar. Mein Herz fing an, zu rasen und ich fühlte mich wie in einer Höhle, in der lauter finstere Gestalten warten, dass sie uns anspringen. Ich glaube, ich kann nie wieder in so einen düsteren Abayaladen gehen."

Doch schon beim nächsten Geschäft, das draußen einige schwarze *Abayas* ausgestellt hatte, blieb ich neugierig stehen und befühlte prüfend die Stoffe. Auch hier versuchte der Besitzer, uns in den Laden zu locken, indem er versprach, er habe drinnen noch schönere und bessere Modelle. Doch ich weigerte mich beharrlich, hineinzugehen.

„Keine zehn Pferde werden mich da hineinbringen, und wenn du dich auf den Kopf stellst und mit den Ohren wackelst!“, sagte ich freundlich lächelnd auf Deutsch und war dankbar, dass unser Gegenüber wohl unsere Muttersprache nicht verstand.

Ich schaute hilfesuchend zu Chris auf: „Vielleicht musst du einfach für mich so ein schwarzes Ding kaufen“, bat ich ihn mit einem flehenden Blick, dem er nicht widerstehen konnte.

Er fackelte nicht lange rum und reichte mir das erstbeste Modell. Prüfend hielt ich es an meinen nicht sehr langen Körper.

„Das könnte wohl einigermaßen passen, ohne dass ich den Saum einnähen muss.“

Das Gewand hatte schlichte schwarze Zierstiche am Halsausschnitt und an den weiten Ärmeln, sowie am Saum.

Der Verkäufer versuchte eindringlich, mich von anderen Modellen zu überzeugen. Als alles nichts nützte, wollte er mich wortreich und wild gestikulierend dazu überreden, doch unbedingt das „qualitativ so hochwertige und einzigartige, dazu passende“ Riesen-Kopftuch dazu zu kaufen.

„Ich mache einen Sonderpreis, extra für dich!“, versprach er, wie er das bei jedem Mann und jeder Frau tat.

Doch ich lehnte entschieden ab, da mir die Farbe des Kopftuches nicht gefiel. Es war nämlich schwarz und ich wollte auf keinen Fall unnötig schwarzen Ballast ansammeln, wo ich doch jetzt schon wusste, dass ich es niemals tragen würde.

Entschlossen hielt Chris dem aufdringlichen Mann die erforderlichen Geldscheine hin, nachdem er um einen angemessenen Preis gefeilscht hatte, und schloss damit das Geschäft ab. Er reichte mir den Mantel, ich streifte ihn auf dem engen Sträßchen schnell über mein Kleid und zog das bunte Kopftuch gerade. Dabei ignorierte ich entschlossen die neugierigen Blicke der inzwischen zahlreich herumstehenden Schaulustigen, die wohl so etwas Interessantes nicht jeden Tag zu sehen bekamen.

„So, das wäre geschafft! Danke, dass du mir geholfen hast. Es ist hier sogar schwierig, einen schwarzen *Balto* zu kaufen.“, lächelte ich nun erleichtert.

Sobald wir die dunkle Kleidergasse verlassen hatten, löste sich alle Anspannung. Das Gefühl der Gegenwart einer finsteren Macht, das mich eben noch so sehr bedrängt hatte, war ganz und gar verflogen.

***

Nach wenigen Tagen in Mukalla machten wir uns mit dem Team auf, um gemeinsam mit den Autos nach Sayyun zu fahren, wo wir ein paar Tage gemeinsam auf einer Teamfreizeit verbrachten.

Dort lernten wir uns alle noch etwas besser kennen, die Kinder konnten im kleinen Swimmingpool, der von hohen Mauern umgeben war, etwas plantschen. Abends erzählte immer eine Familie die gemeinsame Lebensgeschichte. Das gab uns das Gefühl, richtig dazuzugehören. Doch schon bald mussten wir uns verabschieden, traurig, weil es schon vorbei war!

Der jemenitische Fahrer des Teams, der grauhaarige Abu Raschid, brachte uns dann mit dem Auto zum Flughafen. Über die Hauptstadt Sanaa flogen wir zurück nach Deutschland, um unsere Auswanderung nach Jemen vorzubereiten. Chris musste seinen gutbezahlten Job kündigen.

Kapitel 2

Märchen von tausendundeiner Nacht?

5 Monate später – 26. Februar 2000

Laute Stimmen tönten durch die Lautsprecher, grelle Neonlampen beleuchteten mit ihrem harten, weißen Licht die bizarren Flughafenszenen und die auf ihr Gepäck wartenden Fluggäste. Wir standen am Zollschalter des Flughafens von Sanaa, der etwas heruntergekommen wirkte. Jetzt konnten wir es trotz Müdigkeit kaum mehr erwarten, am Ziel anzukommen. Zuvor musste man jedoch noch Einreisegebühren bezahlen und an einem anderen Schalter das vorbestellte Visum kaufen. Neben der Tür zur Halle wartete ein Mann in dunklem Anzug, der sich durch sein elegantes Aussehen ziemlich von den anderen jemenitisch gekleideten Männern abhob, die bodenlange, weiße Hemden mit Anzugsjacke sowie den *Djambya*[12] um den Bauch und ein Araber-Tuch um den Kopf geschlungen trugen. Dieser vornehm Gekleidete hielt ein Schild in der Hand, auf dem in großen Buchstaben stand: „Transit to Mukalla".

12 jemenitischer Dolch

„Fliegen Sie weiter nach Mukalla?“, fragte er uns lächelnd.

Vermutlich sah man uns das an, denn er wies bereits mit der Hand nach links:

„Sie müssen zu Gate 2. Dort fliegt bald das nächste Flugzeug, das Sie zu ihrem endgültigen Ziel nach Ryaan, dem Flughafen von Al Mukalla bringen wird!“

„Dort auf dem Gepäckband sind unsere Koffer und eine unserer Kisten!“, rief David plötzlich aufgeregt.

„David, wie gut, dass du entdeckt hast, dass der Gepäcktransit doch nicht geklappt hat, wie man uns eigentlich versprochen hatte. Holt schnell ein paar Gepäckwagen. Wir müssen sofort alles einsammeln und durch den Zoll bringen!“

In einer langen Schlange warteten bereits viele Fluggäste, um ihre Gepäckstücke vom Band abzuholen. Mit dem aufgeladenen Gepäck gingen wir dann nacheinander zum Zoll, wo alles mehr oder weniger gescannt oder durchsucht wurde. Chris war der erste in der Reihe, er hatte sich bereits gut angepasst und sich nach landesüblicher Manier vorgedrängelt. Danach folgten unsere begleitenden Freunde, Oma und Opa B., und die Kinder. Damit keiner unserer beiden Jungs verloren ging, bildete ich mit dem größten Teil des Gepäcks die Nachhut.

Der Transithelfer drängelte: „Das Flugzeug ist startklar, Sie müssen schnell zu Gate 2!“

Aber die einheimischen Zollbeamten konnten nicht lesen, was auf der Abflugtafel stand. Und auch für die Rufe und unser Drängen und Bitten schienen sie taub zu sein.

Es interessierte sie vermutlich auch nicht besonders, ob wir Ausländer rechtzeitig ans Ziel kamen oder nicht.

„Ich hole schnell das Visum, wartet ihr hier", rief Chris uns zu und rauschte im selben Moment davon, ohne auf eine Antwort zu warten.

Unser dreijähriger Martin saß in der Zwischenzeit zufrieden am Boden und spielte mit den weggeworfenen Trinktüten und untersuchte die herumliegenden Zigarettenstummel, weil sein Buggy nicht da war. Oma B. und David passierten gerade mit zwei vollgepackten Gepäckwagen den Zoll.

„Haben wir alles? Es sind immer noch acht Schachteln, drei große Koffer, zwei kleinere Koffer und drei Trollys und das Handgepäck", zählte ich laut.

Unser Martin ließ sich nicht weiter in seinem Spiel stören.

„Nicht zu vergessen die beiden Koffer von Oma und Opa B. Und wo ist der Wagen für die letzten Gepäckstücke?"

Plötzlich wurde mir bewusst, dass Chris inzwischen schon weit voraus war und keine Spur von ihm mehr zu sehen war. Opa B. war gerade fertig beim Zoll und hatte alles wieder aufgeladen. Er ging mit Martin durch die Absperrung.

Ich war die letzte unserer Reisetruppe. Ich wollte schnell den anderen nacheilen. Aber ganz unten befand sich die Schachtel mit der Aufschrift: „Mikrowellenherd, Achtung! Zerbrechlich!" Darauf lagen zwei große Koffer, eine Reisetasche und das Handgepäck. Die anderen unserer kleinen Reisegruppe waren jetzt alle außer Sicht.

„Bitte die Schachtel da unten aufmachen!“, verlangte der strenge Beamte.

Mir brach der Schweiß aus; ich betete stumm: „Bitte, Herr, ich will hier nicht allein zurückbleiben! Bitte hilf mir!“

Mühsam musste ich die schweren Gepäckstücke herunterwuchten. Vorsichtig machte ich den sorgfältig mit Klebeband und Schnüren verschlossenen Karton auf und versuchte, dem Diensthabenden auf Englisch zu erklären, dass dies ein Gerät zum Kochen sei. Doch der Mann schüttelte ungerührt den Kopf, er wollte das Gerät genauer untersuchen.

Nun wurde mir seine Neugier aber zu bunt. Ich fasste einen schnellen Entschluss. Jetzt war es nur noch wichtig, meine Familie nicht zu verlieren. Entschieden schaute ich den Zollbeamten an:

„Ihr könnt das behalten, aber ich muss jetzt gehen! Mein Flugzeug, die Kinder …“

Dabei vergaß ich völlig, dass ich am Flughafen kein Arabisch sprechen sollte!

Aber der Uniformierte lächelte jetzt freundlich, er hatte mich verstanden und Entgegenkommen blitzte in seinen Augen auf.

„Ich habe auch Kinder zu Hause. Sie brauchen ihre Mutter“, murmelte er auf Arabisch vor sich hin.

Mir blieb fast der Mund offen, als der vorher so distanzierte Beamte nun sogar bereitwillig helfen wollte, alles wieder zu verstauen. Notdürftig banden wir den ramponierten Karton mit einer Schnur zusammen, dann nickte ich dem Mann zum Abschied freundlich zu und suchte nach dem richtigen Ausgang. Aber niemand war mehr zu sehen. Selbst der Transithelfer war verschwunden.

Eilig hastete ich mit dem Gepäckwagen und den letzten Gepäckstücken zu einem Ausgang. Völlig außer Puste rannte ich zur Rollbahn, doch dort stand nur noch ein einziges, sehr kleines Flugzeug bereit.

„Ist das etwa das richtige Flugzeug?“, fragte ich mich selbst.

Meine Beine trugen mich fast automatisch zur Treppe, trotz der Panik, die mich überkam.

Inzwischen waren schon alle Passagiere im Inneren der Maschine verschwunden, der Propeller rotierte und die Motoren liefen geräuschvoll an. Mein Herz pumpte bis zum Hals, als ich mit letzter Kraft die Treppe erreichte.

Fremde Hände waren plötzlich da und halfen mir die schweren Stücke hinaufzutragen. Erleichtert entfuhr mir ein Seufzer. Die kleine Maschine war offensichtlich die richtige! Und dann sah ich plötzlich sein vertrautes Gesicht.

„Wo bleibst du denn nur so lange?“, fragte Chris mit seinem schelmischen Lausbubengrinsen im Gesicht.

Er merkte schnell, dass ich nach Luft japste und von mir gerade keine Antwort zu erwarten war. Keuchend fiel ich auf den letzten freien Sitz.

„Uff!“

Die einzige Stewardess öffnete die Tür zur hinteren Toilette im kleinen Flieger und deponierte kurzerhand alle meine Gepäckstücke auf dem geschlossenen WC-Sitz. Dann drückte sie schnell die Tür zu und verschloss eilig das WC von außen, indem sie einfach ein anderes Gepäckstück unter den Türgriff klemmte. Im gleichen Moment erhob sich der kleine Flieger auch schon in die Luft. die Flugbegleiterin ließ sich auf einen Sitz fallen und schnallte sich hektisch an. Sie machte sich heute nicht die Mühe, für die wenigen Passagiere, denen wohl ihre Flugerfahrung anzusehen war, die Sicherheitsinstruktionen herunterzuleiern.

Da es auf diesem einstündigen Flug ziemliche Turbulenzen gab, sparte Yemenia sich ohne mit der Wimper zu zucken die kleinen Snacks, die es normalerweise auf dieser Kurzstrecke gab.

Das Flugzeug landete pünktlich eine Stunde nach Mitternacht auf dem kleinen Flughafen von Ryaan. Gespannt und durstig stiegen alle Reisenden aus dem Flugzeug. Bevor wir den Boden erreichten, waren wir bereits klatschnass geschwitzt.

Wir hatten Deutschland bei Minusgraden und klirrender Kälte verlassen. Hier schlug uns die feuchte Hitze wie ein nasser Waschlappen entgegen. Für unsere Freunde, Ehepaar B., war diese Schwüle besonders schwer zu ertragen. Wir waren ihnen dankbar, dass sie dieses Opfer auf sich genommen hatten, um uns für eine Woche bei der Kinderbetreuung zu helfen, damit wir uns auf die Wohnungssuche konzentrieren konnten.

Alle Kisten, Koffer und Reisetaschen waren auf dem Gepäckrollband angekommen, zwar etwas angeschlagen, aber immerhin vollständig. Nur der Buggy fehlte noch. Martin saß schon wieder auf dem vor Dreck strotzenden Fußboden und ich musste meinen Ekel überwinden.

„Er muss schließlich abhärten, denn von nun an wird sein Immunsystem mit stärkeren Kalibern fertig werden müssen.“, redete ich mir ein.

Dabei versuchte ich, meine antrainierten Hygiene-Notstand-Alarmglocken zu ignorieren. Augen zu und durch!

Für etwas *Bakschisch*[13] fanden sich viele Helfer. Chris war schon eifrig dabei, auf Arabisch mit den einheimischen Taxifahrern zu verhandeln, die sich alle wild gestikulierend auf uns stürzten. Chris hatte im Flugzeug mitbekommen, dass der dunkelhaarige junge Deutsche, Tom, der auch Richtung Parkplatz ging, Tauchlehrer des Hadramaut-Tauch-Centers war. Er schaute neugierig zu uns herüber. Chris ging auf ihn zu und stellte sich kurz vor:

„Hallo, ich bin Chris. Wir haben ziemlich viel Gepäck. Ich wollte fragen, ob du in eurem Kleinbus noch etwas Platz hast. Es wäre sehr nett, wenn die beiden Frauen und die Kinder mit Euch bis zum Hadramaut-Hotel fahren könnten.“

Tom nickte freundlich und machte stumm eine einladende Geste Richtung Fahrzeug. Sein Fahrer eilte herbei. Er schleppte unsere herumstehenden Gepäckstücke zum Wagen und verstaute sie im Kofferraum. Wir Frauen quetschten uns müde mit je einem Kind und dem Handgepäck auf dem Schoß auf die hinteren Sitze. Chris konnte nun in Ruhe die Einreisegenehmigung abholen und dann zusammen mit Opa B. und dem restlichen Gepäck nachkommen.

Die Nacht war wunderbar klar. Verheißungsvoll leuchtete vor uns am dunklen Nachthimmel das helle Sternenbild „Kreuz des Südens“ als vielversprechendes Symbol der tröstenden Gegenwart Gottes. Es war immer noch schwül, doch

13 Trinkgeld

der Windhauch streichelte sanft über unsere Haut und kühlte sie angenehm ab. Unterwegs war es trotz der hellen Sterne so dunkel, dass man nichts von der Landschaft erkennen konnte. Aber wir waren ohnehin unsagbar müde. Die Kinder hatten vor Aufregung noch keine Sekunde geschlafen und stellten ununterbrochen Fragen:

„Wie sagt man Danke auf Arabisch?“

„Stirbt man, wenn einen ein Moskito sticht?“ (Sie hatten mitbekommen, dass wir in ein Malariagebiet auswanderten).

„Werden wir zusammen mit Oma und Opa B. in einem Zimmer schlafen?“

„Wieso dürfen wir nur zwei Mal im Hotel schlafen und müssen dann ins Büro umziehen? Können wir nicht bei unseren Freunden bleiben?“

„Wann gibt es was zu essen?“

„Ich habe Durst. Warum gibt es nichts zu trinken?“

Kurz nach 2.00 Uhr erreichten wir endlich das Hotel. Während wir den Kleinbus noch ausluden, kamen auch Chris und Opa B. mit dem Taxi an. Sie stiegen aus und streckten sich müde. Ein freundlicher Page kam herbeigeeilt und half dienstbeflissen und lächelnd, das Gepäck zu den romantischen Chalets im Garten zu tragen, die Chris hatte reservieren lassen. Die Männer mussten mehrmals laufen, aber endlich standen alle Gepäckstücke in einer Ecke des Feriendomizils. Die Moskitos summten unaufhörlich um unsere Ohren. Plötzlich sprang wie aus dem Nichts eine dicke Ratte hervor und verschwand hinter unserem grauen Koffer. Das brachte bei mir das Fass zum Überlaufen. Ich weinte.

„Ich kann hier nicht schlafen! Ich kann nicht mit einer Ratte zusammen im Zimmer schlafen!"

Chris verdrehte entnervt die Augen und seufzte. Er wollte jetzt endlich ins Bett.

„Ist doch bloß eine Ratte!", wehrte er müde ab.

Er war auch gestresst. Jetzt war ich jedoch wieder hellwach und noch dazu wild entschlossen.

„Bitte, wir müssen hier raus, ich halte das nicht aus!"

Mühsam versuchte ich, ruhig und sachlich zu argumentieren, auch wenn ich mich ärgerte und mein Bedarf an Abenteuer fürs erste gedeckt war!

Widerstrebend und frustriert ging Chris nach einigen Minuten vergeblichen Diskutierens wieder zur Rezeption, um zu fragen, ob noch ein Zimmer im Hotel frei sei. War das peinlich für ihn!

Ich blieb mit den Kindern zurück, traute mich aber kaum, zu atmen. Ich bewegte mich nicht, während ich intensiv die Ecke im Auge behielt, wo das abscheuliche Nagetier verschwunden war. Die Kinder waren müde und quengelten. Einige Zeit später kam Chris endlich mit dem freundlichen Pagen, Mohammed, zurück, der uns noch einmal mit einem ergebenen Lächeln beim Umzug des Reisegepäcks half. Dafür war ich ihm sehr dankbar und belohnte ihn mit einem strahlenden Lächeln. Wenn er kein Araber gewesen wäre, hätte ich ihn umarmt und überschwänglich auf die Wange geküsst, aber ich erinnerte mich gerade noch rechtzeitig an die Anstandsregeln und hielt mich gewissenhaft und ehrerbietig zurück. So blieb wenigstens die Etikette gewahrt!

Das neue Zimmer im Haupthaus lag fünf Minuten durch den finsteren Garten vom Bungalow entfernt. Während Chris und Mohammed das Gepäck transportierten, bezog ich die Matratzen im neuen Zimmer für die Kinder. Als endlich alles im Zimmer stand, fielen wir erschöpft ins Bett. Trotz der bleiernen Müdigkeit konnte ich lange nicht einschlafen. Zu viele Eindrücke mussten verarbeitet werden.

„Wir sind in einer anderen Welt!“, stellte ich nach Tagesanbruch am nächsten Morgen staunend und fasziniert fest, während Chris mich sanft auf die Wange küsste.

Die Anspannung zwischen uns war vorbei und alles erschien in einem anderen Licht.

„Die Menschen sind freundlich, aufgeschlossen und hilfsbereit. Es ist bezaubernd, hier zu sein.“

„Aber teilweise sind die Wörter total anders, nicht nur der jemenitische Einschlag!“, bemerkte Chris. „Immer wieder komme ich in seltsame Situationen und frage mich: Wo sind wir denn eigentlich gelandet?“

***

Die Gerüche waren hier so anders, überall war es staubig und voller Müll. Es wirkte, als würden die Einkaufstüten auf den Bäumen wachsen. Wir mussten die hohe Luftfeuchtigkeit verkraften: besonders David und ich waren sehr müde. Täglich schien die Sonne vom strahlend blauen Himmel. Nur selten – wenn ein Sandsturm nahte – war es trüb.

In den ersten Tagen konnten wir uns ganz auf die Haussuche konzentrieren, während David und Martin in guten Händen bei Oma und Opa B. waren. Sie spielten inzwischen mit ihnen im Swimmingpool oder bastelten, malten oder lasen Geschichten im Hotelzimmer vor. So konnte ich unsere Kinder beruhigt in der fremden Umgebung zurücklassen. Wusste ich doch, dass sie ihre geduldigen und lieben Leihgroßeltern sehr wertschätzten und sich von ihnen gern verwöhnen und betreuen ließen.

„Vielleicht finden wir ja in dieser Woche, während unsere Freunde da sind, gleich ein Haus?", hoffte ich, allen Behauptungen und Warnungen zum Trotz.

Sebastian hatte uns vorgewarnt, dass es kompliziert und zeitaufwendig werden würde. Aber wir waren fest davon überzeugt, dass es bei uns diesmal bestimmt leicht gehen würde, weil wir schon manche Schwierigkeiten im Vorfeld bewältigen mussten! Gut, dass wir wieder einmal nicht wussten, was auf uns zukommen würde!

Udo hatte für uns mit einem *Waqiil*[14] einen Termin zur Hausbesichtigung gemacht. Voller Erwartungen kamen wir mit dem Taxi am Treffpunkt an. Das Büro befand sich in einer Nebenstraße der Stadt. Die Luft war ziemlich schwül, und das Thermometer zeigte 44 Grad Celsius. Die Sonne brannte erbarmungslos auf uns herunter. Wir schwitzten, und das Wasser lief uns in kleinen Rinnsalen von der Stirn und vom Nacken. Die Minuten vergingen nur sehr langsam, die Zeit schien stehengeblieben zu sein.

„Gott sei Dank sind heute wenigstens die Kinder nicht bei der Wohnungssuche dabei. Stell dir vor, in dieser Hitze mitten in der Stadt, wo so viele Autos vorbeirasen und man nicht spielen oder rennen kann!"

Immer wieder schauten wir ungeduldig auf die Uhr, aber das beschleunigte nichts!

14 Makler, Vermieter, Hausvermittler

„War unser Termin eigentlich heute oder vielleicht bereits gestern gewesen? War er morgens, oder nachmittags nach dem *Asser*[15]-Gebet?", fragten wir uns bang und verunsichert.

Dummerweise hatten wir nichts zu trinken eingepackt, und langsam fühlten wir uns ganz ausgetrocknet.

„Jetzt ein kühles Wasser oder einen Kaffee! Das nächste Mal müssen wir unbedingt etwas zu trinken mitnehmen!", krächzte ich schon ganz heiser.

Als der Mann eine Stunde später doch noch erschien, waren wir beide durstig, müde und frustriert. Erstaunt fiel uns auf, dass man sich fürs Zuspätkommen anscheinend hierzulande nicht entschuldigte. Nach kurzer Begrüßung machten wir uns mit ihm auf den Weg. Der gutgekleidete Makler hatte seinen beigen Pick-up nur ein paar Schritte entfernt geparkt; jetzt machte er eine einladende Geste: „Bitte einsteigen!"

Chris öffnete höflich die hintere Tür und ließ mich einsteigen, während er mir zuraunte: „Bitte lass dir deine Gefühle nicht anmerken, die Leute können sehr gut Mimik und Gestik lesen. Wir wollen es nicht mit ihm verderben!"

Er schaute mich dabei beschwörend an. Am liebsten hätte er mich vermutlich hypnotisiert, um sicherzustellen, dass ich ja nicht auf den Gedanken kam, dem Mann nach deutscher Direktheit die Leviten zu lesen! Aber ich grinste ihn beruhigend an und gab ihm durch ein Zwinkern zu verstehen, dass ich ihn schon nicht blamieren würde. Er hatte mich vorgewarnt, dass ich hier lernen musste, mein Temperament zu zügeln! Erleichtert ließ Chris sich auf den Beifahrersitz

15 Nachmittagsgebet

neben den *Waqiil* fallen und begann mit ihm eine Unterhaltung auf Arabisch. Wir fuhren Richtung Osten auf einer mehrspurigen Straße. Fünfzehn Minuten später kamen wir in einem Vorort von Mukall namens Fuwah an. Das Fahrzeug bog jetzt rechts ab und hielt an. Wir stiegen aus, atmeten die heiße schwüle Luft ein und gingen ein paar Schritte zu Fuß weiter, bis wir an einem unverputzten Rohbau ankamen.

Schweigend schaute ich auf die schmutzige Straße, bemüht, nicht zu stolpern, und kletterte tapfer über den Müllberg, der direkt vor dem rechteckigen Loch lag, wo später eine Haustür eingebaut werden sollte.

Im Flur lagen weitere Müllberge und Bauschutt herum. Eine Ratte huschte in ein Loch. Die Treppe zum ersten Stock fehlte noch, der *Waqiil* balancierte über zwei schmale Bretter hinauf, Chris und ich unverdrossen hinter ihm her. Endlich standen wir vor der verschlossenen Wohnungstür.

Triumphierend zog der elegant gekleidete Jemenit einen imposanten Schlüsselbund aus der Tasche. Er probierte alle Schlüssel durch, doch keiner passte, und ich atmete erleichtert auf. Doch so schnell gab der Mann nicht auf und probierte noch einmal alles durch.

Beim Hinausgehen aus dem dunklen Loch fiel Chris von der Sonne geblendet fast in einen Ziegenhaufen.

Der Vermieter meinte: „*Inschallah bukra*[16] habe ich den Schlüssel gefunden! Ich habe aber noch etwas anderes, dazu müssen wir den Schlüssel vom Onkel des Vaters meines Freundes holen. Er wohnt nur drei Kilometer weg von hier."

Wir machten uns zuversichtlich auf den Weg. Dort angekommen, forderte die arabische Gastfreundschaft ihren Tri-

16 hoffentlich morgen

but: Man musste zuerst mit ein paar Männern im Wohnzimmer sitzen und Kaffee trinken. Das war eine schwierige Lage für mich. Die dazugehörigen Frauen ließen sich nicht sehen! Ich fühlte mich fehl am Platz, obwohl ich natürlich von den anwesenden Männern sowieso ignoriert wurde! Außerdem war ich hundemüde und verstand von dem politischen Gerede der Männer kaum ein Wort. Es war schon kurz vor dem Sonnenuntergangsgebet. Endlich kam der erwartete Schlüsselbesitzer doch noch. Obwohl die Sonne fast schlagartig unterging und der Tag von der Dunkelheit verschluckt wurde, machten wir uns nun alle auf den Fußweg zu dem anderen Haus. Wir waren gespannt! Ob es diesmal klappte? Auch dieses Gebäude sah noch unfertig aus. Es war noch nicht verputzt, und überall lagen Bauabfälle und Farbeimer herum. Im unteren Stockwerk gab es keine Wohnungen, weil hier Läden vorgesehen waren. Das bedeutete, dass es in diesem Haus auch keinen Innenhof gab und die Haustür stattdessen direkt zur Straße hinausführte.

Tatsächlich, der Schlüssel passte! Obwohl es inzwischen fast dunkel war und die Elektrik noch nicht funktionierte, waren Schmutz und Unrat im Innern des Hauses deutlich sichtbar.

„Daran muss man sich vermutlich gewöhnen“, dachte ich.

Über eine Treppe ohne Geländer gelangten wir hinauf. Die Küche war ein sehr hoher rechteckiger Raum ohne Fenster. Die Wände waren dunkelgrau. Den Rest nahm ich gar nicht mehr wahr, ich hatte genug! Genauso wie jetzt jäh Schwärme von Moskitos über mich herfielen, sobald der Muezzin seinen Gebetsruf sang, überfiel mich eine bleierne Müdigkeit und Mutlosigkeit. Ich wollte jetzt nur noch zu unseren Jungs ins Hotel zurückkehren und dann möglichst umgehend ins Bett fallen. Die Anstrengungen der letzten Tage, der Abschied und der Flug, die Zeitumstellung und all die fremden Eindrücke machten sich bemerkbar.

Am nächsten Tag warteten wir zwei lange Stunden in der Nachmittagshitze umsonst auf den Makler. Die Minuten verstrichen nur langsam. Wir wollten die Hoffnung nicht aufgeben und harrten tapfer aus. Irgendwann mussten wir einsehen: Wir warteten vergeblich. Erfolglos und frustriert kehrten wir zum Hotel zurück.

Dann war es bereits Mittwoch. Chris warnte mich vorsichtshalber.

„Wir dürfen heute nichts erwarten, denn morgen und übermorgen, also Donnerstag und Freitag ist arabisches Wochenende, dann sind alle Büros und auch die Post und Banken zu!“

Das Haus, das wir am dritten Tag zuerst besichtigten, lag an einer lauten und belebten Marktstraße. Auch hier erwartete uns ein Durcheinander von Menschen, Ziegen und Abfallhaufen. Das Haus war genauso schmuddelig wie die anderen Objekte.

„Nein, das ist wohl auch nicht das Richtige“, beantwortete Chris die unausgesprochene Frage des Maklers, nachdem er in mein abwehrendes Gesicht geschaut hatte.

„Ich habe noch zwei andere Häuser Richtung Strandseite!“, versprach der Vermittler und schritt zügig auf der staubigen Straße aus.

Wir kamen nun wieder auf die Strandseite und standen nach dreihundert Metern vor einem verputzten noch unbewohnten Haus, das einem in Saudi-Arabien wohnenden Jemeniten gehörte.

Überrascht hörten wir, dass entgegen der Prognose unserer deutschen Teammitglieder in dieser Gegend schon Strom verlegt war und das Haus nur noch daran angeschlossen werden müsse. Auch die Wasserleitungen waren bereits fertig verlegt. Nur Telefonleitungen gab es in dieser abseits gelegenen und etwas ruhigeren Straße noch nicht, wie eben überall in Ost-Jemen. Aber vielleicht käme das Telefon ja schon nächste Woche. *Inschallah?!*

Tapfer übersahen wir die Müll- und Schuttberge im Haus und um das Haus herum. Wir schauten die beiden leer stehenden Wohnungen in diesem Haus an und waren begeistert, denn dies Haus erschien uns luftig. Es hatte sogar überall aus Saudi-Arabien importierte dunkle Schiebespiegelglasfenster, welche die Hitze draußen hielten. Balkone vor dem Wohnzimmer, Schlafzimmer, der Küche und dem Kinderzimmer boten zusätzlichen Platz, ein Luxus. Eine fast zweihundert Quadratmeter große Dachterrasse über das gesamte Flachdach gewährte auf den Zehenspitzen stehend einen wunderbaren Blick auf das naheliegende Meer und die umliegende Stadt. Die große helle Küche hatte drei große Fenster über Eck und eine Balkontür. Eine Veranda befand sich entlang der ganzen Längsseite des Hauses. Die schöne an Wänden und Böden weiß geflieste Küche ließ mein Herz vor Freude Purzelbäume machen. Hier konnte ich mir eher vorstellen zu leben! Erleichtert lächelte ich.

„Es gibt also auch noch andere Objekte als die bisherigen!"

Allerdings musste ich vorsichtig sein, dass meine Begeisterung für den Makler nicht zu offensichtlich wurde, denn das würde den Preis rapide in die Höhe treiben!

„Die obere Wohnung wäre ideal für uns“, dachte ich und die Enttäuschung und Gleichgültigkeit der letzten Tage fiel von mir ab.

Ich war begeistert. Mein nüchterner Chris war jedoch skeptisch. Das Feilschen machte Spaß und der geforderte Mietpreis erschien ihm viel zu hoch im Vergleich zu den bisher genannten Preisen der unattraktiveren Objekte.

„Ich habe im übernächsten Haus noch ein Objekt, das kann ich Ihnen gleich zeigen!“, sagte der geschäftstüchtige Makler.

Wer weiß, vielleicht gab es ja noch eine günstigere, attraktivere Wohnung für uns? Interessiert gingen wir mit, als der *Waqiil* uns in der gleichen Straße eine Doppelhaushälfte zeigte.

Ich versuchte, mir alles möglichst vorbehaltlos anzuschauen. Aber nicht nur die handgemalten Koranverse an den Wänden, sondern auch der Müll und der Schutt bewiesen, dass hier schon jemand gewohnt hatte, der offensichtlich streng religiös war. Diese Wohnung war nur halb so groß und sehr dunkel. Außerdem gab es keine so schönen lichtdurchfluteten Schiebefenster. Diese Fenster waren aus braunem Glas mit Struktur, ähnlich wie man es in deutschen Badezimmern verwendet, und sie waren nur einen Spaltbreit zu öffnen. Es gab wenig Luft.

Sofort war mir klar, dass ich hier nicht leben wollte. Intuitiv sträubte sich alles in mir gegen dieses Verließ. Chris schaute sich alles genau an. Erst als der korrupte Vermieter den überteuerten Mietpreis nannte, wurde klar, dass dieses Haus nicht in Frage kam. Es war komplett renovierungsbedürftig und nur dreißig Dollar günstiger als das vorherige Objekt. Chris war allerdings noch nicht überzeugt von dem gepflegteren Neubau. Zuerst wollte er noch andere Wohnungen besichtigen und darüber schlafen. So ging die Haussuche ab Samstag noch ein paar Tage weiter.

Inzwischen mussten unsere Freunde weiterreisen, da sie ihren Sohn in Dubai besuchen wollten. Wir blieben allein zurück und der Abschied fiel mir schwer, hatte doch Oma B. mir immer teilnehmend zugehört, mich getröstet. Opa B. hatte uns immer einen weisen Rat gegeben. Sie würden uns fehlen!

Nach den ersten Tagen im Hotel waren wir inzwischen in ein kleines Zimmer im Büro umgezogen, das sich im Erdgeschoss des Wohnhauses der anderen Familien des Teams befand. Bad, WC und eine winzige Küche teilten wir uns mit den arabischen Mitarbeitern. Das bedeutete besonders für mich Einschränkungen, denn ich musste jetzt auch im Haus immer peinlichst darauf achten, dass ich ein großes Kopftuch trug und bodenlange weite Kleidung, die auch meine Arme und den Hals bedeckte. Es war im Zimmer sehr eng zu viert mit den vielen Schachteln und Koffern. Im Kopf plante ich bereits die Hauseinrichtung meines Lieblingsobjektes und betete, dass es sich bald klärte, mein Mann genauso begeistert wäre und wir nicht noch mehr Zeit verloren.

Ein paar Tage später besichtigten wir diesen Neubau in der Nähe des Meeres zum zweiten Mal. Später ließ sich Chris endlich umstimmen. Es gab noch tagelange Verhandlungsgespräche mit dem *Waqiil*. Sie feilschten und handelten, bis sie sich endlich einigen konnten.

„Wir brauchen eine Zwischentür im Hof, um die beiden Höfe voneinander abzutrennen, falls später eine jemenitische Familie in die untere Wohnung des Hauses einzieht. Das Dach brauchen wir für unsere Familie. Im großen Saal muss eine Schiebetür eingebaut werden, um ein weiteres Zimmer als Kinderzimmer abzutrennen."

Der Vermieter stimmte zu und versprach: „Die Hoftür und die Deckenventilatoren für die Räume und die Balkonbrüstungen werden eingebaut, die Strom- und Wasserleitung angeschlossen. Ich werde dafür sorgen, dass die Schutthaufen im und ums Haus beseitigt werden."

Unter der Bedingung, dass wir die gesamte Jahresmiete, also 12 Monatsmieten, im Voraus bezahlten und den Vertrag unterschreiben würden, sollten die anstehenden Bauarbeiten in zwei Wochen fertig sein!

Wir wollten beim Einzug keine Bauarbeiter mehr im Haus haben. Daher mussten wir diese Summe schnellstens beschaffen! Das war gar nicht so einfach ohne Konto. Und ein Konto einzurichten, war sehr aufwendig.

Doch schlussendlich konnte Chris den Vertrag unterschreiben und die gesamte Jahresmiete bezahlen.

Nebenher frischten wir unseren eingeschlafenen arabischen Wortschatz auf. Es war ziemlich herausfordernd nach unserer Ankunft im Orient, einen völlig neuen Dialekt zu lernen, denn im Jemen werden andere Worte benutzt als in Jordanien! Die Festplatte unseres Gehirns musste neu konfiguriert werden. Wir konnten uns zwar meistens verständlich machen, aber es fiel uns um einiges schwerer, zu verstehen, was die Jemeniten sagten! Es dauerte, bis sich unsere Zungen und Ohren umgestellt hatten.

Nachdem der Vertrag endlich unterschrieben war, konnten wir die Zeit nützen, um beim Schreiner selbst entworfene Holzschränke für die Kücheneinrichtung sowie ein Bett in Maßanfertigung zu bestellen. Diese Möbel aus der Schreinerei waren immer noch billiger und viel schöner als die Plastikmöbel aus einheimischen Möbelläden!

Kapitel 3

Tagesablaufbestimmende Gebetszeiten

Hierzulande fragte niemand nach der Uhrzeit. Man verabredete sich nach den Gebetszeiten.

Schariifa sagte manchmal: „Im Westen hat man Uhren, hier hat man Zeit."

Morgens gegen 4.30 Uhr, sobald die Morgendämmerung begann, knackte es laut und dann dröhnten nach kurzem Schlaf aus den vielen Lautsprechern der sieben in dichter Nachbarschaft gelegenen Moscheen die Rufe der Muezzins zum ***Fajir***[17]. Alle Bewohner wurden vom lauten Echo ***„Allahu akbar!"***[18] aus dem Schlaf gerissen, und die Männer machten sich verschlafen und zerzaust nach den Pflichtwaschungen von Händen, Gesicht, Ohren, Nase und Mund schnell auf zur Moschee, wo Männer unter sich beteten. Dank der Gruppendynamik und der gegenseitigen Kontrolle folgten alle dieser Pflichtübung, auch die weniger Frommen. Selbst bei Wassernot gab es neben der Moschee immer Wasser, sodass jeder Mann mehrmals täglich in den Genuss

17 Frühgebet

18 Allah ist größer

einer Katzenwäsche kam. Notfalls wurde das kostbare Nass mit Tanklastwagen herbeigekarrt.

Gleich nach dem *Fajir*-Gebet, das mit dem Sonnenaufgang endete, begannen dann die alltäglichen Geräusche. Da wir in einem Neubaugebiet wohnten, bedeutete dies oft Baulärm von Baggern und ohrenbetäubendes Hämmern. Ladenbesitzer öffneten jedoch erst später, so gegen 9.00 Uhr und nur bis zum *Duhur*[19], gegen 12.30 Uhr oder je nach dem, wann die Sonne sichtbar den Zenit überschritten hatte. Die islamischen Gebetszeiten begrenzten das Leben der Menschen, der Reichen wie der Armen, der Gebildeten wie der Tagelöhner, der Einheimischen und der Ausländer.

Die zweite Ladenöffnungszeit am Tag war dann nach dem *Asser* gegen 15.00 Uhr oder je nach Sonnenstand und dauerte bis zum *Marib*. Während dieser Zeit hatten auch die Frauen „Ausgang“: sie machten sich für ihre Besuche bei Nachbarinnen und Freundinnen schön.

Außerhalb des Hauses hüllten sich alle Frauen in eine schwarze Uniform ein, als wäre es ein kostbares Gewand, edler als eine Diamantenkette. Und sie fühlten sich in diesem Ehrenkleid wirklich schön! Es ist ihre Mode, ihre Prägung, ihr Lebensstil!

Sie drückten damit aus: „Ich bin eine religiöse Muslimin. Ich halte mich an die *Hadith*[20] und an den Koran. Ich unterwerfe mich den Gesetzen. Ich will die Familienehre unbefleckt halten!“

---

19 Mittagsgebet

20 Überlieferung der Handlungen und Sprüche des Propheten Mohammed

In unserer Gegend wohnten viele Religiöse. Die komplette Verschleierung wurde sehr ernst genommen. Die Frauen erzogen und kontrollierten sich dabei gegenseitig, sodass ja niemand versehentlich oder mit Absicht zu viel offenbarte, was verborgen werden musste. Für mich schien zunächst jede schwarz vermummte Frau auf der Straße gleich auszusehen. Am Anfang konnte ich kaum unterscheiden, wo bei diesen schwarz eingepackten Frauen vorn oder hinten war. Mit der Zeit erkannte ich dann jedoch die Details, die den Unterschied ausmachten. Nicht jede *Abaya* war gleich. Diejenigen von älteren und sehr religiösen Frauen, waren konservativ unförmig, um die Figur zu verstecken. Darüber wurde noch ein langer Gesichtsschleier getragen, der bis zum Bauchnabel reichte, um alle Kurven zu kaschieren.

Doch in der jüngeren Generation änderte sich die Mode: Für die jungen orientalischen Schönheiten gab es attraktiv auf Taille und Figur geschnittene schwarze Übermäntel aus schwarzen Satin und Seidenstoffen, mit filigraner farbiger Stickerei verziert und passendem Kopftuch. Die bodenlang fließenden Roben wirkten attraktiv.

Hochhackige Sandalen oder moderne Plateauschuhe und mit Pailletten besetzte zierliche Handtäschchen betonten den eleganten Schnitt der *Baltos*. Hinter den Augenschlitzen im Gesichtsschleier blitzten die grellgeschminkten mandelförmigen Augen hervor, die die Männer verzauberten. Und erstaunt stellte ich fest, dass man auch mit Schleier exorbitant flirten konnte. Vielleicht erhöhte die schwarze geheimnisvolle Verhüllung sogar den Reiz? Der Phantasie konnte freien Lauf gelassen werden und jedermann konnte sich ein wunderschönes exotisches Wesen mit perfekten Maßen hinter dem Schleier vorstellen!

Nach dem ***Marib***, der kurz nach Sonnenuntergang beginnt, waren keine Frauen oder Mädchen mehr auf der Straße zu sehen. Sie verbrachten den Abend meistens vor dem Fernseher zu Hause. Die Männer trieben sich in Teeläden oder auf dem Markt herum.

Das letzte Gebet, das ***Ascha***[21], begann, wenn das Abendrot und der darauffolgende weiße Schimmer verschwunden war.

Die Jemeniten waren gelassen. Man durfte sich an einem Tag auf keinen Fall zu viel vornehmen, denn es kam oft vieles anders, als man dachte. Man wäre sonst dauernd enttäuscht gewesen, weil eben die Gebetszeiten alles einschränkten. Rief der Muezzin, nahm sich niemand Zeit, die Läden erst abzuschließen oder die Kundschaft fertig zu bedienen. Als Ausländer fanden wir uns plötzlich ganz allein im Laden zurückgelassen, keiner hätte gemerkt, wenn wir den ganzen Laden ausgeräumt hätten. Geschäfte liefen über Beziehungen und Verhandlungen, sie waren mühsam und zeitaufwendig, was mich oft sehr frustrierte.

Besonders die langbärtigen Fundamentalisten hatten eine Art, eine Frau zu ignorieren, dass es mir oft eiskalt wurde. Natürlich wurde mir schnell klar, dass gläubige Muslime nicht nur mich, sondern auch andere (arabische) Frauen keines Blickes würdigten. Der Koran und die überlieferte Tradition in den ***Hadithen*** schrieb dieses Verhalten vor, das auf mich herabsetzend und verachtend wirkte. Jede Frau galt als potenzielle „Verführerin“ und wurde deshalb nicht beachtet, zumindest in der Öffentlichkeit und auf der Straße!

---

21 Nachtgebet

Manche strengen Gesetze im Koran waren für uns Westler teilweise voller Widersprüche. Besonders, wenn es um Frauen ging. Der Anblick von Beinen oder Frauen(kopf)haaren war eine Sünde! Selbstverständlich sündigte laut islamischem Verständnis hierbei nicht der Mann, der dies erblickte, sondern die Frau, auf die der Männerblick fiel. In den Augen der Einheimischen war nämlich sie verantwortlich, wenn sie nicht darauf geachtet hatte, sich züchtig zu verhüllen! Aus diesem Grund wurden vergewaltigte Frauen in vielen muslimischen Ländern von den eigenen Familienangehörigen getötet. Der „Ehrenmord" ist zwar vielerorts illegal, wird aber leider immer noch praktiziert. Besonders wenn eine Schwangerschaft für alle sichtbar wurde und somit die Familienehre befleckte. Aber das Ansehen war wichtiger als ein Menschenleben – besonders das Leben einer Frau. Dieser einseitigen Perspektive und verschleierten „Wahrheiten" waren und sind Jemenitinnen oft heute noch hilflos ausgeliefert.

Die Totalverhüllung war das entgegengesetzte Extrem zu dem, was wir vom Westen gewöhnt waren und schränkte die Freiheit der Frauen ein! Wenn Männer ein Problem mit dem weiblichen Geschlecht haben, wie kann man dann Frauen dafür verantwortlich machen?

Manchmal hatte ich als Europäerin große Mühe! Aber meine Achtung und mein Respekt für die diskriminierten arabischen Frauen, die nur wenig Rechte hatten, wuchs. Trotzdem war ich dazu gezwungen, hilflos zu akzeptieren und zuzuschauen, was Freundinnen erdulden mussten! Wir waren nicht als Besserwisser und Aufrührer gekommen, sondern als Hilfe für die Einheimischen. Unser Ziel war es, sie zu lieben und ihnen Wertschätzung zu erweisen, die besonders den Frauen oft vorenthalten wurde!

Kapitel 4

Start im neuen Zuhause

Es war noch früh am Morgen. Wir kamen nach einer zweiwöchigen Fortbildung in Sanaa kurz nach 8.00 Uhr mit dem Taxi an unserem neuen Haus außerhalb von Mukalla an. Jetzt waren wir unbeschreiblich neugierig, das Ergebnis der Renovierungsarbeiten zu sehen. Natürlich waren die Müllberge ums Haus herum noch höher geworden. Die Balkonbrüstungen und die Ventilatoren waren tatsächlich eingebaut und auch die Wasserleitungen schienen inzwischen brauchbar zu sein. Überall lagen noch Verpackungen, Farbeimer und Leitungen herum. Gerade wurden die Balkonbrüstungen von ein paar Männern mit Farbspritzern auf den Kleidern in einem sonderbaren Giftgrün gestrichen. Das war wohl die Modefarbe für Balustraden, zwar für unsere Augen etwas gewöhnungsbedürftig, aber solche Nebensächlichkeiten waren hier weniger wichtig. Außerdem hatten die meisten umliegenden Häuser entweder unverputzte, giftgrüne oder gar keine Geländer am Balkon.

Ungeduldig beschlossen wir, sofort selbst mit dem Ausräumen der Wohnung anzufangen und nicht darauf zu warten, dass die Leute *Inschallah* vielleicht dann nächste Woche oder auch gar nicht erscheinen würden, um den Müll zu entsorgen. Das war alles zu unsicher. Außerdem wollten wir keine Minute länger als unbedingt nötig warten! Warum also untätig in dem kleinen Zimmer drüben im Büro herumsitzen, wenn wir den Umzug alle herbeisehnten?

Pünktlich zum Geburtstag von Chris, Ende März, konnten wir einziehen.

„Wir brauchen Teppichböden für Schlafzimmer und Kinderzimmer. Danach können wir Matratzen einkaufen, damit wir nicht auf dem Boden schlafen müssen!“, meinte ich.

Nach dem monatelangen Vagabundenleben konnten wir es kaum mehr erwarten, ein eigenes Zuhause zu haben. Ich ahnte bereits, dass Chris schon bald in die Projektarbeit einsteigen und darin aufgehen würde. Dann würde für Besorgungen und das Einrichten der Wohnung keine Zeit mehr dafür übrig sein. Für ihn war es nebensächlich, ob es zu Hause gemütlich war. Er wollte endlich mit der Entwicklungsarbeit für die Einheimischen beginnen! Es war uns aber zu diesem Zeitpunkt noch nicht klar, dass es hier völlig unmöglich war, als Frau zum Beispiel zum Schreiner oder in einen Handwerkerladen zu gehen, um auch nur einen Schraubenzieher oder Hammer zu kaufen. Noch ahnte ich nicht, wie sehr eine Frau in dieser islamischen Gegend auf die Unterstützung eines Mannes angewiesen ist!

Wenn Chris dann mit oder ohne Besorgungen zurückkam, berichtete er: „Ich habe wieder ganz interessante Begegnungen gehabt! Du musst Geduld lernen, denn hier geht alles viel langsamer, als man das in Europa gewöhnt ist. Diese Menschen sind wichtiger als unsere Bequemlichkeit; wir sind doch ihretwegen hier!“

Kapitel 5

Schariifa, meine aussergewöhnliche Freundin

Seit einiger Zeit drängte mich Eva, meine Teamkollegin, die schon ein paar Monate länger hier lebte, mir Hilfe zu holen.

„Debora, hol dir doch jemanden zur Entlastung für den Haushalt. Wir haben alle eine Hausangestellte, die uns gute Dienste leistet. Das Saubermachen bei dem vielen Sand hier ist wirklich sehr aufwendig und braucht viel Zeit – auch Einkaufen, Kochen, Wäsche waschen. Wir Frauen hätten ohne Haushaltshilfe keine Zeit für Besuche und Kontakte oder zum Arabisch lernen, geschweige denn für die Mitarbeit im Projektgebiet. Außerdem können wir diesen Frauen so einen Lebensunterhalt ermöglichen. Und die gewonnene Zeit nutzen wir für Besuche bei Nachbarinnen. Nebenher hat man gleichzeitig eine ganz private Sprachhelferin, um den hiesigen Dialekt einzuüben!"

Zuerst war ich skeptisch. Es erschien mir seltsam, jemand anderem meine Hausarbeit zu überlassen. Doch dann willigte ich zögernd ein. Ich sollte die Muslimin Schariifa, eine afrikanische Freundin von Evas Putzfrau Adila, wenigstens einmal kennenlernen!

Wir trafen uns bei Webers auf eine Limonade, bevor Eva und die anderen vom Team nach Deutschland abreisten. Dabei konnten Schariifa und ich uns unauffällig beschnuppern und kennenlernen. Ich mochte die behäbige, zurückhaltende Frau mit dem hübschen Lächeln und dem schokoladenbraunen Teint auf Anhieb. Sie strahlte Gelassenheit und Ruhe aus, und wir verstanden uns auch sprachlich gut, obwohl für uns beide Arabisch eine Fremdsprache war. Schariifa war mit einem verarmten jemenitischen Adligen, einem Sultan Abkömmling, verheiratet und lebte in einer mitleiderregenden, aber hübsch eingerichteten Blechhütte in einem der großen Slums in Mukalla. Ihr Sohn war genauso alt wie unser Martin. Die beiden Jungs würden sich gut verstehen. Insgesamt machte sie einen aufrichtigen und sympathischen Eindruck auf mich.

Wir drei Frauen plauderten eine Weile miteinander und wurden uns schließlich einig: Schariifa würde am nächsten Tag bei uns zur Probe arbeiten.

Schon bald gewöhnten wir uns aneinander und die gewonnene Zeit konnte ich gut für schriftliche Arbeiten oder für die Schulorganisation nutzen.

Natürlich musste ich auch lernen, über gewisse Eigenarten hinwegzusehen, beispielsweise, dass Schariifa sehr unpünktlich war und manchmal ohne Entschuldigung erst gar nicht erschien. Aber ihre liebevolle freundliche Art und ihre Vertrauenswürdigkeit wiegten vieles auf!

Schariifa hatte einen originellen Aufräumstil. Sie räumte alle herumliegenden Spielsachen, Bücher oder Werkzeug wild durcheinander in eine Tüte oder einen Korb und versteckte dies dann unter dem Bett oder im Schrank. So sah es zwar äußerlich ordentlich aus, aber man fand nichts mehr.

Die Kinder hatten Mühe, zu lernen, die Legos in die Legokiste zu räumen und Playmobil in die dafür bereitgestellte Kiste.

Immer wieder bat ich Schariifa: „Bitte räum im Kinderzimmer die Spielsachen und Bücher nicht auf. Die Kinder sollen selbst aufräumen lernen!"

Mühsame Arbeit wie Gips und Farbreste von den Bodenplatten abzukratzen, überließ meine Haushaltshilfe lieber mir, ebenso wie den Abwasch von neuem Geschirr.

„Es ist doch neu, warum dann auswaschen?", fragte sie verwundert.

Aber bald schon freundeten wir uns an. Es war mir wichtig, Schariifa respektvoll und auf Augenhöhe zu behandeln. Wir beide unterhielten uns oft neben der Arbeit. Schariifa war flink und geschickt und konnte bald schon recht selbständig arbeiten. Sie war binnen kurzer Zeit nicht mehr wegzudenken. Anfangs kam sie nur einmal pro Woche, dann zweimal für jeweils vier Stunden. Eines Tages bat sie uns, sie voll einzustellen, da sie für ihre Familie mehr Geld brauchte. Sonst müsse sie sich eine andere Arbeit suchen. Wir stimmten zu, weil mir Schariifa so am Herzen lag und ich meine Freundin nicht verlieren wollte.

Wir wussten, dass es in dieser Kultur einfacher war, wenn Schariifa in unserem Haus arbeitete, denn dann würde ihre Anwesenheit kein Misstrauen bei meinen neugierigen Nachbarinnen wecken. Nebenbei würde genug Zeit bleiben, um ihr Handarbeiten sowie Lesen und Schreiben beizubringen!

Kapitel 6

Herausforderungen oder Chance?

Schon kurz nach unserer Ankunft in Mukalla blieben wir als Ausländer für einige Monate allein zurück im Tal des Todes, weil das gesamte Team Heimaturlaub machte. Wir fühlten uns, als ob wir ins kalte Wasser geworfen worden waren, und mussten schnell schwimmen lernen, um nicht unterzugehen.

Die Projekte liefen offiziell jetzt gerade erst richtig an, und wir waren verantwortlich, das bisher Geplante in die Praxis umzusetzen. Diese Herausforderung betrachteten wir beide aber als Chance, um richtig in den Orient mit seiner blumigen arabischen Sprache und Kultur einzutauchen.

Wir hatten nebenher viel Besuch von unseren arabischen Nachbarn. Jede Woche fuhren wir als Familie für einige Tage ins Projektgebiet. Dort hatte unser Team einen Lehmbau mitten im Dorf von Al-Qariyah angemietet, wo wir übernachten konnten. Es gab darin keine Möbel außer ein paar staubigen Matratzen mit Moskitonetzen. Im Sommer blieb es bei geschlossenen Fenstern innen angenehm kühl, so brauchte man auch keinen Kühlschrank. Strom gab es im

Dorf sowieso nicht. Wir bauten das Haus entsprechend der traditionellen Lehmbauweise um. Das Wohnhaus hatte zwei Stockwerke. Der Hauptwohnraum war im oberen Geschoss über eine Treppe erreichbar und konnte als Wohn- oder Schlafraum genutzt werden. Ein paar weitere unregelmäßige Stufen führten dann auf ein begehbares Dach, von wo aus wir die ganze Nachbarschaft überblicken konnten. Dies hieß umgekehrt jedoch für uns, keine Privatsphäre zu haben, denn die naseweisen Nachbarn aus den dicht aneinander gebauten Häusern hatten ebenso viel Einblick in das Leben von uns Ausländern. Außerdem war jedermanns Wort weithin hörbar, jedes Geräusch schallte von den Häusern wider. Am frühen Morgen weckte uns das Echo der ungewohnten Geräusche: der erste Hahnenschrei, das Gackern der Hühner, später das Blöken der Schafe, bellende Hunde, schreiende Babys und das Lamento der Esel. Das Dorf war laut zum Leben erwacht und wir waren mittendrin. So lernten wir ganz nebenbei die Einheimischen kennen und lieben. Das Leben in dieser anderen Welt faszinierte sowohl uns Eltern als auch die Kinder. Schon bald hatten wir das Gefühl, schon immer hier gewesen zu sein. Auch wenn es mit unserer verbalen Verständigung nicht immer fehlerfrei klappte, gab es die Möglichkeit, sich mit Mimik und Gestik zu verständigen!

Obwohl es für die Beduinen wirklich merkwürdig war, dass es tatsächlich Menschen gab, die nicht so gut Arabisch sprechen wie sie, waren sie geduldig und freundlich mit uns.

„Wie beschämend anders sind wir Deutschen doch, wenn fremde Einwanderer in unser Land kommen.“, sagte Chris.

Da er schon bald Zusammenkünfte und verschiedene Entwicklungsprojekte mit den verantwortlichen Männern in den Dörfern auf Arabisch leiten musste, waren die ersten

Monate unerwartet kräfteraubend, nicht zuletzt auch wegen der hohen Luftfeuchtigkeit und der ungewohnten Sommerhitze. Zwischendurch mussten wir noch einmal geschäftlich in die Hauptstadt Sanaa.

Bei der Abfahrt mit dem Auto wussten wir noch nicht, dass es im Inland politische Probleme und Stammesschwierigkeiten gab. Daher kam es unterwegs immer wieder zu Verzögerungen an den vielen Militärstützpunkten und an Straßensperren bei der Heimreise. Immer wieder mussten wir Soldaten mit Maschinengewehren mitnehmen, die uns auf der Fahrt durch unsichere Stammesgebiete schützen sollten.

Nachdem die UNO ein schwieriges Wasserprojekt im Projektgebiet aufgegeben hatte, baten die Einheimischen uns um Hilfe. Chris konnte wieder einmal nicht „Nein" sagen. Mit großem Aufwand musste er alle vorhandenen Wasserstellen aufspüren und Wasserproben für die bakteriologischen und chemischen Tests entnehmen. Er brachte die sorgfältig bezeichneten Proben nach und nach ins 80 Kilometer entfernte Mukalla und sorgte dafür, dass sie dort im Kühlschrank der Universität zur Auswertung gelagert wurden. Dabei stieß er auf Verhandlungshürden und erlebte abstruse Überraschungen.

Beispielsweise musste er ungewöhnlich lange auf die Ergebnisse der letzten Proben warten und wurde immer wieder vertröstet. Nach wochenlangem Hinhalten stellte sich über Umwege endlich heraus, dass die beschrifteten Wasserproben im Dozenten-Kühlschrank der Universität gelandet und dann aus Versehen von wohl besonders durstigen Professoren getrunken worden waren! Besonders schmackhaft war das Wasser vermutlich nicht gewesen, aber für Chris bedeutete diese seltsame Begebenheit natürlich Mehrarbeit! Er musste mühsam noch einmal alle Wasserstellen aufsuchen, Wasser entnehmen und beschriften und nach Mukalla bringen.

Nachdem die Ergebnisse endlich feststanden, konnte entschieden werden, wie wir den ansässigen Notleidenden helfen konnten. Wir gruben neue Brunnen, machten alte wieder funktionstüchtig und rehabilitierten sie. Später sollte ein kleiner Damm gebaut und Zisternen für Beduinen angelegt werden. Die Bauern brauchten Bewässerungsgräben, um brachliegende ausgedörrte Felder wieder zu bewässern und mit Wasser zu versorgen. Dies war nötig für den Anbau von Hirse, Mais, Wassermelonen und von verschiedenen Gemüsesorten.

Kapitel 7

Orientalische Liebesgeschichten

Wir waren ein paar Wochen im Land, als wir einen Teppichladen betraten. Es war kurz vor dem *duhur*, die Mittagshitze ließ uns Schweißtropfen über den Rücken laufen. Die Hitze flimmerte und ich wusste, dass demnächst der Muezzin zum Gebet rufen würde. Das bedeutete, dass die einheimischen Verkäufer in die Moschee verschwinden würden, ohne den Handel abzuschließen. Dann hätten wir mal wieder vergeblich einen Weg in die Stadt gemacht.

Aus den Augenwinkeln beobachtete ich, wie ein junger, gutaussehender Mann aus dem Bus sprang und auf uns zutrat. Er strahlte glücklich übers ganze Gesicht und ergriff Chris' Hand.

„Endlich habe ich dich gefunden! Seit Monaten warte ich auf dich. Ich wusste, dass du kommen wirst, um mit mir das Buch zu studieren!"

Ein wenig stutzig begrüßte Chris den Fremden.

„*Salaam aleykum*!"

„Willkommen bei uns, mein ausländischer Freund! Ich heiße Maliik.“, fuhr der schlaksige junge Jemenit fort und seine weißen Zähne blitzten.

„Oh, Danke! Nett, dich kennenzulernen, Maliik. Komm doch am besten gleich mit, dann weißt du, wo wir wohnen!“, lud Chris ihn gastfreundlich ein.

Wir waren also heute nicht unnötig in die Stadt gefahren, auch wenn wir wieder ohne Einkauf heimkamen! Zu Hause erzählte Maliik dann beim Essen seine Geschichte. Der junge jemenitische Kellner aus dem Tower Hotel war erst kürzlich zum Glauben gekommen. Er war hier fremd, ähnlich wie wir auch. Er kam aus einer anderen Stadt im Jemen und hatte Heimweh.

Maliik war sehr begierig, Gottes Wort kennenzulernen. Chris begann mit ihm, die Geschichten der Bibel zu lesen, sozusagen ein privates Studium. Er wurde ein gern gesehener Gast bei uns. Wir bewunderten ihn, wie er freimütig Kollegen und Fremden mit Begeisterung von seinem neu gefundenen Glauben erzählte! Er kümmerte sich nicht um seine Gegner!

Nach einigen Wochen hatte er eine junge Frau kennengelernt und verlobte sich. Er wollte gerne, dass seine hübsche Tiara auch etwas von seiner neuen Religion erfuhr. Immer wieder versuchte er, sie zu überzeugen.

„Du musst Debora besuchen. Sie soll dir von Jesus erzählen!“

Nach einigen Anlaufschwierigkeiten kam die bezaubernde, schokoladefarbene Tiara auch wirklich gerne zu uns und war stolz auf ihre neue Freundschaft mit mir, aber vermutlich nur, weil ich Ausländerin war. Sie stammte aus dem „Haus der neun Mädchen“, wie ihr Zuhause von den Nachbarn genannt wurde, weil sie acht Schwestern und keine Brüder hatte. Es befand sich im Armengebiet Diez, einem Vorort von Mukalla. Ihr Vater hatte die Familie verlassen, weil die Mutter ihm keinen Sohn geschenkt hatte. Diese Mädchen aus dem etwas besser gestellten Haus hatten offensichtlich mehr Freiheiten als andere, normalerweise äußerst unnachgiebig und streng erzogenen jungen Frauen in dieser sonst so dogmatischen islamischen Kultur.

Tiaras Freundin Marissa, die schon zweimal mitgekommen war, erschien dafür aber umso aufgeschlossener und interessierter an tieferen Dingen zu sein. Sie arbeitete mit Tiara zusammen bei der Polizei. Ich wusste, dass ich vorsichtig sein musste und fragte mich, ob ich ausspioniert werden sollte. Aber ich spürte, dass ich Marissa vertrauen konnte. Einmal schauten wir mit den beiden jungen Frauen den Jesus-Film an, von dem Marissa offensichtlich ganz fasziniert und angesprochen war. Überraschenderweise kam sie sogar einmal ganz allein zu mir zu Besuch und fragte mich zu meinem Erstaunen: „Muss ich nun allen erzählen, dass ich an Jesus glaube?“

Innerlich jubelte ich vor Freude über diese junge Frau, die allem Anschein nach Jesus begegnet war.

Die Hochzeit von Tiara und Maliik fand in Diez statt und war ein großes dreitägiges Fest, zu dem auch Maliiks Familie aus dem nördlichen Sanaa gekommen war. Sie hatten Maliiks Auserwählte noch nicht kennengelernt und begegneten ihr hier bei der Hochzeit zum ersten Mal.

Maliiks Mutter und seine hellhäutigen Schwestern aus der Großstadt sagten während dem Fest-für alle Gäste vernehmbar-einige verächtliche Bemerkungen.

„Die Menschen hier im Südosten sind ja *aswad*[22] , wie abscheulich!“

Mir stieg vor Scham das Blut in den Kopf!

„Wie kann man sich denn nur so unhöflich und ungezogen benehmen?“, fragte ich mich.

Sie waren ganz anders als Maliik!

Die Frauen aus dem Süden hatten sich doch bemüht und sich mit weißem Puder geschminkt, da sie ihre dunkle Hautfarbe selbst unschön fanden! Ich bekam eine Gänsehaut und befürchtete Schlimmes, wenn sie die wunderhübsche dunkelhäutige Tiara ablehnten, die sehr nach Bestätigung und Anerkennung hungerte!

Nach der Hochzeit zog das junge Paar zur Schwiegermutter in den Norden. Leider hielt Tiara es nicht lange in der Fremde aus, obwohl sie von ihrem Mann sehr geliebt und auf Händen getragen wurde. Sie musste mit ihrem Mann bei der boshaften Schwiegermutter und den neidischen Schwägerinnen wohnen, welche die Beziehung des jungen Paares zerstörten. Schon bald hielt Tiara es nicht mehr aus und kehrte unglücklich in ihre Heimat zurück.

Yasmin arbeitete im Hotel. Als wir einige Tage später zum Schwimmen dort waren, erzählte sie mir:

„O Debora, es ist so traurig, meine Schwester Tiara kam vor ein paar Tagen zurück. Sie hat ihren Mann verlassen und ist seit der Scheidung nicht mehr dieselbe! Sie lacht nicht mehr und sitzt immer nur herum! Wir machen uns Sorgen. Wir versuchen alles, um sie aufzumuntern, aber es ist nutzlos!“

---

22 schwarz

„Hat sie euch gesagt, warum sie nicht mehr bei ihrem Mann ist? Hat er sie schlecht behandelt?“, wollte ich besorgt wissen.

„Sie liebt ihn noch immer, aber ihre Schwiegermutter lehnte sie von Anfang an ab und hetzte ihren Sohn gegen seine Frau auf!“

Ich wollte es gar nicht glauben! Gleich am nächsten Tag besuchte ich die verstoßene junge Frau. Die anderen Schwestern freuten sich über meinen Besuch. Doch ich spürte schnell, dass Tiara nichts mehr am Kontakt mit mir lag. Tiefe Furchen hatten sich in das vorher so anziehende Gesicht eingegraben. Sie würdigte mich kaum eines Blickes. Vielleicht erinnerte ich die geschiedene junge Frau an glücklichere Zeiten? Ich war sehr traurig! Auch Marissa kam nicht mehr zu Besuch. Der Verlust meiner Freundinnen tat weh. Ich zermarterte mir den Kopf und fragte mich immer wieder, ob ich etwas falsch gemacht hatte.

Yasmin hielt den Kontakt die nächsten Jahre mit mir aufrecht. Sie erzählte mir einige Zeit später, bei einem kurzen Wiedersehen:

„Stell dir vor, ich bin jetzt auch geschieden von meinem Mann. Seine Mutter mag mich nicht wegen meiner Arbeit als Kellnerin hier im Hotel. Sie wollte nicht, dass ich die von jedermann als unanständig verpönte Arbeit im Hotel weiter mache, weil ich ja als Bedienung dort keinen Gesichtsschleier tragen darf. Sie verachtet mich, weil mich jeder Mann sehen kann. Das ist in den Augen vieler Muslime eine Sünde! Aber wir brauchen mein zusätzliches Gehalt, das ich im Hotel verdiene, um nicht immer im Haus meiner Ex-Schwiegermutter wohnen zu müssen und ausgenutzt zu werden wie eine Sklavin!“

Ihre kleine Tochter wurde während ihrer Arbeit von Yasmins Mutter und ihren Schwestern liebevoll betreut. Im Jemen braucht es keine Kindergärten, weil die arabischen Großfamilien vorbildlich und selbstverständlich füreinander da sind!

Einmal im Monat wurde am Swimmingpool des Hotels, in dem Yasmin arbeitete, ein romantisches Candle-Light-Dinner angeboten. Als Chris und ich an unserem Hochzeitstag dort waren, beobachtete ich von meinem Platz aus ein verliebtes jemenitisches Pärchen. Sie flirteten selbstvergessen, trotz des schwarzen Schleiers! Die beiden saßen nur ein paar Tische weiter. In dieser konservativen Gegend bekamen wir sonst fast nie zu Gesicht, wie eine züchtig verschleierte Frau mit schwarzem Gesichtsschleier, schwarzem Kopfschleier und schwarzen Handschuhen ungeniert mit einem Mann kokettiert. Man konnte keinen Millimeter Haut sehen! Der verzauberte Mann schaute seinem Gegenüber trotzdem schmachtend tief in die unsichtbaren Augen! Ich war hingerissen und seufzte fasziniert:

„Wie romantisch! Liebe ist doch etwas Schönes!"

Plötzlich winkte mir die geheimnisvolle Unbekannte freundlich zu. Hatte sie gesehen, wie ich die beiden neugierig angestarrt hatte? Ich fühlte mich ertappt und hob verlegen die Hand zum Gruß. Ich sollte es ja eigentlich langsam gewöhnt sein, dass ich überall Aufmerksamkeit erregte, besonders heute, wenn ich keinen Schleier und *Balto* trug und meine blonden Haare nicht versteckte! Vielleicht sollte ich ein wenig vorsichtiger sein mit meinen indiskreten Blicken! Im Hotel konnte ich uneingeschränkt bunte elegante, trotzdem anständig Knie und Schulter bedeckende Kleider tragen, ohne gegen die Etikette zu verstoßen. Heute trug ich zur Feier unseres Jubiläums ein nachtblaues bodenlanges Gewand mit Silberstickerei am Halsausschnitt und an den Säumen, das dezent mein honigblond gewelltes Haar zur Geltung brachte.

Als ich mir am Buffet das Dessert holte, näherte sich plötzlich die rätselhafte schwarze Fremde, stellte sich unauffällig neben mich und raunte mir zu, ohne mich anzusehen: „Kennst du mich denn nicht?“

Schlagartig identifizierte ich jetzt die Stimme von Yasmin, die ich bisher immer ohne Gesichtsschleier gekannt hatte. Sie trug bei der Arbeit als Bedienung im Hotelrestaurant normalerweise einen dunklen Rock mit heller Bluse und ein buntes Kopftuch.

„Was machst du denn hier? Bist du wieder verheiratet?“, fragte ich völlig überrumpelt.

„Nur für eine Nacht mit diesem Saudi. Ich will wieder zu meinem Mann zurück. Er liebt mich noch immer. Aber um ihn wieder heiraten zu können, muss ich erst einen anderen Mann heiraten, mindestens für eine Übernachtung.“

Schnell ging sie jetzt wieder zu ihrem Platz zurück. Sie setzte sich und flirtete ungeniert mit dem Fremden weiter, während sie das Essen trotz des Gesichtsschleiers genoss.

Nun verstand ich die Welt nicht mehr und starrte ihr bestürzt hinterher! Ich konnte kaum fassen, was ich da gehört hatte und wankte entsetzt an den Tisch zurück! Nur für eine Nacht verheiratet mit einem Saudi? Was sollte das denn bedeuten?

Mein Mann fragte sofort: „Was ist denn mit dir? Du bist so blass geworden? Hast du etwas Schlechtes gegessen?“

Doch zuerst musste ich mich beruhigen, bevor ich ihm stockend von meinem Gespräch mit Yasmin berichten konnte. Überrascht hörte ich dann zu, als Chris mir erklärte, was er über das Thema „Zeit-oder Genuss-Ehe“ wusste.

„Es ist ein im Islam erlaubter Ehevertrag beispielsweise nur für ein paar Stunden, um Prostitution oder eine außereheliche Affäre zu legalisieren. Dabei kann ein Mann mehrere Frauen gleichzeitig haben. Die Dauer der Ehe wird von vornherein abgesprochen und festgelegt und kann zwischen einer Stunde und 99 Jahren dauern. Diese Zeit-Ehe ist vor allem bei den Schiiten üblich. Jedoch wird sie auch bei unseren jemenitischen Sunniten praktiziert, wenn es um eine Wiederheirat geht!“

Aufseufzend bemerkte ich leise: „Wie kompliziert ist das denn hier? Wenn beide sich lieben, muss die Frau erst einen anderen heiraten, bevor sie zu ihrem Mann zurück darf?“

Chris lächelte und drückte schweigend meine Hand. Er teilte meine Frustration und Hilflosigkeit und wusste, dass mein Herz für meine jemenitischen Freundinnen blutete.

Kapitel 8

Schulalltag

Im September 2000 fielen in Mukalla keine Blätter von den Bäumen. Sie verfärbten sich auch nicht. Es gab hier in der Wüste sowieso nicht viele Bäume, außer Akazien oder Dornbüsche. Die Sonne brannte unverändert vom Himmel und es war immer noch heiß und schwül. Ich sah unserem ersten Herbst in der neuen Heimat mit gemischten Gefühlen entgegen, weil unser Ältester, David, eingeschult wurde. Im ersten Jahr durfte er nun immer mit Papa zum Büro fahren. Darauf freute er sich! Im gleichen Gebäude, in dem sich im Erdgeschoss das Büro befand (und wo wir in den ersten Wochen in einem Zimmer genächtigt hatten), wohnten in den oberen zwei Wohnungen die beiden anderen deutschen Familien. Die Teamleiterfamilie Sebastian und Larissa Becker mit ihren beiden Töchtern, Mia und Lea, und im mittleren Stockwerk Familie Weber mit ihren vier Buben und einem Mädchen. Ganz oben befand sich noch ein großes Flachdach, wo man spielen, sitzen oder Wäsche aufhängen konnte.

Webers stellten damals in ihrem Stockwerk ein Schulzimmer zur Verfügung. Hier unterrichtete Lernhelferin Ruth die vier Schulkinder. Natürlich ging David sehr gerne zur

Schule, denn mit allen Kindern der Familie Weber verstand er sich sehr gut!

In derselben Straße, ein paar Häuser weiter, lebte unsere „Lehrerin“ Ruth für zehn Monate im Haus der alleinstehenden Frauen, bei Hebamme Heidi und der deutschen Krankenschwester Mina. Ruth, eine junge Künstlerin, war zwar erst knapp zwanzig und hatte gerade ihr Abitur hinter sich, doch sie war unglaublich kreativ und voller Ideen. Sie organisierte während ihres freiwilligen Jahrs bei uns mit den Schulkindern ein Sportfest und studierte dazu Zirkusnummern mit ihnen ein. Ein anderes Mal übte sie mit ihnen heimlich das Barthimäus-Musical ein und führte es dann als große Überraschung an einem Nachmittag mit den vier Kindern auf. Ihr Publikum bestand aus dem gesamten restlichen Team: Udo und Eva mit ihren beiden kleineren Kindern; Sebastian und Larissa, Mia und Lea; Chris, Martin und ich, die beiden anderen Single-Ladys, Heidi und unsere Krankenschwester Mina.

Natürlich war ich überrascht und gerührt: David hatte ohne unser Wissen die begehrte Hauptrolle als Solosänger eingeübt! Und er war wirklich gut! Natürlich beneideten ihn die beiden älteren Schüler Samuel und Benedikt um diese Rolle des blinden Barthimäus! Mein Mann Chris sang die Rolle von Jesus und trällerte leidenschaftlich mit seinem wunderschönen Bariton: „Werde gesund!“

Die Erstaufführung des Musicals im Jemen war ein großer Erfolg und wurde mit viel Beifall belohnt.

An Weihnachten gab es dann eine einstudierte Theateraufführung zum Thema Weihnachten und im Sommer darauf noch ein Schulfest. Trotz all dieser speziellen Ereignisse schaffte es Ruth durch ihre einzigartige Kreativität, den Unterricht für jedes Kind interessant und lehrreich zu gestalten!

Obwohl sie die vier schulpflichtigen Kinder in drei verschiedenen Klassenstufen gleichzeitig in einem Raum unterrichtete, brachte sie das gut unter einen Hut! David ging mit Tabea Weber in die erste Klasse, während ihre beiden älteren Brüder Samuel und Benedikt schon in Klasse drei und vier gingen. Unsere Ruth war für Kinder und Eltern ein großer Segen! Trotz ihrer Jugend war sie eine ganz außergewöhnliche Lehrerin und Pädagogin und hatte eine einzigartige Begabung und Liebe für jeden ihrer Schüler! Sie spielte Geige und Klavier und hatte eine wunderschöne Singstimme. Gleichzeitig war sie unbeschreiblich sportlich. Ihre übersprudelnde Lebensfreude hatte einen wunderbaren Einfluss auf unsere Kinder!

Für das zweite Schuljahr hatte Familie Weber dann einen „richtigen" Lehrer organisiert. Der junge Schweizer Peter hatte ein Jahr Unterrichtserfahrung in der Schweiz an der Realschule, was in Deutschland allerdings dem Hauptschulniveau entspricht. Da er später vorhatte, auch ins Ausland zu gehen, erschien er sehr interessant. Er war ein aufgeschlossener junger Mann, hatte jedoch noch keine Erfahrung mit Schulanfängern und Grundschülern. Martin und Tobi waren nun Erstklässler und David und Tabea wechselten in die zweite Klasse, während Benedikt in die vierte Klasse kam und der Große, Samuel, mit der Realschule anfing.

***

Inzwischen bestürmte uns der Hausbesitzer: „Ich muss die untere Wohnung endlich vermieten! Eine jemenitische Familie interessiert sich dafür. Ich mache euch aber ein Angebot; wenn ihr diese Wohnung dazu mieten wollt, biete ich euch einen Spezial-Sonderpreis! Die zweite Wohnung kann nicht leer stehen; ich brauche das Geld!"

„Wir benötigen eine Bedenkzeit, das können wir jetzt nicht so schnell entscheiden!", widersprach Chris.

„Ich warte bis Samstag. Dann werde ich die Wohnung weitervermieten!"

Mit diesen Worten trank er seinen Kaffee leer, stand auf, verabschiedete sich mit einem Kopfnicken von Chris und verließ eilig das Haus, ohne sich noch einmal umzuschauen. Er wusste schließlich, wer am längeren Hebel saß!

„Wenn eine jemenitische Familie hier einzieht, hat das Vor- und Nachteile. Aber eins ist klar: Du musst dann auch im Hof und auf der Treppe ein Kopftuch und lange Kleider tragen!", überlegte Chris.

„Ich muss mich hier an so vieles anpassen und meine Persönlichkeit zurückstellen. Ich will mich wenigstens zu Hause bequem anziehen! Übrigens wird durch das ständige Kopftuchtragen Haarausfall verursacht. Das ist ein großes Opfer! Außerdem könnten wir noch einen Gästeraum und ein Spielzimmer brauchen. Unsere Wohnung oben ist zwar groß, aber die Zimmereinteilung ist ungünstig: Wir haben ein großes Schlafzimmer, dein Arbeitszimmer, den großen Saal, die Terrasse und das Männerwohnzimmer und unsere große Essküche. Unsere Kinder haben zusammen aber nur ein Kinderzimmer! Vielleicht könnte man sogar die Schule hierher verlegen? Da wären vielleicht auch die anderen Familien froh, denn Familie Weber hat fünf Kinder und sie könnten das Schulzimmer dort sicher für andere Zwecke nutzen."

Bei der nächsten Teambesprechung brachten wir das Thema vor. Überraschenderweise schlugen die anderen sogar vor, dass man die Wohnung als Team-Gästewohnung nutzen könne. So beschlossen wir, die Wohnung tatsächlich dazu zu mieten.

Als Herr Chalil die unteren Räume zu Besichtigung aufschloss, merkten wir, dass es wirklich höchste Zeit war, dass das Appartement bewohnt wurde! Alles war von einer dicken Sand-Staubschicht bedeckt und natürlich waren wie in den anderen leer stehenden Wohnungen, die wir vor Monaten besichtigt hatten, überall Bauschutt und Farbreste. Im großen Zimmer gab es eine Untermieterin: eine Schlange hatte sich eingenistet, die inzwischen jedoch verhungert war.

Einrichten und Dekorieren gehört zu meinen Hobbys und ich stürzte mich mit Feuereifer in die Arbeit. Zuerst musste der Bau-Müll ausgeräumt und alles gereinigt, geschrubbt und Farbreste abgekratzt werden. Dann kam der angenehmere Teil: Möbel aussuchen und bestellen, die Zimmer einrichten und anschließend Stoffe aussuchen und Vorhänge nähen. Zwei Zimmer wurden Gästezimmer, das große Zimmer sollte als Wohnzimmer dienen und wurde später dann einer der Schulräume. Das kleine Zimmer unter Chris' Büro wurde ein Lagerraum, in dem wir besondere Bücher und auch unsere Reisekoffer aufbewahren konnten.

Schon bald meldeten sich die ersten Gäste an. Da die Küche unten noch keine Möbel hatte, wurden die Besucher von unserer Familie zu den Mahlzeiten eingeladen und mitversorgt.

Wie viel Extraarbeit da auf mich zukam, sollte ich allerdings erst später merken! So ein ehrenamtlicher Hotel-, Restaurant- und später dann Schulbetrieb kostete mich doch mehr Zeit und Kraft, als ich mir das vorgestellt hatte. Ich wollte doch gerne meine Freizeit mit den Einheimischen verbringen! Stattdessen verbrachte ich Stunden mit Wäsche waschen, was hier gar nicht so einfach war ohne Waschmaschine und mit Wassermangel. Ich kochte für die Gäste oder wir mussten zusätzlich Fahrdienste zum Flughafen übernehmen, um Besucher abzuholen, Flüge zu bestätigen oder umzubuchen. Damals gab es noch kein Internet und man musste dafür ins Reisebüro in die Stadt.

KAPITEL 9

SOKOTRA

Da die anderen Teammitglieder im September 2000 nach ihrer langen Sommerpause wieder aus dem Heimaturlaub zurückkamen, konnte Chris im November einige Tage Urlaub nehmen. Die ersten Monate mit all den Neuanfängen, Umbrüchen und Anpassungen an Land, Leute, Sprache und Arbeit waren doch recht anstrengend und kräftezehrend gewesen. Wir alle waren Urlaubsreif!

Vor einigen Wochen hatten Freunde einige Tage bei uns in Mukalla Urlaub gemacht. Beim Abschied hatten sie uns freundlich eingeladen: „Unsere vier Kinder würden sich sehr freuen, wenn ihr uns mit David und Martin auf der Insel Sokotra besucht. Ihr seid jederzeit herzlich bei uns willkommen!"

Chris wusste, wie sehr ich Wasser liebte und dass ich schon lange von einer längeren Schifffahrt träumte. Aus diesem Grund überraschte er mich mit einer genialen Idee.

„Liebes, du siehst müde aus. Was hältst du davon, wenn wir mit einem indischen Sambuca nach Sokotra fahren? Es wäre eine mehrtägige Reise über den Indischen Ozean. Es gibt allerdings einen Haken: Diese sehr einfachen alten

Holzschiffe haben weder Kajüten noch Toiletten oder Bad! Aber man kann ja ebenso wie die einfachen Seemänner das Geschäft ‚über Bord' erledigen! Man muss sich halt gut festhalten!"

Ich war begeistert. Sambucas waren keine Passagierschiffe.

„Transportschiffe sind sicher günstiger und es wird ein Abenteuer", dachte ich.

Frühmorgens machte sich Chris mit unseren beiden Jungs zum Hafen auf. War das ein lautes Treiben! Die braungebrannten Fischer waren noch nicht lange zurück vom nächtlichen Fischfang. Sie trockneten barfuß und mit nackten Oberkörpern ihre Netze. Die Männer halfen einander bei der Arbeit, fröhlich ihre Seemannslieder singend. Ihre buntbemalten Boote schaukelten gemächlich auf den in der Sonne glänzenden Wellen. Die Fische waren schon auf dem nahegelegenen Fischmarkt und wurden von Händlern lauthals zum Verkauf angeboten. In der Luft hing noch der strenge Geruch nach getrocknetem Blut. Man bräuchte Hornhaut in der Nase, um den Gestank auszuhalten. Im Hintergrund schaukelten große Handelsschiffe aus aller Herren Länder auf den Wellen des Hafens. Sogar zwei große weiße Jachten ankerten heute hier, trotz des geschäftigen Lärms herrschte eine entspannte Atmosphäre.

Bald stellte sich heraus, dass es schwierig war, ein Schiff nach Sokotra zu buchen. Es gab keinen Fahrplan. Man lebte hier nach dem Motto: „Komme ich heute nicht, komme ich vielleicht morgen." Die Wasserfahrzeuge lagen am Ankerplatz, während die Matrosen träge im Schatten dösten. Der Kapitän wartete auf ein lukratives Angebot. Niemand wusste, wann der Transportkahn das nächste Mal auslaufen würde, oder welche Fracht zu welchem Ziel transportiert werden würde. Sobald die Verhandlungen wegen einer Ladung endlich abgeschlossen waren, konnten die Seeleute die Fracht einholen und dann *Inschallah bukra* in See stechen. Chris verbrachte in den nächsten Tagen immer wieder Stunden zusammen mit unseren beiden Jungs wartend am Hafen. Er kannte inzwischen schon viele der Seeleute und fiel nicht mehr so leicht auf das Seemannsgarn der rauen Männer herein.

Er hoffte immer noch, dass ein Sambuca dabei wäre, um uns über das wilde Meer zum Ziel unserer Träume mitzunehmen.

Die Wahrscheinlichkeit war minimal, dass in den nächsten Tagen ein solches Schiff auslaufen würde. Die Insel Sokotra ist jedes Jahr während der Monsunzeit von der übrigen Welt abgeschnitten. Der Schiffsverkehr auf dem rauen Ozean steht aus Sicherheitsgründen still. Nun endlich war die Monsunzeit vorbei und die ersten Seefahrer wagten es wieder, auszulaufen. Die Insel war verzweifelt auf Nachschub der Waren angewiesen, da die Vorräte nach den langen stürmischen Monaten aufgebraucht und die Preise unerschwinglich hoch waren.

Obwohl die Tage am Hafen interessant waren, beschlossen wir im Familienrat nach einer Woche, nicht länger zu warten. Die Reise wäre sonst ins Wasser gefallen. Chris hatte wichtige Termine, zu denen er wieder zurückerwartet wurde.

Wir mussten also doch die teureren Flüge zu dem sagenumwobenen Eiland Sokotra buchen. Endlich sollte es losgehen! Nach einer Flugstunde landeten wir am Samstagnachmittag um 14.30 Uhr auf dem kleinen, sehr einfachen Steppenlandeplatz, der den Flughafen darstellte. Wir waren mitten in der Einöde der Insel. Es gab weit und breit keine Straßen oder Häuser. Außer ein paar grasenden Ziegen und drei Soldaten gab es hier nur Abfallhaufen, aber keine Taxis oder Busse. Man hatte den Eindruck, am Ende der Welt gelandet zu sein. Nur ein kleiner Unterschlupf, ein von Pfosten gestütztes Strohdach, diente den Soldaten als Schattenspender. Daneben wurden die Koffer und Gepäckstücke einfach auf einen großen Haufen gekippt, und einer der Soldaten bewachte sie, indem er achtlos darauf herumstolzierte. Alle Gepäckstücke der Reisenden wurden recht unprofessionell einzeln inspiziert, indem die Uniformierten mit ihren schmutzigen Fingern darin herumwühlten. Kleine Döschen und Shampoo-Fläschchen mussten auf willkürliches Verlangen des Militärs geöffnet werden. Manchmal leerten sie den Inhalt sogar achtlos auf den Boden, um zu prüfen, ob irgendetwas Verbotenes geschmuggelt wurde. Als Andenken an diese denkwürdige Zollstation war das Schloss des alten Koffers anschließend verbogen und man konnte ihn nicht mehr richtig schließen, die Reisetasche von Chris hatte eine Delle.

„Na ja", dachte sich der Familienvater, „dafür haben wir ab jetzt Urlaub, und zwar auf dieser wunderschönen einsamen Insel!"

Nach einigem Warten näherte sich in halsbrecherischem Tempo auf der Piste ein Land Cruiser. Er wirbelte große Staubwolken hinter sich auf. Wir erkannten erleichtert unseren Freund Jan am Steuer. Nach der herzlichen Begrüßung lud er uns mitsamt unseren mehr als sieben Sachen in sein Auto und fuhr mit uns auf holprigen Schotterwegen zur Hauptstadt von Sokotra, Hadibu, wo er mit seiner Familie wohnte.

Unterwegs erzählte er uns einiges über die Insel und seine Bewohner.

„Über 400 Meter Höhe stauen sich die Passatwolken an den Berghängen von Sokotra und manchmal treibt dichter Nebel wie ein grauer Herbstvorhang entlang den *Wadi*[23]-Läufen. Wenn es einmal regnet, dann gewaltig. Orkanartige Böen peitschen den Regen gegen die Menschen und draußen unterwegs zu sein, wird zur nassen Nervenprobe. Eine Stunde später ist der Spuk dann meistens vorbei."

Seine vier Kinder – Aaron, Joel, Sabine und Jeremias, etwa im selben Alter wie unsere – waren schon ganz außer sich vor Freude! Sie verstanden sich gut mit David und Martin und hatten viel Spaß zusammen.

Alle Häuser auf Sokotra waren L-förmig mit der Außenseite an eine Mauer gebaut, die dann insgesamt ein Viereck um einen großen Innenhof bildete. Alle Zimmer sowie Küche und WC waren nebeneinander aufgereiht und vom Hof aus durch niedrige Türen zu betreten. Ein Teil des Hofes war überdacht und mit gemütlichen Matratzen und einem Esstisch und Bänken ausgestattet. Auf der gegenüberliegenden Seite des Hauses hatte Bianca etwas Gemüse angepflanzt, dazwischen gab es noch genug Kies und Sandflächen, wo die Kinder spielen konnten. In Hadibu war es fast immer warm und sonnig. So lebte man im Prinzip im Hof, wo es windig und angenehm war, während man in den schwülen, luftarmen Zimmern kaum atmen konnte und ständig von einem dicken Schwarm lästiger und aufdringlicher Fliegen umschwirrt war.

---

23 Flusstal (meist ausgetrocknet)

Wir alle genossen den Urlaub auf der Insel in vollen Zügen. Abenteuerlustig, wie wir nun einmal waren, hatten wir uns vorgenommen, nicht die ganze Zeit im Anwesen unserer Freunde zu bleiben, sondern wir wollten stattdessen mit dem Auto die Insel erkunden.

Jan warnte uns: „Es gibt hier gerade Benzinmangel, weil infolge der Monsunstürme schon länger keine Schiffe mehr angekommen sind!“

Aber wir konnten uns einfach nicht vorstellen, dass es tatsächlich keinen Treibstoff mehr gab! Wir packten Trinkwasser, Proviant für mehrere Tage, und die geliehene Campingausrüstung in ein gemietetes Auto mit Fahrer.

„Es wird schon alles gutgehen!“, beschwichtigten wir uns gegenseitig und die Bedenken unserer Freunde.

Vielleicht hätten wir doch auf sie hören sollen? Leider ging dem einheimischen Chauffeur schon nach knapp 20 Kilometern der kostbare Sprit aus. Da saßen wir nun mitten in der Wildnis auf einer felsigen Anhöhe, die Brandung des Meeres unterhalb des steilen Abhanges im Ohr und die steinige Wüstenlandschaft vor uns! Es war Mittagszeit und die Hitze am Höhepunkt. Der Einheimische ahnte wohl, dass um diese Zeit niemand, der nur ein wenig Verstand besaß, durch die Wüste fuhr. Fast beneidete ich ihn um seine orientalische Mentalität: Er legte sich behaglich unters Auto, wo es Schatten gab und schlief ein.

Für uns war dies wieder einmal eine von vielen Gelegenheiten, Geduld zu lernen! Wir beteten und hofften gegen alle arabische Vernunft, dass Gott jemand vorbeischickte. Und tatsächlich, nach fast zwei Stunden tuckerte endlich ein Fischerboot um den Felsen.

Chris sauste über Stock und Stein, die felsige Uferböschung hinab und winkte den Fischerkutter heran.

„Bitte, könnt ihr uns mitnehmen zum schönen Sandstrand von Errehä, damit wir noch vor Sonnenuntergang ankommen.“, bat er.

Eine mit Händen und Füßen unterstützte, lange Debatte folgte. Aber die Fischer blieben fest:

„Wir können entweder euch Menschen oder das Gepäck mitnehmen!“

Chris versuchte, die Männer umzustimmen, doch da war nichts zu machen! Wirklich nichts.

Frustriert kletterte Chris den Steilhang wieder hinauf.

„Hätten wir doch nicht so viele Sachen mitgenommen!“

Wir beschlossen frustriert, das nächste Mal auf manche Campingutensilien zu verzichten. Wieder warteten wir auf Rettung, und die Zeit verstrich.

„Hörst du das? Ein Motor!“

Tatsächlich bog schon bald wieder ein Boot um die Klippe. Schnell und geschickt machte sich Chris wieder an den Abstieg. Der Schweiß rann ihm den Rücken hinunter und er sah aus, als ob er ein Bad genommen hätte. Diesmal wurden sich die Männer schnell einig: Die Fischer stimmten zu, dass sie uns mitsamt der Ausrüstung für ein paar Sokotrische Rial mitnahmen. Wir überlegten nicht lange.

Chris kletterte wieder flink hinauf, um die schweren Kisten hinunterzutragen. Der Autofahrer wachte auf und war sichtlich erleichtert; er hatte ja seine Einnahmen schon im

Voraus bekommen und alles mit wenig Aufwand verdient. Lächelnd und winkend verabschiedete er sich von uns.

David, Martin und ich machten uns ebenfalls an den mühsamen Abstieg. Jeder trug so viel, wie er konnte. Wir mussten beim Abstieg aufpassen, dass sich keine Steine lösten. Nachdem das Boot beladen und die Last gleichmäßig verteilt war, stach der Kahn in See. Wir alle genossen die Fahrt in den goldenen Sonnenuntergang hinein. Das Boot jagte über die glitzernden Wellen und schwankte hin und wieder bedenklich. Die Gischt spritzte uns ins Gesicht. Je wilder die Fahrt, desto mehr lachten unsere Jungs, während sie sich am Bootsrand festhielten.

„Darf ich auch mal den Motor bedienen?“, fragte Martin.

Doch so weit draußen und bei dem heftiger werdenden Wellengang war es zu gefährlich, aufzustehen, um die Plätze zu tauschen.

Es war bereits finster, als wir am Strand ankamen. Wir entluden im Dunkeln die mitgebrachten Kisten und richteten schnell die Schlafplätze ein. Ich hängte die Moskitonetze auf. Bevor die Fischer zum Fischfang aufbrachen, versprachen sie, in ein paar Tagen wieder zu kommen.

Unsere Kinder waren inzwischen hungrig und müde. Während ich das Essen zubereitete – Brot mit Tomaten und Wasser zum Trinken –, erkundigte ich mich ganz nebenbei: „Was, wenn es hier Schlangen gibt?“

Aber Chris war, wie immer, die Ruhe selbst; er beruhigte mich und schon bald erhellte der klare Vollmond unser idyllisches Nachtlager. Er machte mit den Jungs zusammen ein prasselndes Lagerfeuer, kochte Tee und briet darauf den Fisch, den uns die Fischer zu einem etwas dreisten Preis verkauft hatten. Aber er duftete und schmeckte auch wirklich lecker!

Wir konnten die kleinen Lichter der Fischerboote beobachten. Die Fischer versuchten ganz in der Nähe fast bis zum frühen Morgen ihr Glück und immer wieder konnten wir ihr Singen vernehmen.

Gegen 5.30 Uhr ging die Sonne auf und weckte uns durch ihre warmen Strahlen aus dem Schlaf. Erst bei Tageslicht entdeckten wir die faszinierende wilde Schönheit unsres Paradieses. Aus dem Felsen sprudelte eine Süßwasserquelle und bahnte sich seinen Weg über den weißen Sandstrand bis zum Meer hinunter. Hinter uns ragten markant die dunklen Berge auf. Außerdem gab es oberhalb von unserem Lagerplatz, wenn man ein Stück den Berg hinaufkletterte, eine hundert Meter hohe Sanddüne, von der man wunderbar herunterrutschen konnte. Mir tat die Ruhe gut, während Chris mit unseren Söhnen im weichen Sand herumtollte und spielte. Alle genossen diese für uns außergewöhnlichen, abgeschiedenen Ferien. Wenn wir beim Mittagessen saßen, konnten wir Delfine beobachten. Sie schwammen dicht ans Ufer und schienen zum Greifen nahe! Die Delfinkinder sprangen verspielt in hohem Bogen aus dem Wasser. Sie genossen es offensichtlich, beobachtet und angestaunt zu werden. Einmal sprang David ins Wasser und schwamm mit den Tümmlern um die Wette, ein herrliches Vergnügen für alle Beteiligten.

Hier an diesem romantischen Urlaubsort bestätigte sich dann auch meine freudige Vorahnung, dass wir tatsächlich wieder ein Baby erwarteten! Wegen Amöbenruhr verlor ich jedoch ständig Gewicht und wurde zunehmend schwächer.

Unsere mitgebrachten Trinkwasser -und Nahrungsmittelvorräte gingen langsam zur Neige. Wir warteten gespannt, ob die Fischer sich an ihr Versprechen erinnern und zur verabredeten Zeit, nach vier Tagen, bei unserem Lager auftauchen würden. Martin bekam schlimme Ohrenschmerzen, weil sich sein Außenohr durch die ständige salzige Luftfeuchtigkeit entzündet hatte.

Am vierten Tag zogen dann dicke schwarze Wolken auf! Langsam wurden die Kinder unruhig. Auch ich konnte meine Nervosität kaum verbergen. Chris verpackte alle Spielsachen, Kleider und Schlafsäcke vorsorglich in den Rucksäcken und in einer großen Aluminiumkiste. Wir waren in Aufbruchsstimmung. Und tatsächlich, da kamen die Männer endlich, wie verabredet, und halfen dabei, unsere Habe im Boot zu verstauen. Die Fracht war leichter geworden. Die braungebrannten Männer scheuchten uns ins Boot und wiesen auf die schnell näher kommende finstere Wolkenbank, die den Himmel bereits drohend bedeckte.

Ich musste an das denken, was Jan uns im Auto erzählt hatte, als er uns mit seinem Auto vom Flughafen abgeholt hatte.

Diese stürmische Reise in dem kleinen Fischerboot sollten wir nie mehr vergessen. Das ungestüme Meer wurde immer unberechenbarer und die tosenden Wellen immer höher. Die Gischt der aufpeitschenden Wellen füllte schnell das kleine Motorboot. Es gab einen saftigen Wolkenbruch, und die Jungs und ich schöpften das überschüssige Wasser so schnell wir konnten ab. Doch wir waren zu langsam. Chris half den Männern beim Rudern, denn der Motor war bei dieser Witterung und schweren Ladung unbrauchbar.

„Werden wir es schaffen?“, fragte ich mich besorgt.

Nach längerer Fahrt gegen den tosenden Sturm, erspähten wir erschöpft den Strand von Hadibu. Endlich legte das mitgenommene Wasserfahrzeug an.

„Wie kommen wir jetzt weiter?“, fragte Martin seinen Vater, der die tapferen Fischer gerade großzügig bezahlte und ihnen ihre Mühe vergalt. Unerschrocken hatten diese Männer uns das Leben gerettet!

Doch schon nahte Hilfe. Ein Auto kam aus dem Nichts herbeigefahren, der Fahrer, der gerade sein Auto an einer nahegelegenen Tankstelle aufgetankt hatte, lud uns triefenden Menschen und das ebenso nasse Gepäck ein und brachte uns bis zur Hoftür unserer Freunde. Während unserer tagelangen Abwesenheit war ein Tankschiff gekommen, und nun konnten die Motoren auf Sokotra wieder laufen.

Der Unbekannte lud schnell das Gepäck aus dem Wagen und verschwand, bevor wir uns von ihm verabschieden konnten. Da standen wir und unser Gepäck nun in Regen und Sturm vor dem Haus unserer Freunde auf der Straße. Wir hatten unser Ziel erreicht. Beinahe. Erleichtert und sehnsüchtig hofften wir, dass wir bald eingelassen wurden. Wir vier waren inzwischen klitschnass, alles tropfte und wir schlotterten jetzt vor Kälte. Chris klopfte wieder an die Haustür unserer Freunde. Doch niemand öffnete. Er klopfte noch einmal lauter. Keiner hörte uns. Der Regen prasselte zu laut auf die Wellblechdächer und der Sturm tobte.

Kein Mensch sah, dass sich in das Regenwasser, das mein Gesicht herunterlief, Tränen gemischt hatten. Eigentlich machte die Dreiviertelstunde im strömenden Regen auch nichts mehr aus, denn wir waren ja eh schon nass bis auf die Haut. Das Gepäck luden wir zum Schutz in ein erfreulicherweise offengelassenes fremdes Auto, das sich vor dem

Nachbarhaus befand. Endlich ließ der Regen nach, und bald schon kam die Sonne durch. Zuletzt öffnete sich die schwere Hoftür dann doch noch.

„Wir dachten, ihr seid verschollen. Wo kommt ihr denn her?", hörten wir eine Kinderstimme. „Bei uns hat der Regen so laut aufs Dach getrommelt, da hat man nichts gehört."

Schnell machte Aaron die Tür auf und wir stolperten müde hinein.

„Wir müssen alles aufhängen, der Wind und die Sonne wird es trocknen, sonst schimmelt es!", rief ich meiner Familie zu. „Bitte helft mit, Kinder!"

Es machte sogar allen Spaß, die nassen Sachen an der Mauer, in den Ästen der Bäume, über Stühle und aufs Gras zu legen. Es gab nicht genug Wäscheleine für all die durchnässten Dinge.

Abends waren dann alle hundemüde. Der Strom war ausgefallen, und es wurde bald stockdunkel. Ich war dankbar, als ich die Kinder früher bettfertig machen konnte.

Die beiden Kinder putzten ihre Zähne und duschten, bevor sie dann in einem kurzen Schlafanzug unter ihr großes Moskitonetz krochen. Es bedeckte beide Schlaflager der Kinder. Routiniert steckte ich das Netz unter der Matratze fest, bevor ich unter unser eigenes gemeinsames Fliegengitter kroch und mich darauf freute, mich an meinen Mann zu kuscheln. Es war dunkel und bis auf die summenden Moskitos still. Doch es war sehr schwül, die Luft stand unerträglich still, weil die Ventilatoren ohne Strom nicht funktionierten.

Gerade wollte ich meinen Kopf auf das weiche Kissen legen, als unser vierjähriger Martin plötzlich laut weinte.

Schläfrig versuchte ich, ihn im Dunkeln von meinem Lager aus mit ein paar liebevollen Worten zu beruhigen.

„Ich bin ja da, schlaf jetzt, wir sind alle müde!"

Es half alles nichts! Er steigerte sich ins Weinen hinein, wie nur ein Vierjähriger sich in Dinge hineinsteigern kann und wurde immer lauter! Mir brach jetzt der Schweiß aus. Was würden die anderen denken? Wir waren doch hier Gäste! Nur wenige Meter über den Hof trennten uns von unseren Gastgebern und ich wollte nicht, dass unsere Freunde oder ihre Kinder durch das weit hörbare Geschrei gestört wurden. Wegen der Hitze standen in allen Zimmern die Türen und Fenster Richtung Hof offen. Daher stand ich schnell auf, schnappte die Taschenlampe, die in der Mitte zwischen meinem Mann und mir am Kopfende unseres Lagers lag und schlüpfte im Dunkeln aus dem Netz. Schnell stopfte ich es wieder fest und kroch zu Martin, dessen Schlafplatz nur wenige Zentimeter entfernt lag.

„Was hast du denn? Tut dir was weh?", fragte ich liebevoll und streichelte ihm zärtlich über den Kopf.

Dabei achtete ich sorgfältig darauf, dass keine Moskitos durch das Fliegennetz schlüpften. Sofort beruhigte sich mein Junge. Er lächelte, als ich die Taschenlampe anmachte, um zu prüfen, ob sich vielleicht doch eine Stechfliege eingeschlichen hatte. Beruhigt sah ich, dass alles in Ordnung war! Als ich gerade die Lampe ausknipsen wollte, nahm ich einen dunklen Schatten auf meinem eigenen Kopfkissen wahr, das ganz nahe am Fußende des Kinderlagers war. Ich stöhnte erschrocken auf, als ich die Gefahr realisierte. Chris fuhr bei diesem alarmierten Geräusch zusammen. Er war gerade im Begriff gewesen, einzuschlafen. Jetzt schlug er die Augen noch einmal auf.

„Oh, ein Skorpion!“, murmelte er betroffen.

Geistesgegenwärtig nahm ich ein herumstehendes Flipflop und schlug wütend auf das Moskitonetz und das darunterliegende giftige Tier ein, bis es tot war. Chris war stumm vor Schrecken. Mein Herz hämmerte wie wild. Das war gerade noch einmal gut gegangen!

Bevor ich auf mein Lager zurückkroch, lächelte ich meinen jüngsten Sohn anerkennend an und flüsterte ihm dankbar zu: „Du hast mir das Leben gerettet. Wenn du nicht geweint hättest, hätte ich genau dort meinen Kopf hingelegt. Danke.“

Martin strahlte! Ich nahm mir fest vor, in Zukunft etwas genauer zu schauen, was alles im Netz versteckt war, bevor wir uns alle schlafen legten.

Nach der Anspannung des Tages und dem Schrecken in der Nacht fiel mir das Einschlafen trotz Müdigkeit schwer. Chris spürte das wohl und streichelte sanft meinen Rücken, bis mir endlich die Augen zufielen.

Bald war der Urlaub auch schon zu Ende. Chris machte in den beiden letzten Tagen zusammen mit seinem Freund noch eine Wanderung über die Insel, weil er die einzigartigen Drachenbäume in den Bergen besichtigen wollte. Leider war ich zu geschwächt von der Ruhrerkrankung und der Schwangerschaft und wollte lieber noch ausruhen, bevor wir uns auf die abenteuerliche Rückreise nach Mukalla machten.

Kapitel 10

Eine tote Riesenechse

Wieder zurück in Mukalla. Seit Schariifa zweimal wöchentlich morgens da war, konnte ich mehr im Projekt mithelfen oder in den Schulräumen sein, wo ich unsere Kinder in Englisch, Französisch und Deutsch unterrichtete.

Inzwischen war ich wirklich froh um ihre Hilfe im Haus. Nebenher beobachtete Schariifa interessiert, wie wir uns in der Familie verhielten.

Eines Tages war ich mit Chris unterwegs, um auf einer Konferenz der medizinischen Fakultät an der Universität Studenten zu bewerten, die ihre Abschlussarbeit vortrugen.

Für Schariifa sollte dieser Tag unvergesslich werden. Sie erzählte mir später, was sie mit unserem Ältesten während unserer Abwesenheit erlebt hatte:

„David war ganz aufgelöst und weinte herzzerreißend. Sonst weinte er doch nie! Doch diesmal war er untröstlich, weil seine Wüstenechse gestorben war! Er hatte sein geliebtes ‚Haustier' kurz nachdem ihr weggefahren seid, tot im Garten aufgefunden und trug es seither trauernd auf den

Händen herum und hielt laut Totenklage. Ich versuchte alles, um ihn zu trösten. Ich verstehe nicht, warum man um ein Tier dermaßen trauert! Als ich nicht mehr weiterwusste, fragte ich ihn, ob er beten wolle."

Beim Erzählen wurden ihre Augen feucht:

„Er faltete die Hände, beugte seinen Kopf und seine Lippen bewegten sich, als ob er mit jemandem redete. Dann wurde er plötzlich still, grub ein Loch und legte das tote Tier hinein. Danach spielte er, als ob nichts geschehen war und war wieder fröhlich!"

Einige Wochen später enthüllte sie mir mit einem entwaffnenden Lächeln: „Wenn dieses Kind, das ich liebe wie meinen eigenen Sohn, betet und darauf diese krasse Veränderung erlebt, dann hat er entweder einen starken Glauben oder einen starken persönlichen Gott!"

Beides interessierte Schariifa. Doch auf was sie dieses Erlebnis vorbereiten sollte, ahnten wir zu diesem Zeitpunkt noch nicht.

Schariifa war für mich wie die Schwester, die ich mir immer gewünscht und die ich leider nie gehabt hatte. Wir wuchsen einander trotz unserer Unterschiedlichkeit sehr ans Herz.

Kapitel 11

Weihnachten

Dezember 2000

Wir schmückten in den Adventswochen unser Zuhause. Draußen war es sommerlich heiß und schwül, der Sand knirschte und einzelne, winzig kleine Sandkörner leuchteten wie Edelsteine in der Sonne. Chris hatte aus Akaziendornbüschen, die direkt neben unserem Grundstück wild wuchsen, ein paar Zweige abgeschnitten und damit einen Adventskranz mit Kerzen gemacht. Am Heiligen Abend befestigte er als Christbaumersatz ein paar Zweige an der Wand, daran wurden Kerzen, Äpfel und ein paar selbstgebastelte Strohsterne angebracht. Eine schlichte Krippe mit ein paar selbstgemachten Figuren aus Ton stand auf einem Tisch beim improvisierten Baum. Am Durchgang zum großen Saal hing der riesengroße Adventskranz aus Akazienzweigen mit großen roten Schleifen.

Wir standen jeden Abend im Advent unter dem Kranz, zündeten die roten Kerzen darauf an und sangen laut die traditionellen Adventslieder wie „Macht hoch die Tür", „Wie soll ich dich empfangen?" und „Es, kommt ein Schiff geladen".

Wir versuchten so, unseren Kindern die deutsche Tradition nahezubringen, die ja auch zu ihren Wurzeln gehörte. Obwohl wir den übertriebenen Glitter der überladenen Vorweihnachtszeit in Deutschland nicht vermissten, bekamen wir beim Singen manchmal Heimweh.

Die Lichter an den Fenstern und das Singen der Lieder, die durch unsere immer geöffneten Fenster nach draußen drangen, lockten auch öfters neugierige Einheimische an, ähnlich, wie Bienen vom Blumenduft angezogen werden.

„Was feiert ihr? Ist dies euer Neujahrsfest?“, fragten sie neugierig.

Chris und ich konnten diese wunderbaren Gelegenheiten nutzen, um den einheimischen Besuchern die Weihnachtsbotschaft anhand der sichtbaren Symbole und mithilfe von Geschichten weiterzugeben. Einmal kam ein Inder namens Ranjad, der im Krankenhaus in der Provinzstadt im Labor arbeitete. Bewegt beobachtete ich, wie sein Blick gleich beim Betreten der Wohnung auf unsere Krippe fiel. Sein Gesicht verklärte sich, er durchquerte schnell den Raum und kniete sich ohne ein Wort ehrfürchtig vor der Krippe nieder. Er schien uns und die anderen Versammelten gar nicht mehr wahrzunehmen. Plötzlich waren Tränen in seinen Augen. Nach einer Weile erzählte er.

„Ich wurde katholisch erzogen, hatte aber noch keinen persönlichen Bezug zu Gott. Religion war für mich immer wie eine tote Hülle. Heute jedoch war ich so tief berührt vom Anblick dieser schlichten Geburtsszene im Stall, dass ich auf der Stelle niederkniete und mein Leben diesem Jesus weihte.“

Verwundert wurde unsere ganze Familie Zeuge dieses lebensverändernden Moments. Chris und ich schauten einander sprachlos an. David traf den Nagel auf den Kopf, als er zu Ranjad strahlend sagte: „Jetzt ist Freude im Himmel, die Engel tanzen und jubeln und wir freuen uns hier auf der Erde, weil du nun zur Familie gehörst."

Von nun an war Ranjad ein häufiger und gerngesehener Gast in unserem Haus.

Als wir vier Teamfrauen an einem Freitag gemütlich bei einem Tee zusammensaßen, verkündigte Heidi: „Weihnachten steht vor der Tür, auch wenn man bei strahlendem Sonnenschein, 32 Grad Celsius und ohne Weihnachtsrummel nicht viel davon merkt! Dieses Geburtstagsfest für unseren Jesus ist eine tolle Möglichkeit, um unsere Freundinnen und Nachbarinnen einzuladen und ihnen die Frohe Botschaft weiterzusagen!"

„Unsere Männer können parallel dazu ein ‚Betriebsweihnachtsfest' für die Herren auf dem Büro-Flachdach veranstalten. Was meint ihr dazu?", ergänzte Larissa.

Wir schauten uns an und lächelten. Der Vorschlag wurde mit Begeisterung einstimmig angenommen. In den kommenden Wochen bereiteten wir dann, aufgeregt wie Kinder, alles vor. Die Vorfreude wuchs. Wir Frauen dekorierten das Haus der Single-Frauen, wo das Fest steigen sollte. Außerdem backten wir haufenweise Gebäck und Kuchen. Bei einer arabischen Party musste es unbedingt genug zu essen und zu trinken geben.

„Wir machen ein Theaterstück, und spielen, wie es war, als Maria mit dem kleinen Jesus in ihre Heimat zurückkam", schlug Eva vor.

Sie hatte immer geniale Ideen.

Wir beschlossen, die Geschichte der verachteten, ausgestoßenen Jungfrau nachzuspielen. Unser arabisches Publikum könnte sich mit Maria identifizieren, denn ihre Kultur ist der biblischen sehr ähnlich. Eva stellte Maria dar, die mit einem angeblich unehelichen Kind in ihre Heimat zurückkehrte. Wir anderen spielten Nachbarinnen, die ganz „arabisch" reagierten, über die Jungfrau tratschen und an ihrer Anständigkeit zweifelten. Alle verachteten und verspotteten sie, ihr guter Ruf war ruiniert. Die arme Maria wurde einsam und verschmäht, weil sie nicht mehr ins System passte. Trotzdem strahlte sie einen tiefen Frieden aus, wohl wissend, dass Gott sie nicht geringschätzte, ganz im Gegenteil!

Es wurde ein lauter und fröhlicher Festabend, viele Frauen aus der Nachbarschaft und von den Beduinendörfern waren gekommen und hatten noch ihre Freundinnen, Schwestern oder Mütter mitgebracht. Die Kinder rannten herum, die Frauen redeten laut durcheinander und stopften sich nebenher Unmengen von Kuchen und selbstgemachtem Weihnachtsgebäck in den Mund. Die Frauen waren es nicht gewohnt, still zuzuhören. Die meisten waren nicht einmal in eine Schule gegangen. Sonst lief bei Besuchen in jemenitischen Häusern immer neben der Unterhaltung der Fernseher, wenn es Strom gab.

Zuerst schwatzten sie deshalb einfach weiter und ignorierten es, als wir Ausländerinnen mit dem Anspiel begannen. Doch dann ermahnten sich die Besucherinnen gegenseitig zur Ruhe.

„Psst, *uskutuu*[24]!"

Einige lauschten gebannt dem ungewohnten Programm. Eine der Besucherinnen, meine Helferin Schariifa, vergaß

24 Seid (doch mal) leise!

sogar, sich weiter Essen in den Mund zu schieben. Auf ihrem Gesicht malte sich gespanntes Interesse aus. Sie ließ sich vom Zuhören auch nicht ablenken, als viele der Besucherinnen wieder laut miteinander redeten. Schariifa, eine Analphabetin, sog die gute Nachricht auf wie ein trockener Schwamm das Wasser. Ihre strahlenden Augen zeigten, dass sie sehr berührt war.

Und dann, ganz plötzlich, herrschte bei den Frauen Aufbruchsstimmung. Wie auf Kommando verschleierten sich die Anwesenden alle gleichzeitig, zogen ihre unterschiedlichen *Baltos* über, stopften sich noch schnell ein paar Essensreste, in eine Serviette gewickelt, in die Handtaschen und verließen zügig den Tummelplatz. Wieder einmal staunte ich, dass in dieser Vielfalt von schwarzen Stoffen, jede den richtigen Übermantel herausfischte. Als ich unsere plötzlich drängelnden Besucherinnen an der Haustür verabschiedete, merkte ich erst, dass es bereits dämmerte und der Muezzin Koranverse rezitierend zum Abendgebet rief. In dem Lärm der feiernden Frauen hatte ich nichts gehört, aber die Frauen hatten das wie bei einer inneren Uhr im Gefühl, wann es Zeit war, zu Hause ihre Waschungen vor dem obligatorischen Gebet zu verrichten.

Beschwingt und dankbar machten wir uns ans Aufräumen. Überall lagen weggeworfene Papierfetzen, Krümel und Essensreste herum, die Toilette war verstopft. Dann ging auch noch das Licht aus, weil es in diesem Stadtteil wieder einmal Stromausfall gab.

„Wir hatten wenigstens während dem ganzen Fest Strom", seufzten wir und zündeten Kerzen an.

Erschöpft streckten wir unsere Beine aus und lehnten uns an den *Mafratsch*[25]. In diesem romantischen Licht sah man den Dreck nicht mehr so und Staubsaugen konnten wir ohne Strom jetzt ohnehin nicht. Daher saßen wir noch ein wenig zusammen und plauderten über den vergangenen Abend.

Auch bei den Männern war der Weihnachtsabend auf dem Flachdach im schräg gegenüberliegenden Haus, hundert Meter die Straße hinunter, ein gelungener Abend gewesen. Sogar aus den Dörfern des Projektgebiets waren viele gekommen, sogar die Beduinenmitarbeiter mit Verwandten. Chris und seine Kollegen hatten ein Rollenspiel über den Sinn von Weihnachten gemeinsam mit den Einheimischen gespielt. Das war ein Spaß für alle Beteiligten. Besonders amüsant spielte der Scheich einer Moschee im Projektgebiet, Faisal, seine Rolle im Weihnachtsanspiel. Es ergaben sich gute Begegnungen, obwohl die Einheimischen sich gegenseitig argwöhnisch beobachteten, ob jemand wohl schon ein „Abgefallener" war.

Es war ein erfüllter Abend, der die Beziehungen untereinander und mit den Einheimischen stärkte und vertiefte.

Einige Tage später führten unsere Kinder dann das Krippenspiel auf, das die Lehrerin Ruth mit ihnen einstudiert hatte. Wir feierten als Team gemeinsam auf dem Dach das Fest der Geburt Jesu, sangen laut zusammen mit Gitarre und Keyboard unter dem orientalischen Sternenhimmel und fühlten uns den Hirten auf dem Feld sehr nahe. Mit dem Unterschied, dass wir keine Schafe hatten. Die Temperatu-

25 Art Sofa, aber ohne Füße, nur Matratzen, die an 2-4 Wänden entlang im Wohnzimmer auf dem Boden liegen, mit Rücken-und Armlehnen

ren hier waren um diese Jahreszeit angenehm abgekühlt und betrugen nur noch 25 Grad am Abend. Es gab ein tolles Buffet, jeder hatte etwas Leckeres mitgebracht: Würstchen, Teigwaren, Fingerfood, Salate, Desserts und selbstgemachte Weihnachtskekse. An diesem ersten Weihnachten hatten wir kein Heimweh, denn wir verstanden uns gut, hatten ein neues Zuhause gefunden und genossen es, fern vom deutschen Weihnachtstrubel dieses Fest zu feiern.

Kapitel 12

Eine markerschütternde Explosion

Um die Weihnachtszeit lud ich meine Freundin Schariifa spontan ein.

„Komm, wir schauen uns heute den Anfang des Jesus-Films an, wo eindrücklich die Geburt des Erlösers dargestellt wird. Dann verstehst du, was wir Christen an Weihnachten feiern!“

Seit unserem Fest für die Frauen neulich hatte sie immer wieder viele Fragen über Religion und Glauben gestellt. Das Anspiel von Maria hatte sie sehr angesprochen und bewegt. Sie suchte aufrichtig nach der Wahrheit.

Sprachlos und mit offenem Mund verfolgte Schariifa nun die Handlungen auf dem Bildschirm. Sie war so hingerissen von den Wundern und der Person Jesu, dass sie den gesamten dreistündigen Film von Anfang bis zum Schluss anschauen wollte. Offenbar war sie von der Botschaft aus dem Jesus-Film sehr berührt. Am folgenden Tag hatte sie ein erschütterndes Erlebnis.

Es war Sonntag, hierzulande ein normaler Werktag, als ich mit den Kindern und unserer Lernhelferin Ruth unterwegs war. Schariifa stand bei uns zu Hause in der Küche und wollte gerade ein Getränk aus dem Kühlschrank herausnehmen. Sie war tief in Gedanken versunken und dachte zum wiederholten Mal über die Geschichten von Jesus nach, die sie gestern im Film so berührt hatten.

„Dieser Mann aus dem Film hat so sanfte Augen! Er hat viele Wunder getan und vielen Menschen geholfen. Ich will unbedingt mehr wissen und ihn kennenlernen."

Chris, der heute in seinem Büro im vorderen Teil des Hauses arbeitete, erschrak furchtbar, als plötzlich eine ohrenbetäubende Explosion die Stille zerriss.

„Was war das? Ein Erdbeben?", rief Chris erschrocken, als er aus dem Büro stürmte und in die Küche rannte, wo das donnernde Geräusch und der Staub herkamen.

Erschüttert sah er auf das Chaos und die eingestaubte Frau, die wie vom Donner gerührt, furchtsam in einer Ecke stand.

Auf mysteriöse Weise waren durch die Erschütterung am Kücheneingang und an der Wand entlang die hellen Bodenplatten wie explodiert und aufgesprungen und hatten eine etwa 50 Zentimeter breite, und 30 Zentimeter tiefe Kluft im Küchenboden hinterlassen. Geröll und Schutt lagen nicht nur auf dem Boden, sondern auch auf den Ablagen und dem Herd herum. Es sah aus, als ob jemand die gesamte Küche mit Sand eingestäubt hätte.

Chris empfing uns, weiß wie eine Wand, an der Haustür, als wir kurz darauf heimkamen.

„Bitte erschrick nicht, Liebste! Wir haben ein Loch im Boden auf der gesamten Längs- und Querseite in der Küche. Ich habe schon ein paar Bretter über den Abgrund an der Tür gelegt, weil ich nicht weiß, wie tief es ist. Aber geh besser hintenherum über den Balkon in die Küche, ich will nicht, dass jemand einbricht und im unteren Stockwerk landet."

Er berichtete rasch, was passiert war.

„Auf einmal hörte ich eine laute Detonation. Zuerst befürchtete ich, dass jemand auf unser Haus schoss. Dann lief ich in die Küche, von wo der donnernde Krach kam. Schariifa bewegte sich nicht und hatte entsetzt die Hände vor den Mund geschlagen. Ich glaube, sie hatte einen Schock, denn sie sprach kein Wort."

David und Martin rannten schnell hinauf und schauten sich interessiert um.

„Papa, warum hast du nicht alles so gelassen, wie es war, wir hätten doch mit unserem Bagger alles wegfahren können!", beklagte sich Martin, hilfsbereit, wie immer.

Ich ging zu meiner Freundin, umarmte sie und fragte teilnahmsvoll: „Wie geht's dir? Ist dir nichts passiert? Bist du irgendwo verletzt?"

Schariifa schüttelte den Kopf. Sie lächelte schon wieder tapfer und hatte sogar schon die gröbsten Brocken und den Staub zusammengefegt und auf einen großen Haufen in der Ecke geschoben.

„Ich weiß wirklich nicht, wie das passieren konnte. Ich stand auf der gegenüberliegenden Seite am Kühlschrank, als dieses Unglück passierte.", flüsterte sie erschüttert.

„Ich weiß doch, dass du nichts dafür kannst, Schariifa. Weißt du, warum das passiert ist?"

„Ja, es ist, weil ich über den Film nachgedacht habe!", antwortete Schariifa augenblicklich. Ich merkte, dass sie sich schon mit dieser Frage auseinandergesetzt hatte.

„Ja. Du bist interessiert, die Wahrheit über Gott herauszufinden. Dein Herz ist auf der Suche. Und der Feind von *Iisa al Masiah*[26], das ist *Schaitaan*[27], der Durcheinanderbringer, der nicht will, dass du dich mit der Wahrheit beschäftigst. Er will, dass die Menschen verblendet sind und bleiben."

„Dann will ich aber erst recht die Wahrheit kennenlernen", verkündigte Schariifa rasch. „Ich bleibe heute länger hier und schaue den Film noch einmal an. Du hast ihn doch für mich in meiner Muttersprache geholt, oder?"

Ich nickte.

Obwohl unsere Kinder und ich kein Somali verstanden, spürten wir, dass meine dunkelhäutige Freundin offensichtlich tief berührt war. Sie hing den Schauspielern an den Lippen. Die Tränen liefen ihr wie ein Bach über die Wangen.

Später, als sie heimgegangen war, mussten wir ganz nüchtern überlegen, wie man den Schaden reparieren sollte.

„Wir müssen den Vermieter informieren!", entschied Chris.

Der Vermieter schickte einen Experten, der aber erst nach einigen Tagen die Ursache für das Unglück untersuchte

„Es gibt keine Begründung oder offensichtlichen Auslöser für diese abstruse Begebenheit. Allah hat es so gewollt!",

26 Jesus, der Messias

27 Satan

informierte der Fachmann uns scharfsinnig nach eingehender Prüfung.

Es dauerte noch einige Wochen, bis der Schaden repariert wurde. Leider gab es nicht mehr dieselben hellen quadratischen Platten. Dafür setzten die Handwerker in einer dreitägigen Aktion weniger schöne rechteckige gelbliche Kacheln auf das Loch. Sie brauchten erstaunlich lange, da es ihnen offensichtlich in diesem Haus gefiel, wo sie ab und zu einen frechen Blick auf eine ausländische Frau werfen konnten. Ich verbarg mich in meinem eigenen Haus, so gut es ging!

Nach der Renovierung erinnerten uns diese anders geformten, dunkleren Fliesen immer daran, was passieren kann, wenn Menschen ihr Herz für Jesus öffnen.

In den kommenden Wochen wunderten wir uns, was für ein Wandel sich vor unseren Augen vollzog, der Schariifas ganzes Leben veränderte und auf den Kopf stellte. Es war, als ob eine Laterne aufging. Wir waren uns bewusst, dass Gott es war, der Schariifa vorbereitet und zu sich gezogen hatte! Das erfüllte uns mit Ehrfurcht. Es wurde uns schnell klar, dass es nicht davon abhing, wie gebildet oder intelligent jemand ist. Obwohl sie Analphabetin war, erkannte sie plötzlich geistliche Dinge. Ich konnte nur staunen und war mir bewusst, dass nur Gott ein solches Wunder tun konnte.

Schariifas Begeisterung für Jesus war übersprudelnd und ansteckend. Es war absehbar, dass sie Probleme bekommen würde.

„Ich muss allen meinen Freunden und Nachbarn von *Iisa al Masiah* erzählen! Das darf ich ihnen doch nicht vorenthalten. Er ist die Antwort auf alle Fragen!"

Bald bekam sie ungeladen täglichen Besuch vom Imam, dem Vorsteher der Moschee. Er erteilte ihr gratis Privatunterricht im Koran. Dies führte aber zu einem tieferen Verständnis ihres neuen Glaubens, denn sie kam anschließend mit ihren Fragen wieder zu mir.

„Der Islam lehrt dies so. Was sagt denn euer christliches Buch zu diesem Thema?"

Da sie nicht lesen konnte, erzählte ich ihr die entsprechenden biblischen Geschichten oder gab ihr weiter, was ich gerade selbst lernte. Außerdem hatten wir biblische Geschichten-CDs auf Arabisch, die sie während der Arbeit oft hörte.

Manchmal bangte ich aber um das Leben meiner Freundin.

„Wie kann ich es verantworten, wenn sie eines Tages wegen ihres Glaubens umgebracht wird?", überlegte ich.

Diese Frage quälte mich lange. Und nicht zu Unrecht. Schariifa bekam immer wieder Morddrohungen. Selbst im Bus und auf dem Weg zu ihrer Arbeitsstelle wurde sie bedrängt und angepöbelt. Schariifa war sich bewusst, dass sie als Immigrantin nur geringe Chancen hatte und ihre neue Überzeugung sie das Leben kosten könnte. Ihr Mann Sultan, der selbst nicht religiös war, nahm ihre neue Überzeugung offensichtlich gelassen hin. Er gab ihr viel Freiheit, vertraute ihr und erlaubte ihr, dass sie weiterhin zu uns Deutschen zur Arbeit kam. Auch er schaute sich den Jesus-Film an. Er war als jemenitischer Adliger gebildet und konnte auch Traktate und Schriften lesen. Sultan verstand sich gut mit Chris und war offen für tiefere Gespräche über den Glauben.

Die Antwort auf meine peinigenden Fragen gab mir Schariifa selbst: „Was nützt es mir, wenn ich lebe, ohne meinen Jesus zu kennen? Das Leben ohne ihn ist nicht lebenswert. Und wenn ich sterbe, gehe ich zu ihm ins Paradies! In der anderen Religion gibt es diese Sicherheit nicht, auch, wenn ich mich noch so sehr abrackere! Ich habe endlich Frieden gefunden und mein Herz kommt zur Ruhe, also mach dir doch keine unnötigen Sorgen!"

Kapitel 13

Alltag und Projektarbeit

Als wir vor einigen Monaten in Mukalla begonnen hatten, war alles schrecklich aufregend und neu gewesen. Nichts war vorhersehbar. Eine Überraschung jagte die andere. Ich fühlte mich wie eine dieser durchsichtigen Schneekugeln, in denen die bunten Schneeflocken nach dem Schütteln in wilden Kreisen umher wirbelten. Sobald der Schneesturm im Begriff war, sich zu legen, rüttelte das nächste Ereignis heftig an meiner Kugel und gab den Flocken wieder neuen Auftrieb. Alles in meinem Innern war aufgewühlt! Es war gar nicht daran zu denken, die vielen Dinge, die geschahen, zu verarbeiten. Vielleicht lag das aber auch an mir. Ich hatte fast immer zu viele Antennen ausgefahren, die ständig auf Empfang gestellt waren.

Aber dann, als die ersten Monate in unserer neuen Heimat verstrichen waren, legte sich der bunte Schneesturm in meinem Innern und tanzte nur noch leicht im Kreis. Unser Alltag nahm so langsam eine gewisse Regelmäßigkeit an. Der Tagesablauf mit den Kindern wurde routinierter. Schariifa war eine willkommene Gefährtin, ich freute mich über ihre Unterstützung genauso sehr wie über ihre Freundschaft.

Wir alle fühlten uns in unserem Gastland immer weniger fremd. Wir waren nun hier zu Hause.

Wie die anderen Frauen war ich nicht nur mit den Aufgaben einer typischen jemenitischen Hausfrau beschäftigt. Neben den vielen Kontakten mit den Nachbarn gab es hier in Mukalla immer alle Hände voll zu tun – mit der viel aufwendigeren Hausarbeit oder mit Feilschen und Einkäufen auf dem Markt. Zusätzlich gab es die Schulorganisation. Ich kann mich nicht daran erinnern, dass mir während unserer Zeit im Jemen jemals Zeit zum Däumchen drehen geblieben ist. Unvorhergesehenes gehörte hier zum Alltag: Stromausfälle, unangemeldete Besuche schon vor 6.00 Uhr und bis um Mitternacht, Wasserleitungen, die vom Kalk verstopft waren und keinen Tropfen mehr durch ließen. Ohne fließendes Wasser konnten wir weder Zähne putzen, noch den Salat oder die Hände waschen oder gar das WC spülen. Da war Kreativität und Flexibilität nötig. Ich stand nachts auf, wenn der Wasserdruck am stärksten war, aber immer noch zu schwach, um das Wasser in unsere Wassertanks auf dem Dach zu pumpen und fing es unten im Hof tröpfchenweise in Eimern auf.

Es war immer etwas los. An einem Tag kam beispielsweise Schariifa nicht, natürlich ohne, dass sie sich abgemeldet hatte. An anderen Tagen war eines der Kinder plötzlich krank und man musste ins Hospital, weil es hier keine Arztpraxen gab.

Doch mittlerweile hatten wir uns, soweit möglich, an das Land angepasst. Unsere Devise hieß: „Das Beste aus dem Alltag machen und das Unerwartete hinnehmen!"

Zwischendurch unterbrach ich immer wieder das Hausfrauendasein, war unterwegs bei meinen Nachbarinnen oder im Projektgebiet.

Schnell gewöhnte ich mich daran, vor dem Verlassen des Hauses ein buntes Tuch eng um den Kopf zu wickeln. Zwar wurde die Frisur dadurch zusammengedrückt, aber wir Ausländerinnen wollten uns schließlich in dieser konservativ-islamischen Gegend integrieren. Im Haus kleidete ich mich meistens mit den farbenprächtigen, fließenden Gewändern der Jemenitinnen. Sie waren aus angenehmem Seidenstoff und reichten bis zum Boden. Jeans oder eng anliegende Kleider waren in dieser schwülen Wüstengegend unangenehm! Außerhalb des Hauses verbarg ich mit dem *Balto* meinen feingliedrigen Körper. Ich fand die *Baltos* bald praktisch: man konnte alles darunter tragen und verstecken. Einen Gesichtsschleier trug ich jedoch nie. Mich irritierte es, wenn ich den Gesichtsausdruck bei meinem verhüllten Gegenüber nicht sehen konnte, weil ich wissen wollte, ob die Frau lachte, gekränkt oder traurig war. Jedenfalls wollte ich selbst transparent und nicht maskiert sein.

Immer wieder war ich erstaunt und befremdet, wenn wildfremde ältere Frauen mir ungefragt meinen bunten Kopfschleier weiter ins Gesicht zupften oder mir eine frech hervorlugende Haarsträhne akkurat unters Kopftuch zurückschoben. Diese intimen Gesten waren sehr gewöhnungsbedürftig!

„Warum trägst du keinen schwarzen Schleier? So ein buntes Kopftuch trägt man doch nur auf dem Lande oder bei den Beduinen!", wurde ich von den eleganten Städterinnen freundlich getadelt.

Jedoch ist mein Farbgeschmack nicht so leicht zu manipulieren! Diesen Frauen wurde offenbar mit der Muttermilch eingeflößt, dass die Farbe schwarz vornehm und chic sei. Ich fand schwarze Kleider bedrückend und mochte mich nicht in dieser düsteren Schattierung.

„Es ist ja schließlich genug, dass ich mich anpasse und den Frauen zuliebe überhaupt meine Haare verschleiere und den schwarzen *Balto* trage", beschwerte ich mich bei meinem Mann.

Bei Diskussionen zum Thema Schleier ergaben sich aber auch immer wieder Chancen zu tieferen Gesprächen. Wenn Frauen spürten, dass ich mich für sie interessierte und aufmerksam zuhörte, schuf es Offenheit, beispielsweise, wenn ich ihnen begeistert von meinem Glauben erzählte.

Um Chris zu entlasten, half ich ihm nebenher als Privatsekretärin beim Schreiben von Berichten und Anträgen. Er verbrachte die meiste Zeit mit unserem Entwicklungsprojekt. Es erstreckte sich über mehrere der ärmsten Dörfer in Hadramaut. Unter der notleidenden Landbevölkerung war die Kindersterblichkeit wegen der unzureichenden hygienischen Verhältnisse und aus Mangel an sauberem Wasser sehr hoch (selbst für Jemen überdurchschnittlich hoch; ungefähr 90 Todesfälle pro 1000 Geburten).

Das Ziel unserer Arbeit war es, zu einer Verbesserung der medizinischen Grundversorgung und der allgemeinen Lebensverhältnisse in den ländlichen Gebieten und Dörfern beizutragen. Dazu gehörten auch Krankheitsvorsorge durch Aufklärung, Impfkampagnen und Anleitung zur allgemeinen Hygiene. Besonders die unterprivilegierten Bevölkerungsgruppen – Arme, Frauen und Kinder – sollten in der „Hilfe zur Selbsthilfe" geschult werden. Zudem sollten sie angeleitet werden, mehr Verantwortung für ihre Gesundheit und ihr Lebensumfeld zu übernehmen.

Die Ausbildung von einheimischen Gesundheitslehrern war eins unserer wichtigen Ziele. Diese sollten das Gelernte dann wieder an ihre Dorfgemeinschaft weitergeben. Durch die Mithilfe der Einheimischen sollte, wie beim Schneeballeffekt, das Leben mit der Zeit erleichtert und die hohe Kindersterblichkeit gesenkt werden.

Wir waren mit einem großen Herzen für den Jemen in dieses Land gekommen. Sonst hätten wir es bei all den Widerständen, Strapazen und Gefahren niemals bis dorthin gebracht. Wir waren uns alle sicher, dass Gott uns an diesen Ort gesandt hatte, um den Bedürftigen die Liebe Gottes und Hoffnung durch praktische humanitäre Hilfe zu bringen.

Die Idee, gerade hier in Hadramaut ansässig zu werden, war übrigens vonseiten der jemenitischen Regierung gekommen. Sie hatte die humanitäre Hilfe von uns Ausländern angenommen, weil man mit der Armut und den vielen Krankheiten dort nicht mehr zurechtkam. In den Dörfern vor Ort mussten vor allem unsere Teammänner zuerst bei den Stämmen der Ausgeschlossenen und Unterprivilegierten viel Zeit investieren, um die Skeptiker zu überzeugen und das Vertrauen der Dorfgemeinschaft zu gewinnen. In diesen Dörfern lebten einfache Menschen, die alle Schauermärchen glaubten, die man sich im Dorf von den Ausländern erzählte. Kurz nachdem wir damals hierhergezogen waren, witterten vor allem die Islamisten Gefahr und streuten Misstrauen unter den Ansässigen, indem sie Lügen und Halbwahrheiten verbreiteten.

„Die Ausländer mit der hellen Hautfarbe wollen euch gar nicht wirklich helfen, sondern euch zu Abgefallenen machen. Sie bekommen Geld dafür, wenn Muslime zum Christentum konvertieren. Nehmt euch vor ihnen in Acht!“, behaupteten sie.

Wir mussten geduldig und mühsam Vertrauen aufbauen; das kostete Zeit! Die Männer besuchten die einzelnen Dörfer, knüpften Kontakte, setzten sich mit den Dorfältesten zusammen zum Teetrinken und nutzten die Gelegenheit, um den Männern ihr Anliegen vorzutragen:

„Wir möchten eine Impfkampagne durchführen. Ebenso bieten wir euch an, eure Schulkinder zu untersuchen und festzustellen, welches die am meisten verbreiteten Krankheiten sind. Dann können wir ihnen besser helfen! Ist es Durchfall, Typhus, Malaria oder sind es Ohrenkrankheiten oder Hautprobleme.“

Es wurde viel debattiert und stundenlange Gespräche geführt. Nachher staunten die Stammesoberhäupter, denn wir „gefährlichen Ausländer“ waren offensichtlich doch nicht so schlimm und wollten tatsächlich helfen!

Wenn ein betroffenes Dorf Vertrauen in unsere Projekte gefasst hatte, konnten wir ein Team schicken und mit der Arbeit beginnen. So entstanden inzwischen schon in elf der ärmsten Dörfer in Hadramaut und vier Beduinenansiedelungen verschiedene Projekte. Im Hauptdorf wurde eine Gesundheitsstation mit Zahnklinik gebaut. Es diente als Zentrum für die Impfkampagnen. Dort stand einheimisches medizinisches Personal zu Untersuchungen bereit, um den Unterprivilegierten eine kostenlose (von der Regierung mitfinanzierte) Gesundheitsvorsorge oder Impfung zu bieten. Unser Projekthaus dort benutzten wir auch, um ein Beispiel zu geben, wie Hygiene und gesundes Leben für die Einheimischen im häuslichen Umfeld aussehen konnte. Hier gab es zum Beispiel eine exemplarische „Händewaschanlage“, die jeder Einheimische aus Gebrauchsgegenständen leicht nachbauen konnte: Ein leerer Kanister (z.B. ein Salatölkanister) wurde am Henkel mit Hilfe einer Schnur befestigt und mit sauberem Wasser gefüllt. So erhielt man durch Kippspülung „fließendes Wasser" – ein sogenanntes „Tipi tapp". Dies war ein erster Fortschritt, um die häusliche Hygiene zu verbessern und Durchfallerkrankungen zu reduzieren.

In weiteren der ärmsten Dörfern wurde im Lauf der Zeit, in Zusammenarbeit mit den Einheimischen, je eine wunderschöne solide Schule aus Zementblöcken gebaut. Die Strohhütten, die vorher als Schulräume gedient hatten, und den am Boden sitzenden Kindern nur notdürftig Schutz vor der sengenden Sonne geboten hatten, waren jedes Jahr im Sommer vom starken Wüstenwind *Qauzz* fortgeblasen worden.

Unsere neugebauten, weiß getünchten Schulgebäude trugen enorm zum Ansehen der vorher verachteten ungebildeten Dorfbewohner bei. Außer der Schule am Morgen konnten hier am Nachmittag auch Nähunterricht und Alphabetisierungsprogramme für Frauen durchgeführt werden.

Für mittellose Frauen boten wir Nähmaschinenkurse an, damit sie lernten, ihre eigenen Kleider zu nähen. Um die hohe Analphabetenrate zu senken, gab es mithilfe von einheimischen Lehrerinnen Lese- und Schreibkurse für Frauen und Kinder. Auch das Weben am Webstuhl konnten die besitzlosen Frauen lernen. Das vermittelte den Lernenden Selbstvertrauen und die Möglichkeit, später eigenes Geld zu verdienen und selbstständig zu werden. So hofften wir, dass wir diese Ärmsten der Armen dabei unterstützen konnten, dass sie lernten, aus eigenen Kräften aus dieser Abwärtsspirale der Armut herauszukommen.

Auch Brunnen wurden gebaut, damit die Frauen das Wasser nicht mehr mühsam auf dem Kopf aus dem weit entfernten Fluss, wo sie auch ihre Wäsche wuschen, in die Dörfer schleppen mussten.

Chris errichtete für die Einheimischen eine genossenschaftliche Zementblockfabrik. Hier wurden Zementblöcke für die vielen privaten und öffentlichen Bauprojekte hergestellt und dadurch Arbeitsplätze und Einkommen geschaffen. Und nebenbei waren die Zementblöcke deutlich günstiger, da keine hohen Transportkosten mehr anfielen. Der Ertrag kam direkt den Einheimischen und den Entwicklungsprojekten vor Ort zugute.

„Sobald wir mehr Leute bekommen, haben wir noch viel mehr vor!", schwelgte mein Mann Chris in Ideen. Sie schienen ihm niemals auszugehen: „Wir sollten auch Handwerkskurse für Männer anbieten, und außerdem …"

Es waren noch viele weitere Projekte angedacht, und die meisten von ihnen wurden im Lauf der Zeit in die Tat umgesetzt: Bewässerungs- und Farm-Projekte für die Bauern; Verschiedene Fischereiprojekte, z.B. Fair Trade bzw. faire Vermarktung für die Ware der einheimischen Fischer; Demokratie- und Vereinsbildungsprojekte, um den Armen eine hörbare Stimme und gesellschaftliche Vertretung zu geben; Ausbildungsprojekte für die arbeitslose Dorfjugend; Projekte für Behinderte; Weiterbildungskurse für Kreis- und Landräte; Kleinkredite zum Start eines Familienunternehmens; Trinkwasserprojekte für Beduinen und vieles andere.

Mein arbeitsamer Mann war im Projektgebiet immer wieder sehr eingespannt. Selbst wenn er im Büro von Mukalla den Tag verbrachte, war er oft auf den Ämtern und im Ministerium. Ein Lichtblick waren in diesen Zeiten die Mittagspausen. Oft nahm er sich nach dem Mittagessen Zeit, mit seinen Jungs Lego zu spielen oder ihnen etwas vorzulesen. Die Kinder liebten es, mit ihrem Papa Playmobil-Ritterburg zu spielen oder aus Sitzkissen Türme zu bauen, in denen man sich wunderbar verstecken konnte. Manchmal schlief der übermüdete Vater dann auf den Kissen liegend erschöpft ein, doch die beiden Kinder ließen ihn nicht lange schlafen. Oft wurden die Kinder, die immer sehnsüchtig auf ihren Papa warteten, aber auch enttäuscht: Wenn wieder einmal über Mittag Besuch von Einheimischen kam oder wenn Papa doch noch etwas am Computer zu erledigen hatte, das keinen Aufschub duldete. Abends ließ Chris es sich jedoch nicht nehmen, den beiden wissbegierigen Jungs spannende Geschichten aus der Bibel oder seine eigenen Geschichten zu erzählen. Auf diese Weise lernten sie fast alle biblischen Geschichten und konnten sie bald selbst fast wörtlich nacherzählen.

Martin und David bewunderten ihren geliebten Papa und konnten nicht genug bekommen von seinen Erzählungen. Wenn er aufhören wollte, hatten sie noch viele Fragen und sie rivalisierten, wer am meisten nachforschte und geschickte Fragen formulierte, die den Vater zum Weitererzählen verleiteten. Damit konnte das Einschlafen möglichst weit hinausgezögert werden. Wenn nach dieser Verzögerungstaktik, wie wir Eltern ihr Verhalten liebevoll und schmunzelnd nannten, dann endlich Ruhe eingekehrt war, versuchten wir, so oft es ging, zu zweit mit Gitarre und Keyboard noch ein paar Lobpreislieder zu singen. Das liebten die Kinder genauso wie wir selbst. Wir ignorierten es dann, wenn die Jungs heimlich an der Schiebetür standen und lauschten.

Kapitel 14

Kostenlose Propaganda durch Moscheen

Wir alle ahnten Schlimmes, als wir nach den Weihnachtsfeierlichkeiten und Silvester das Büro in Mukalla zu Beginn des Jahres 2001 wieder öffneten. Walid, der Sekretär des Büros, kam ganz aufgebracht zur Arbeit. Ich sah, wie sich Chris Gesicht schmerzlich verzog, als ihm Walid einen Zettel zeigte und ganz aufgeregt schimpfte:

„Dieses Pamphlet hängt seit gestern an jeder Moschee im Umkreis von 250 Kilometern im ganzen Bundesland Hadramaut."

Er wischte sich den Schweiß vom Gesicht und fuhr eifrig nach einer kleinen Pause fort: „Gestern am Freitagsgottesdienst wurde diese Hetzschrift zum Gegenstand der Predigten der Scheichs und Mullahs in den Moscheen des ganzen Distrikts. Sie warnten lautstark vom Minarett vor euch und behaupteten, dass ihr zur Christianisierung der gottesfürchtigen Muslime ins Tal des Todes gekommen seid!

Die Weihnachtsfeier der Männer, die im Dezember stattgefunden hatte, wurde schlechtgemacht. Euch Christen wurde vorgeworfen, dass Männer und Frauen miteinander getanzt hätten. Das ist doch aus der Luft gegriffen; ich war ja selbst auch dabei und habe mit meinen eigenen Augen gesehen, dass wir Männer unter uns waren und dass absolut gar nichts Anstößiges vorgefallen ist!"

Seufzend sprach er weiter: „In den arabischen Medien wurde von den ausschweifenden Feierlichkeiten an Silvester im Westen berichtet. Von Feuerwerken, Alkoholgelagen und Tanzveranstaltungen, wo Frauen mit Männern tanzen! Das ist für Muslime unanständig! Vermutlich ist etwas vermischt oder verwechselt worden.

Ihr werdet zu Unrecht beschuldigt! Weihnachten wird hierzulande oft mit der Feier des neuen Jahres verwechselt, weil die meisten Menschen hier sowieso nicht wissen, wann genau das Weihnachtsfest eigentlich gefeiert wird. Die Vorsteher der Moscheen prangern euch Christen an, dass ihr Muslime vom rechten Glauben abbringen und zu unsittlichem Verhalten anstiften wollt! Diese Verleumdung kann sehr gefährlich werden, denn das Flugblatt fordert fromme Muslime auf, etwas gegen Christen zu unternehmen!"

Natürlich hatten auch unsere deutschen Männer am vergangenen Freitag während der Mittagsgebetszeit gemerkt, dass etwas nicht in Ordnung war. Schon der aufhetzende, sich überschlagende Ton der Mullahs war nicht zu überhören gewesen. Jeder von uns konnte genug Arabisch, um zu verstehen, dass wir verleumdet und an den Pranger gestellt wurden! Beunruhigt erörterten wir die Lage und berieten uns mit unseren einheimischen Mitarbeitern, wie wir mit der Denunzierung umgehen sollten. Wir waren immer noch am Debattieren, als das Telefon klingelte. Der Gesundheitsminister, ein Hauptsponsor des Entwicklungsprojektes, war am Apparat!

„Bitte kommen Sie und der Projektleiter sofort zu einer dringenden Unterredung ins Ministerium!“, ordnete die befehlsgewohnte Stimme am anderen Ende der Leitung an.

Chris und Udo tranken hastig ihr angefangenes Getränk leer und machten sich gespannt auf den Weg. Was würde sie im Gesundheitsministerium erwarten? Ich blieb bei den Kindern und betete. Später erfuhr ich von Chris, was im Ministerium geschehen war.

Der Regierungsbeamte Ahmed Ibn Saiid entließ bei ihrer Ankunft sofort alle anderen Besucher aus dem Empfangszimmer. Erst als alle draußen waren, begrüßte er die beiden deutschen Männer freundlich:

„Ich möchte Ihnen mitteilen, dass ich mit Ihrer Arbeit sehr zufrieden bin und dass es mir Leid tut, dass die Fundamentalisten Sie anscheinend anschwärzen und in Schwierigkeiten bringen! Gestern wurde ja unüberhörbar von allen Moscheen lauthals gegen euch Christen gehetzt und zur Gegenreaktion aufgerufen. Das ist eine sehr ernste Angelegenheit, sie darf nicht einfach bagatellisiert werden!

Ich habe Rücksprache mit dem Geheimdienstchef des Landes gehalten. Übereinstimmend sind wir zu folgendem Urteil gekommen: Die Anschuldigungen sind aus der Luft gegriffen. Aber diese Hetzkampagne ist sehr gefährlich! Daher will ich Ihnen einen guten Rat geben: Wir von der Regierung wünschen die Fortsetzung Ihrer Projekte und sind der Meinung, dass Sie gute Arbeit machen. Aber es gibt Leute, die Sie gerne des Landes verwiesen sähen. Deshalb bitte ich Sie dringend, Folgendes zu beachten: Machen Sie Ihre Arbeit weiterhin so hervorragend wie bisher, aber konzentrieren Sie sich im Projekt auf das Wesentliche! Ihnen wurde vorgeworfen, dass Sie Bibeln haben. Falls das so ist, dann verteilen Sie bitte die Schriften nicht einfach im Projektgebiet oder auf der Straße, um keinen Grund zur Kritik für Ihre Gegner zu liefern!

Ich persönlich habe nichts dagegen, wenn Sie Bibeln besitzen. Was Sie privat machen, interessiert mich sowieso nicht! Aber geben Sie bitte keinen Anlass zur Kritik für Ihre Kontrahenten, da ich Sie sonst nicht mehr schützen kann!"

Mit einer wegwischenden Handbewegung, die Handfläche nach hinten zeigend und einem spitzbübischen Grinsen, deutete er abschließend an: „Wenn bei Ihnen zu Hause jemand offen herumliegende Bibeln mitnimmt, kein Problem! Aber bitte nicht aktiv verteilen! Verstanden?"

Chris und Udo lächelten und nickten erleichtert über den Ausgang des Gespräches. Freundlich schmunzelnd und voller Sympathie wurden unsere Männer entlassen, und schon nach wenigen Tagen schien diese Krise überwunden.

Interessanterweise hatte die Denunzierung auch einen erfreulichen Nebeneffekt: Sie war eine kostenlose Propaganda für uns! Die jemenitischen Interessierten wussten nun, wo es Christen gab und kamen mit ihren Fragen ins Haus.

Doch die Fundamentalisten versuchten auch später immer wieder, uns Ausländer und unsere Arbeit schlecht zu machen oder die Menge gegen uns aufzuhetzen. Überall, wo wir Projekte durchführten, wurden neue, von Saudi-Arabien finanzierte Moscheen gebaut. Zum Beispiel wurde neben unserer Krankenstation im Hauptdorf Al-Qariyah, auch zum Leidwesen des freundlichen Imams des schon bestehenden Gebetshauses, eine neue, große Moschee mit grünem Minarett erbaut.

Nachdem der Schulbau in Scherj fertig gestellt war, erhielt auch dieses sonst geringgeschätzte und verachtete Dorf eine überdimensional riesige weiße Moschee mit großem Minarett!

In unserer unmittelbaren Nachbarschaft wurden zu den vorhandenen fünf islamischen Gotteshäusern noch weitere Moscheen aufgerichtet, sodass es einige Zeit später im Umkreis von 300 Metern acht Moscheen gab. Seitdem wurden wir fünfmal täglich, zu jeder der fünf Gebetszeiten laut von allen Seiten beschallt.

Dieser Bau-Boom wurde auch von den Armen bemerkt. Ali, ein Beduinenfreund, sagte traurig: „Chris, warum kommt ihr von weit her und helft uns, obwohl ihr keine Muslime seid? Unsere reichen muslimischen Nachbarn aus den Golfstaaten dagegen bauen zwar immer neue Moscheen, lassen uns aber verhungern!"

In dieser Zeit teilte mir Schariifa mit: „Morgen kommt Maseja. Sie wird mich vertreten, denn ich werde für eine Woche oder so verreisen."

Erst als Schariifa fort war, merkte ich, was für eine kostbare Perle sie gewesen war. Wie gut, dass ich nicht wusste, wie lange sie fort sein würde. Es sollten viele Monate ins Land ziehen, in denen ich meine Gefährtin sehr vermisste und oft sehr traurig über diesen schmerzlichen Verlust meiner Weggenossin war.

Kapitel 15

Vereitelte Pläne

Nach dem Weggang Schariifas hatte eine neue Epoche begonnen, die bisweilen sehr anstrengend war. Maseja hatte zwei kleine Kinder daheim, die sie manchmal mitbrachte und die ich dann hüten musste, damit sie nicht das Haus auf den Kopf stellten. Die Arbeit ging Maseja nur mühsam von der Hand. Sie begriff einfach nicht, dass man den WC-Lappen nicht zum Geschirrspülen verwendete. Weniger sparsam war sie dagegen im Umgang mit Wasser. Sie war Meisterin beim Wasser verschwenden: Sie schüttete eimerweise Wasser auf den Boden, wenn sie nass wischte.

Bei ihr ging auch oft irgendetwas zu Bruch. Ihr Arbeitseinsatz beschränkte sich auf einmal vier Stunden pro Woche. Sie konnte jeweils den Wochentag bestimmen, wann sie kam. Da ich nicht wusste, ob und wann sie kam, hatte ich den Haushalt meistens schon gemacht, bis sie kurz vor Mittag endlich eintrudelte.

Sie bettelte ständig: „Bitte kannst du mir mehr Geld geben? Meine Kinder brauchen Kleider, diese Hosen und T-Shirts von Martin sind so schön. Mein Kind ist krank, wir brauchen Medikamente."

Aber je mehr ich ihr gab, desto mehr forderte sie. Es war nie genug, sie war ein Fass ohne Boden. Eigentlich war sie mir eher eine Belastung. Nur aus Mitleid schickte ich die arme Frau nicht endgültig weg. (Sie nutzte aus, dass ich ein Helfersyndrom hatte.)

Ich war jetzt fast im fünften Monat schwanger, der Bauch war unter meinem Kleid deutlich sichtbar. Meine Beine waren müde, als ich gerade in der Küche stand und Spätzle schabte. Unsere letzte recht anstrengende Besucherin war nach drei Wochen frühmorgens abgereist und soeben holte Chris den nächsten Besucher vom Flughafen ab.

Jäh wurde ich von fürchterlichen Bauchkrämpfen überrumpelt. Ich kämpfte jedoch verbissen darum, auf den Füßen zu bleiben. Warum war gerade heute Maseja nicht da? So hatte ich den ganzen Morgen neben dem Unterricht unserer Kinder das Gästezimmer für den neuen Gast gerichtet. Schariifa, die bereits seit Monaten weg war, vermisste ich in diesem Moment schrecklich! Aber es half alles nichts, ich musste schnell weitermachen, denn das Essen musste fertig sein, wenn der Gast kam!

Während wir mit unserem Ankömmling beim Essen waren, bemerkte ich entsetzt heftige Blutungen und machte mich bestürzt im Bad frisch. Mir wurde schwindelig, alles drehte sich in meinem Kopf, daher konnte ich mich nicht mehr auf das Gespräch konzentrieren. Ich musste mich einfach kurz hinlegen. Langsam begann ich, mir Sorgen um unser Baby zu machen. Die beiden Männer saßen entspannt bei einer Tasse Kaffee im Mittagspause-Modus im großen Saal und waren in wichtige Gespräche vertieft.

Erst einige Zeit später bemerkte Chris, dass bei mir etwas nicht stimmte. Er rief die Team-Hebamme Heidi an, die damals bei der Geburt unseres Ältesten in Jordanien schon dabei gewesen war.

„Kannst du bitte schnell kommen", drängte Chris. „Ich glaube, mit Debora stimmt etwas nicht."

Sie kam eiligst und untersuchte mich.

„Wir müssen sofort ins Krankenhaus!", ordnete sie an.

Chris fuhr mit uns beiden Frauen zum Mustaschfa-Hadramaut, dem nächstgelegenen Krankenhaus in der Stadt. Dort wurde ich zuerst abgetastet, dann folgte eine Ultraschalluntersuchung. Die Ärztin meinte sachlich:

„Das Kind ist tot. Es ist aber noch ein Rest vorhanden. Wir müssen eine Ausschabung machen. Wollen Sie das gleich oder später?"

Obwohl ich es schon geahnt hatte, musste ich diesen Schock erst verkraften und wollte viel lieber nach Hause zu unseren beiden Kindern. Aber unsere erfahrene Hebamme beschwor mich: „Debora, sei vernünftig! Die Blutungen und starken Schmerzen werden erst aufhören, wenn eine Ausschabung gemacht wird!" Sie bestand darauf, dass ich sofort in den OP gebracht wurde.

„Lass es gleich machen! Sonst hört die Blutung nicht auf!" Geschwächt vom Blutverlust stimmte ich zu. Chris fuhr heim und brachte die Kinder ins Bett.

Heidi versprach mir, dazubleiben und mich zu unterstützen. Das war ein großer Trost für mich, eine Freundin und ausgebildete Hebamme bei mir zu haben, wenn ich der Ohnmacht einer Narkose im fremden Land zustimmen musste.

Die Ärztin verabreichte mir laut Heidi eine ziemlich starke Narkose, die normalerweise einen 75 Kilogramm schweren Mann umhaute. Da ich wegen der Amöbenruhr, von der ich mich erst kürzlich erholt hatte, nur noch 42 Kilo wog, war das ein ziemlicher Hammer. Als ich dann ohne es selbst noch bewusst wahrzunehmen und bereits im Dämmerschlaf auf Deutsch rief: „Nein, bitte nehmt mir mein Kind nicht weg!" hatte man mir kurzerhand noch einmal die gleiche Dosis, also ein viel zu starkes Narkotikum, gespritzt. An die nächsten Stunden konnte ich mich infolgedessen nicht mehr erinnern, ich hatte tief und fest geschlafen!

„Trotzdem hast du gleich nach der Ausschabung versucht, die Augen aufzumachen und eigensinnig gesagt: ‚Ich bin wach! Ich will jetzt nach Hause!'", berichtete Heidi mir später.

Doch auch daran konnte ich mich hinterher nicht mehr erinnern. Ich war gleich wieder eingeschlummert, noch mit diesem Satz auf den Lippen.

Chris und Heidi brachten mich in anästhesiertem Zustand mitsamt der Infusion heim. Sie wollten den Verlust unseres Babys unseren Söhnen möglichst schonend beibringen.

„Jesus hat eure kleine Schwester zu sich genommen und hält sie nun tröstend im Arm.", erklärte Chris ihnen.

Martin war traurig und wütend: „Ich wollte doch meine Schwester auch im Arm halten. Wieso hat er sie mir weggenommen? Das ist gemein!"

Damals ahnten wir noch nicht, wie schwer unsere Kinder unter dem Tod ihrer Schwester litten. Die nächsten Stunden schlief ich und war froh über das Vergessen, das der Schlaf mir schenkte.

Das Loslassen war für Chris und mich traurig, aber ich bekam viel Liebe und Verständnis – auch vom Team. Es fiel uns schwer, als Ehepaar darüber zu sprechen, da wir beide ungleich trauerten. Wie die meisten Männer ging Chris in den passiven Rückzug und flüchtete sich in die Arbeit. Wir beide fühlten uns in unserer Einsamkeit isoliert. Trotzdem verband uns auch diese schmerzliche Episode.

Besonders tröstlich empfand ich in dieser Zeit einen Anruf meines geliebten Zwillingsbruders aus Deutschland. Er konnte nicht sprechen, sondern schluckte immer wieder und weinte die Tränen, die ich in meinem Herzen verschlossen hatte. Gleichzeitig mit meiner tränenlosen Trauer machte ich mir selbst Vorwürfe.

War es die Borreliose, die meinen Körper so geschwächt hatte? Oder war es die Amöbenruhr, die ich in Sokotra eingefangen hatte, die unserem Kind das Leben gekostet hatte? Hatte ich mir in den letzten Tagen zu viel zugemutet?

Wir hatten schon manche Entmutigungen hinter uns und wussten, dass es im Leben von Christen vorkommt, dass man durch Schwierigkeiten gehen musste. Aber wir hatten keinen Schimmer, wie man mit dem Monster *Verzweiflung* umgehen sollte. Niemand hatte uns darauf vorbereitet, mit existentiellen Herausforderungen umzugehen. Irgendwann beschloss ich dann, die Fragen stehen zu lassen, auf die es im Moment keine Antworten gab und die mich so aufrüttelten und unruhig machten. Ich musste aufhören, mich zu zermartern! Das machte keinen Sinn. Daher legte ich unser Mädchen bewusst zurück in Gottes Hände.

So langsam wurde ich wieder ruhiger und es war tröstlich, zu wissen, dass das Baby im Himmel ist und ich es dort wohl aufgehoben wissen durfte. Manchmal stellte ich mir vor, wie unser Kindchen auf dem Schoss meines sehr früh durch einen Autounfall verstorbenen Schwiegervaters sitzt, der schon vorausgegangen ist.

Kapitel 16

Auswirkungen des 11. September 2001

Wir meldeten David, der inzwischen in der zweiten Klasse in der Heimschule war, in einer erst vor Kurzem eröffneten jemenitischen Privatschule an. Natürlich vereinbarten wir vorher mit der freundlichen Schulleitung, dass er vom islamischen Religionsunterricht freigestellt würde. Erst später erfuhren wir, dass er trotzdem am Islamunterricht und auch am Koranunterricht teilnehmen musste. Dieser Lerninhalt nahm täglich mindestens die Hälfte der Unterrichtszeit ein!

David informierte uns, was hinter den Mauern verborgen vor sich ging: Morgens musste er pünktlich um 7.25 Uhr zusammen mit seinen jemenitischen Mitschülern in seiner grünen Schuluniform vor dem Gebäude zum Fahnenappell antreten und strammstehen! Dann ging es im Gänsemarsch paarweise, jede Klasse extra, ins Schulhaus. Ein Klassenzimmer beherbergte auf engstem Raum 68 Schüler, die dichtgedrängt und still zu zweit an einem kleinen Pult saßen, bis der Lehrer erschien. Dann mussten alle gleichzeitig auf die Füße springen, kerzengerade stehen und den Herrn Lehrer mit angemessenem Respekt begrüßen. Hier herrschte noch

Zucht und Ordnung und wer nicht gehorchte, bekam den Stock zu spüren!

Der Unterricht ging fast ohne Pause bis 13.00 Uhr, dann strömten die Kinder scharenweise in ihren Uniformen heimwärts. Jetzt konnte die gesamte, auf Eis gelegte Energie lautstark entladen werden, und die Kinder liefen, weit hörbar, um die Wette. Ich konnte die charakteristische Stimme unseres Sohnes selbst auf Arabisch schon von Weitem erkennen.

Nach den Flugzeuganschlägen auf das World Trade Center am 11. September 2001 spitzte sich die angespannte politische Lage weiter zu, die Stimmung wurde immer mehr anti-amerikanisch. Es machte mich nervös, dass die Schüler neuerdings schwarze Spruchbänder an der Stirn mit islamistischen Hamaz-Hetzkampagnen gegen den Westen trugen.

Vor dem Fastenmonat Ramadan beriefen uns die Lehrer dann zu einem Gespräch ein. Sie baten uns betreten, aber eindringlich, unseren Sohn vorsichtshalber auf dem Schulweg zu begleiten. Sie berichteten, dass es immer wieder Schwierigkeiten gab, beispielsweise hatte jemand unserem David, dem *Ajnabi*[28], eine Bleistiftspitze in den Rücken gerammt. Für die einheimischen Kinder war es egal, ob wir aus Deutschland oder den USA kamen, denn im arabischen Fernsehen sahen sie immer die Parolen gegen den Westen.

Während Ramadan ließ unser Ältester dann durchblicken, dass er öfters Bauchwehattacken oder Kopfschmerzen hatte. Auch Fieberanfälle oder sonstige mysteriöse Symptome machten mir Sorgen. Wir Eltern wussten nicht, wie das einzuordnen war. Wir fragten uns, ob er wirklich krank war,

---

28 Ausländer

oder ob er vielleicht unter dem Druck der beiden Schulen litt. Vielleicht wurde er auch ernsthaft geplagt, was er aber tapfer verschwieg, um uns nicht zu beunruhigen.

Doch eines Tages fiel es mir wie Schuppen von den Augen: Aus heiterem Himmel wusste ich auf einmal intuitiv, dass das Fass kurz vor dem Überlaufen war. Eindringlich versuchte ich, meinen Mann zu überzeugen, dass wir unseren David möglichst umgehend aus der Schule nehmen mussten. Das war nicht einfach, weil ich meine Eingebung nicht genau erklären konnte, doch felsenfest von der Korrektheit meiner Inspiration überzeugt war. Es war, als ob ich eine Stimme gehört hätte, die mir deutlich zu verstehen gab: „Es ist jetzt genug!"

Chris war momentan sehr beschäftigt. Er übernahm die Leitung des Projekts von Udo. Daher war in seinem Kopf einfach kein Platz für etwas anderes. Ich bat ihn, trotzdem am nächsten Tag mit zum Schulleiter zu gehen.

„Oh, wie schade! Er ist so ein begabter Junge!", bedauerte die Lehrerschaft die Abmeldung des einzigen ausländischen Kindes und somit den Verlust des Schulgeldes.

Andererseits waren sie auch erleichtert; die Lage war wegen der Hetzkampagne der Islamisten angespannt.

Die nette jemenitische Lehrerin verabschiedete sich herzlich und meinte: „*Inschallah* kommen bald wieder bessere Zeiten, und Sie können David wieder in unsere *Madrassa*[29] schicken. Er ist sehr intelligent und hat eine erstaunliche Auffassungsgabe. Er wird den versäumten Stoff schnell aufholen!"

29 Schule

David war sehr erleichtert, dass er nicht mehr in die arabische Schule gehen musste. Viel später erfuhren wir dann nach und nach, dass ein älterer Junge ihn penetrant mit Süßigkeiten gelockt hatte, mit ihm nach Hause zu gehen.

„Weißt du, Mama, ich habe immer abgelehnt und gesagt, ich müsste heim, aber er hat mich sehr bedrängt, manchmal auch gezerrt. Es wurde immer schwieriger, ihn abzuwimmeln. Er wollte mich kleinkriegen, aber ich bin ja stark!"

Betroffene Stille erfüllte den Raum, und ich hielt entsetzt und fassungslos den Atem an. Die Entscheidung, ihn herauszunehmen, war richtig gewesen! Es war nun wirklich genug.

„Hätte ich doch nur früher erkannt, in welcher Not unser Sohn steckte", machte ich mir selbst Vorwürfe.

Ich war durch die Schwangerschaft abgelenkt gewesen und wegen der Einschulung von Martin, der zusammen mit dem gleichaltrigen Tobi vom neuen Lehrer, Peter unterrichtet wurde. Die letzten Wochen hatte ich außerdem voller Eifer die neuen Schulräume umgestaltet, die sich ja nun im unteren Bereich unseres Hauses befanden. Und David hatte keinen Ton von dem, was sich da abgespielt hatte, verlauten lassen.

Ich nahm mir vor, in Zukunft besser auf meine Intuitionen zu hören und die Möglichkeit in Betracht zu ziehen, dass der Heilige Geist mir eine übernatürliche Gabe geschenkt hatte. Vielleicht sollte man diese von Gott gegebenen Gaben auch gebrauchen, genauso wie ein wertvolles Musikinstrument zum Klingen gebracht und gehört werden sollte und nicht ungenutzt in der Ecke stehen darf!

Kapitel 17

Risiko

Kurz nach der Fehlgeburt wurde ich überraschend und ungeplant wieder schwanger. Wir freuten uns sehr über das unerwartete Geschenk. Trotzdem machte ich mir, wie jede werdende Mutter, Sorgen. Die Ärzte hatten uns eindringlich gewarnt, dass wir keine Kinder mehr bekommen sollten, weil die Borreliose-Bakterien noch immer latent in meinem Körper waren und laut damaligen medizinischen Wissens Schlimmes für Mutter und Embryo zu befürchten war. Mein Körper war zudem noch geschwächt von der Fehlgeburt.

In der siebten Schwangerschaftswoche stand eine Reise nach Deutschland an. Eigentlich war der Zeitpunkt ungünstig. Es ging mir nicht gut; starker Husten, Schwangerschaftsübelkeit und Erbrechen machten mir zu schaffen. Ich fühlte mich ziemlich elend. Im Flugzeug musste ich oft aufs WC und konnte kaum etwas bei mir behalten. Als wir endlich am Flughafen ankamen, war ich mit meinen Kräften am Ende. Lungenentzündung wurde festgestellt.

Vorübergehend konnten wir bei Freunden und später in der Zentrale unseres Arbeitgebers wohnen. Routinemäßig ging ich dort zu einem Frauenarzt, den ich noch nicht kannte. Nachdem die Blutergebnisse aus dem Labor eingetroffen waren, rief der Arzt mich umgehend aus seiner Praxis an.

„Sie müssen sofort kommen, wir haben eine akute und chronische Borreliose in ihrem Blut festgestellt. Das bedeutet, dass Sie und Ihr Kind in Lebensgefahr sind. Wir können nach heutigem Wissensstand nicht sicher sein, ob Sie die Geburt überleben werden wegen Blutungsgefahr!"

„Oh, ich hatte vor einigen Jahren Borreliose, aber ich habe keine Symptome mehr!", versuchte ich den jungen Mediziner zu beruhigen.

Der Doktor wurde jetzt beinahe hysterisch: „Sie wussten, dass Sie diese Zeckenbiss-Erkrankung haben? Warum haben Sie denn nichts gesagt? Leider haben Sie aber zusätzlich auch eine Neuinfektion im Akutstadium. Kommen Sie morgen früh in die Praxis, dann werden wir sehen, wie wir weiter vorgehen werden!"

In jener Nacht konnte ich nicht viel schlafen. Ich weinte und betete. Allmählich wurde ich wieder ruhiger, ein übernatürlicher Friede begann, sich in mir auszubreiten. Ich wusste felsenfest, dass Jesus die Kontrolle hatte. „Wenn ich euch noch ein Kind schenken will, dann brauchst du dir keine Sorgen zu machen. Dann kann deinem Kind nichts passieren! Ich kann Unmögliches möglich machen! Schau nicht auf die Umstände, zweifle nicht, sondern vertraue mir!"

„Okay, ich will mir nicht ständig Sorgen machen", entschied ich.

Am nächsten Tag war ich erstaunlich gefasst, als ich dem aufgebrachten Arzt gegenübersaß. Chris war unterwegs zu

Vorträgen und konnte mich nicht begleiten. Der Doktor kam gleich zur Sache.

„Am besten überweise ich Sie sofort in die Klinik und lasse einen chirurgischen Eingriff vornehmen. Da der Embryo sowieso nicht überleben wird, ist es am besten, wir erledigen das schnellstmöglich, um Sie nicht unnötig zu gefährden!"

Bevor der Arzt weiterreden konnte, unterbrach ich ihn ruhig, aber bestimmt: „Ich weiß es zu schätzen, dass Sie nach ärztlicher Sicht Ihr Bestes tun! Danke. Aber wir brauchen noch Zeit für so eine schwerwiegende Entscheidung, ob wir unser Kind abtreiben oder nicht. Wir sind durchaus nicht leichtsinnig und naiv, aber wir glauben an Wunder, und wir möchten …"

„Bitte verstehen Sie, dass die Sache wirklich ernst ist. Sie haben eine Risikoschwangerschaft höchsten Grades. Es besteht die Gefahr, dass sie vergiftet werden durch eine Überreaktion Ihres Immunsystems! Für Antibiotika ist es in diesem Stadium bereits zu spät! Außerdem ist das Gerinnungssystem Ihres Blutes geschädigt, es besteht für Sie ernste Verblutungsgefahr!"

Aber ich ließ mich durch seine gutgemeinten Belehrungen nicht aus der Ruhe bringen und nickte nur. Eine Diskussion mit diesem gebildeten Mann hatte keinen Sinn.

Ungeduldig beendete der Gynäkologe die Konsultation.

„Lassen Sie sich draußen einen Termin geben. Auf Wiedersehen."

Nachdenklich verließ ich seine Praxis. Ich hatte bestimmt nicht vor, jemals wieder diese Räume zu betreten! In dieser

Stunde entschloss ich mich, mein Vertrauen ganz und gar auf Gott zu setzen.

Chris allerdings hatte anfangs schwer zu kämpfen, er fühlte sich verantwortlich und machte sich immer wieder Sorgen um mich. Nachdem ich aber noch einen anderen, weniger pessimistischen Frauenarzt besucht hatte, entschieden wir uns nach reiflicher Überlegung dafür, daran festzuhalten, dass unser himmlischer Vater eine Lösung für jedes Problem hat – auch für unseres. Wir würden keine Abtreibung vornehmen lassen und unser Kind behalten! Zuversichtlich entschlossen wir uns dann auch, mit Martin und David zum geplanten Zeitpunkt zurück nach Mukalla zu fliegen. Diese Entscheidung konnten nicht alle unserer Freunde akzeptieren. Es schmerzte, dass sich Bekannte von uns abwandten, weil sie nicht verstehen konnten, dass wir nur Gott gehorchen wollten.

***

Endlich waren wir wieder daheim in Mukalla! Wir alle hatten es gar nicht erwarten können, in das Land unsres Herzens zurückzukehren. Inzwischen hatte sich während unserer dreimonatigen Abwesenheit in der Wohnung viel Staub und Sand angesammelt. Die Fenster schlossen nicht dicht. Ich hatte zwar versucht, die Ritzen und Löcher mit Tüchern zu verstopfen, aber der Wüstenwind war stärker gewesen.

Schariifa tauchte kurz vor Weihnachten 2001 plötzlich wieder auf.

„Oh, was für eine Überraschung!" stürmisch umarmten wir uns, mir liefen die Freudentränen über das Gesicht. Dabei war mein dicker Bauch, den meine Freundin nun liebevoll betrachtete und streichelte, ein wenig störend. Fragend schaute sie mich mit ihren großen schwarzen Augen an.

„Du kommst gerade rechtzeitig für die letzten Schwangerschaftswochen und zur Geburt unseres Babys. Es ist nur noch ein Monat.“, strahlte ich glücklich.

Während sie mit dem Zeigefinger prüfend über das verstaubte Regalbrett fuhr, sagte sie zu Maseja: „Wie sieht es denn hier aus? Du musst die Gewürze vom Regal nehmen und so sauber machen!“

Und schon hatte sie ihr den Lappen aus der Hand genommen und sorgfältig die Ablage abgewischt. Auf diese Idee wäre Maseja nicht gekommen.

„Geh jetzt heim, von nun an werde ich Debora wieder helfen!“

Der Abschied von Maseja war kurz und schmerzlos. Ich gab ihr einen besonders großen Lohn, packte noch schnell ein paar Nahrungsmittel, Spielsachen und Kleider für die Kinder in Tüten und war froh, dass ich nun wieder meine Freundin Schariifa bei mir hatte.

Wir setzten uns mit einem Kaffee ins Gästezimmer und sie erzählte mir viel von ihrer abenteuerlichen Wanderung durch die Wüste, die viele andere Arbeitssuchenden nicht überlebt hatten, weil sie verdursteten oder an Erschöpfung gestorben waren, als sie zu Fuß wochenlang über die Grenze nach Dubai gewandert waren. Sie war nicht nur von mir vermisst worden, sondern wohl noch mehr von ihrer zurückgelassenen Familie, ihrem Mann und dem Sohn Fuad. Auch sie hatten monatelang sehnsüchtig auf Nachricht von Mutter und Ehefrau gewartet.

Schariifa wurde mir nun mehr denn je zur Schwester und half mir viel. Vielleicht hatte sie ein schlechtes Gewissen, weil sie uns lange ohne Nachricht gelassen hatte?

Im Gegensatz zu ihrer Vertretung Maseja konnte man sich auf Schariifa verlassen, beispielsweise auch, wenn es um Geld ging. Das Bargeld bestand hierzulande ausschließlich aus Papierscheinen. Ein Mann trug diese nicht im Geldbeutel, sondern als gefaltetes Papierbündel direkt in der Hemdbrusttasche. Es gab kaum Münzen, sondern nur Papiergeld.

Die größten Scheine waren 1000 Rial, was ca. 12 Euro entsprach. So hatte Chris manchmal dick gefaltete Geldbündel in Hemd- und Hosentaschen. Mein zerstreuter, vielbeschäftigter Professor Chris vergaß manchmal beim Kleiderwechseln das Geld in seinen Taschen. Schariifa legte das Gefundene, ehrlich wie sie war, dann meist schweigend auf die Kommode, wenn sie die Kleider wusch. Sie wusste auch, dass sie Dokumente, die sie eh nicht lesen konnte, weil sie nie eine Schule besuchen durfte, liegen lassen sollte.

Später brachte ich ihr die arabischen und englischen Buchstaben bei. Sie war wissbegierig und schlau, lernte schnell und war sehr dankbar für alles, was ihr beigebracht wurde. Auch Handarbeiten wie Häkeln und Stricken übte sie mit mir. Wir hatten immer viel Spaß zusammen.

Natürlich beobachtete sie das Zusammenleben in unserer Familie und mochte es besonders, wenn wir mit Keyboard- und Gitarrenbegleitung zusammen Lobpreislieder sangen. Dann drückte sie sich immer in der Nähe herum.

***

Endlich war es so weit. Schon seit Tagen hatte ich ein unangenehmes Ziehen im Unterbauch und eine größer werdende Unruhe gespürt. Mein Bauch wurde immer runder, meine Bewegungen schwerfälliger und mühsamer. Am Abend des 22. Januar ging es endlich so richtig los, man konnte die Krämpfe der Muskeln auf der angespannten Bauchdecke beobachten und ich drängte Chris, der heute, Gott sei Dank, ausnahmsweise nicht ins Projektgebiet gefahren war:

„Es geht los. Die Wehen haben angefangen. Kannst du bitte die beiden Großen unauffällig ins Bett bringen. Aber sei cool, sie sollen nichts merken."

„Ich rufe sofort unsere Hebamme an!", rief Chris.

„Aber sie ist doch noch im Projektgebiet und dort gibt es keine Telefonverbindung!", seufzte ich müde.

„Ach ja, das hatte ich vor lauter Aufregung ganz vergessen. Aber zum Glück ist ja deine Freundin Joy bei uns!"

Joy war im arabischen Nachbarland als Hebamme tätig.

„Und wir beide haben ja auch schon Erfahrungen mit Geburten."

Er streichelte mich liebevoll und versuchte, mir zuzulächeln.

Daraufhin ging er schnurstracks mit David und Martin ins Bad zum Zähneputzen und erlaubte ihnen heute nur eine schnelle Katzenwäsche. Dann machte er die Beiden bettfertig und lotste sie ins Kinderzimmer. Seine Ungeduld verbergend erzählte er noch eine kurze Gutenachtgeschichte. Dabei duldete er keinerlei Verzögerungstaktik und ignorierte auch ausnahmsweise ihren Wunsch, Mama einen Gutenachtkuss zu geben.

David war in letzter Zeit sehr krank gewesen und wir Eltern machten uns Sorgen um unseren Ältesten. Jetzt gerade plagte ihn ein starker Husten und hohes Fieber. Er schlief mit seinem jüngeren Bruder Martin im Kinderzimmer. Die Klimaanlage dort brummte laut und regelmäßig, sodass zum Glück im Raum der Kinder alle anderen Geräusche des Hauses übertönt und verschluckt wurden. Das Elternschlafzimmer, das heute das Geburtszimmer war, war auf der anderen Seite der Wohnung und dazwischen lag das große Empfangszimmer.

Während Joy die letzten Vorbereitungen für die Geburt traf, saubere Tücher organisierte und Wasser abkochte, versuchte ich, mich zwischen den Wehen noch etwas zu entspannen. Die Geburten der beiden Großen waren recht schnell gegangen. Vor zehn Monaten hatten wir ein Kind verloren. Wir wussten beide, dass mein Körper durch jahrelange chronische Borreliose im dritten Stadium etwas geschwächt war. Aber wir vertrauten fest, dass wir auch diese Hürde mit Gottes Hilfe schaffen würden und freuten uns sehr auf unser Baby!

Chris hatte in Turbogeschwindigkeit seine Geschichte am Bett der Kinder beendet und war dann schnell ins Schlafzimmer geflitzt, er wollte ja nichts verpassen! Plötzlich ging dann alles recht überstürzt. Joy versuchte immer wieder, zu bremsen.

„Schön atmen! Wir werden warten, bis Heidi kommt, ich habe selbst keine Erfahrung mit Hausgeburten!“

Doch der Kleine wollte einfach nicht mehr warten. Und ich, seine Mutter auch nicht! Eine übernatürliche Ruhe war da und Angst und Sorgen lösten sich auf. Noch bevor Joy sich schnell die Handschuhe überstreifen konnte, erblickte unser Tim schon das Licht der Welt. Joy handelte intuitiv richtig und strahlte Ruhe und Gelassenheit aus. Ihre Handgriffe und ihre Worte zeigten jahrelange Erfahrung. Es war ein überwältigender und emotionsgeladener Augenblick, als Chris die Nabelschnur durchtrennte und glücklich unseren neugeborenen Sohn erst in seine Arme nahm, ihn segnete und dann mir gab! Unsere extra angereiste private Hebamme war ebenfalls überwältigt und hatte Tränen der Dankbarkeit in den Augen, obwohl sie schon viele Geburten miterlebt hatte.

„Das war die schönste Geburt meines Lebens!", sagte sie uns später.

Staunend und überwältigt vor Glück und Dankbarkeit untersuchten wir unseren hübschen Sohn, der ruhig und gelassen auf meinem Bauch lag und sich mit seinen kleinen perfekten Fingerlein an meinen Fingern festklammerte. Er schien es zu genießen, hatte zufrieden die Augen geschlossen; wir kuschelten uns aneinander. Auch Chris legte sich zu uns und streichelte glückselig den warmen kleinen Körper seines Sohnes.

Schon bald fing unser Baby an, Milch zu saugen, als ob er noch nie etwas anderes getan hätte. Er fand mühelos die Quelle, wo er seinen Hunger stillen konnte!

Natürlich war unsere Teamhebamme Heidi zuerst ein wenig enttäuscht, als sie zwei Stunden später endlich direkt aus dem Projektgebiet zurückkam und merkte, dass sie die Geburt verpasst hatte.

„Warum hast du mir denn nicht gesagt, dass das Baby heute kommt, dann wäre ich doch an diesem Tag hier geblieben“, scherzte sie, nachdem sie sich die Hände gewaschen hatte.

Es war auch bei ihr Liebe auf den ersten Blick, als sie den Neugeborenen in ihren Armen hielt.

„Es ist alles so schnell und undramatisch verlaufen! Schade, nun habe ich es verpasst. Dafür war ich ja bei Davids Geburt vor fast 8 Jahren in Jordanien dabei“, tröstete sie sich.

Tim eroberte die Herzen aller im Sturm mit seinem unschuldigen Gesicht, den großen dunklen Kulleraugen, seinen langen schwarzen Wimpern und den zarten Augenbrauen, die aussahen, als hätte jemand einen Strich gemalt.

Am nächsten Morgen holte Papa endlich seine beiden Großen an die Schlafzimmertür: „Kommt mal her, es gibt eine Überraschung!“

Im gleichen Moment, als sie die Tür öffneten, schmatzte das Baby, das durch das Moskitonetz und den als Raumteiler quergestellten Kleiderschrank noch vor ihren Augen versteckt war.

„Ein Frosch! Es ist ein Frosch“, meinte einer der Brüder und dann stürmten beide erwartungsvoll zu mir und legten sich in unser Bett. Da merkten sie plötzlich, dass das Lebewesen kein Frosch war. Sie machten ganz große Augen und stutzten. Neugierig und bewundernd befühlten und streichelten sie das Neugeborene mit ihren Händen.

Unsere Kinder schwärmten und staunten, dass es ein echtes Baby war, ihr kleiner Bruder!

„Das Baby lebt ja! Und schau mal: so winzige kleine Finger!“

Sie bewunderten die braunen Haare, die sich an der Seite lockten und die wunderbar weiche zarte Haut. Auch sie konnten gar nicht genug bekommen, das Wunderwerk zu bestaunen, zu streicheln und zu halten.

„Bitte, darf ich ihn mal auf den Arm nehmen?“

„Nein, ich will aber zuerst!“

Sie waren unglaublich stolz und der Beschützerinstinkt erwachte. Erst jetzt merkte ich, dass sie insgeheim befürchtet hatten, dass sie auch dieses Baby nicht sehen würden, nachdem sie ihre Schwester Amiira nie zu Gesicht bekommen hatten. Und ich war damals nach der Fehlgeburt einige Tage mit einer Infusion im Bett gelegen und hatte keine Kraft für sie gehabt. Doch nun konnte dieser Schock endlich heilen!

Auch meine Freundin Schariifa war begeistert! Sie nahm das Baby zärtlich in den Arm, als sie es zum ersten Mal sah und dankte Gott für unser Geschenk. Sie liebte unseren Tim, als ob er ihr eigenes Kind wäre!

Die beiden älteren Brüder stritten sich bald darum, wer den süßen Kleinen streicheln und mit ihm spielen durfte. Da aber bei David noch nicht geklärt war, ob und wie ansteckend seine Krankheit war, war es herausfordernd für uns, die beiden großen Kinder zu beschäftigen und abzulenken. Auch wir beide Eltern und die beiden Hebammen hätten am liebsten stundenlang nur noch das Baby auf den Armen gehalten und sonst alles liegen lassen. Ich genoss noch die gemeinsamen Tage mit Joy, bis meine Jugendfreundin wieder abreisen musste.

Beim ersten Bad unseres neugeborenen Babys ein paar Tage später im Waschbecken war die ganze Familie einmütig versammelt. Das wollte sich keiner von uns entgehen lassen!

Unserem kleinen Tim gefiel es ganz offensichtlich im warmen Wasser. Er sollte auch später eine Wasserratte bleiben!

„Vielleicht will er tauchen? Lass ihn doch einfach mal los!“, schlug sein fünfjähriger Bruder Martin vor, der ihm immer wieder liebevoll eine Handvoll Wasser über den Hals goss.

Er selbst liebte Tauchen nämlich über alles!

Kapitel 18

Ein unvergesslicher Geburtstag

Es sollte ein besonderer und unauslöschlicher Tag werden, an dem ich weit von meinem Zwillingsbruder entfernt unseren gemeinsamen Geburtstag erlebte. An unseren Wiegenfesten vermisste ich meinen allerersten Freund immer ganz besonders. Chris hatte für mich den Frühstückstisch schön dekoriert und gedeckt und eine liebevolle Karte geschrieben.

Inzwischen war unser Säugling, Tim, bereits 20 Tage alt. Der kleine Lockenkopf war ein Sonnenschein und brachte seine Brüder und uns Eltern immer wieder zum Lachen; wir alle hatten sehr viel Freude an ihm.

Trotzdem stand unser Baby momentan nicht im Mittelpunkt der Aufmerksamkeit, wie es sich gehört hätte! Die letzten Wochen waren überschattet gewesen durch unsere Sorgen um seinen großen Bruder David, der inzwischen wochenlang krank war!

Nun hielt ich diesen besorgniserregenden Zustand nicht mehr aus und platzte heraus: „Heute müsste Dr. Garzias von

Kuba zurück sein. Bitte, Chris, sei so nett und lass David von ihm untersuchen!“

„Aber heute ist doch dein Geburtstag, wir müssen unbedingt feiern! Da können wir keinesfalls in die Klinik, es würde Stunden dauern, und ich habe extra für dich frei genommen“, protestierte mein Gemahl.

„Für mich wäre es aber das größte Geschenk, wenn man endlich herausfinden würde, was mit David los ist und wenn er behandelt werden könnte“, wandte ich ein.

Chris blickte mich verwundert an. Für ihn gab es am Wiegenfest nichts Wichtigeres als eine Geburtstagsfeier. Am besten mit Kaffee und Kuchen! Dass ich hingegen an meinem Ehrentag immer etwas melancholisch war, weil ich meinen Zwillingsbruder vermisste, mit dem ich als Kind rund um die Uhr zusammen gewesen war und gefeiert hatte, konnte er nach fast zwölf Ehejahren immer noch nicht verstehen. Als er jedoch merkte, dass es mir ernst war, willigte er ein.

„Also gut, dann fahren wir heute mit ihm ins Mustaschfa-Hadramaut zur Untersuchung, denn die nächsten Tage habe ich wichtige Termine, da kann ich nicht.“

„Ich will unser Baby jetzt nicht wecken und mitnehmen, im Krankenhaus gibt es viele Erreger und Viren. Wenn es für dich okay ist, bleibe ich mit den anderen beiden zu Hause.“

Chris nickte verständnisvoll, obwohl er nicht so glücklich war über die Idee, dass er mich an meinem Geburtstag alleinlassen musste!

Wenn ich allerdings geahnt hätte, was mich in den kommenden Stunden erwartete, wäre ich vielleicht doch lieber mit ins Krankenhaus gekommen! David war natürlich überhaupt nicht begeistert, dass er zum Doktor musste! Er versuchte, uns Eltern umzustimmen und davon zu überzeugen, dass es nicht notwendig war.

„Ich bin doch gar nicht krank! Außerdem will ich hierbleiben und spielen. Und Mama hat Geburtstag."

Doch die Entscheidung war gefallen. Schnell kämmte ich ihm noch die Haare und drängte ihn: „Zieh dir bitte ein sauberes T-Shirt und eine frische Hose an."

Papa versprach ihm: „Wenn wir fertig sind beim Doktor in der Klinik, werden wir beide zusammen im ‚Snowcream' ein Eis essen!"

Da konnte David natürlich nicht widerstehen, denn das war immer etwas ganz Besonderes, mit seinem Papa etwas allein zu unternehmen!

Meine beiden Männer, der Große und der Größte, machten sich auf den Weg zum Krankenhaus, während ich in die Küche ging, um zu kochen, bevor Tim aufwachte. Es sollte heute etwas Feines geben, wenn Chris und David wieder heim kamen. Der Spätzleteig war gerade fertig, als es an der Haustür Sturm klingelte. Das mussten Einheimische sein, denn nur sie drückten so penetrant auf die Klingel oder hämmerten mit den Fäusten gegen das Eisentor, bis jemand aufmachte.

„O nein! Ich muss doch noch so viel machen und der Kuchen ist auch noch nicht so weit", entfuhr es mir.

Schnell eilte ich, mir die Hände abwischend, die Treppe hinunter, um zu öffnen. Vorher schlang ich natürlich das obligatorische Kopftuch um den Kopf und stopfte meine Haare darunter.

„*Miin maai*[30]?“, rief ich, bevor ich den Eisenriegel zurückschob und das Tor vorsichtig einen Spalt breit öffnete.

Draußen stand eine einfache Beduinenfamilie aus dem Projektgebiet, wo wir arbeiteten und mit der Dorfgemeinschaft zusammen eine Schule bauten. Die tiefverschleierte Frau, Mariam, war noch nie in der Stadt in einer Wohnung gewesen. Sie stand nun mit strahlenden Augen und erwartungsvoll mit ihrem Mann Amer und ihrem dreizehnjährigen Sohn Mahmud an der Tür. Von der Reise und auch von dem Leben in der Sandwüste waren ihre Kleider schmutzig und staubig, und man sah ihnen die ärmlichen Verhältnisse, aus denen sie kamen, schon von Weitem an. Doch ihre strahlenden Gesichter ließen diese Mängel schnell vergessen!

„Was für eine Überraschung, kommt herein!“, lud ich die Freunde munter ein.

Gleichzeitig überlegte ich schnell: „Was soll ich nur machen? Ich kann den Mann und seinen Sohn doch nicht in die Wohnung bitten, weil das unschicklich wäre. Es ist aber auch unmöglich, mich mit den Männern in den Männer-*Mafratsch* draußen vor der Wohnungstür zu setzen, während mein Mann nicht im Haus ist.“

Mit einer einladenden Handbewegung der rechten Hand bat ich die beiden Männer in den *Mafratsch*, während ich mit der Linken das Kopftuch festhielt. Mariam folgte mir auf Schritt und Tritt in der Wohnung und bestaunte mit offenem Mund und mit ihren staubigen Händen alles in unserem großen Haus. Im Vergleich zu ihren einfachen Verhältnissen musste es ihr hier wie ein Palast erscheinen. Sie selbst wohnte in einer Strohhütte an einer Sanddüne. Ihre praktische

30 Wer ist da?

Behausung war so gemacht, dass sie leicht abgebaut und woanders wieder aufgestellt werden konnte. Sie besaßen nicht viel, denn sobald die ohnehin karge Wüstenlandschaft von den Ziegen und Schafen abgefressen war, zogen die Nomaden weiter in saftigere Gebiete, um nach einigen Monaten wieder an der alten Stelle ihr Lager aufzuschlagen.

Jetzt musste ich dringend die Spätzle in das kochende Wasser schaben. Während ich mit meiner Beduinenfreundin plauderte, versuchte ich, das Hühnerfrikassee nicht überkochen zu lassen, zu schauen, dass die Teigwaren nicht zu weich wurden und gleichzeitig meine Besucherin im Auge zu behalten! Mein Martin hatte sich unten im Playmobilzimmer zum Spielen verschanzt. Ich hätte in diesem Moment so dringend jemanden gebrauchen können, der die männlichen Gäste mit süßen Getränken und Gebäck versorgte! Da kam mir eine Idee. Flink richtete ich ein Tablett mit einem angerührten Saft aus dem Kühlschrank, Gläsern und einem Teller voller Gebäck her, drückte das Tablett Mariam in die Hand und bat sie, ihre Männer im *Mafratsch* damit zu versorgen. Dann konzentrierte ich mich wieder aufs Kochen.

Kurz darauf kehrte Mariam zurück. Sie hielt Tim auf dem Arm, der vorhin friedlich in unserem Elternschlafzimmer auf dem Bett geschlafen hatte! Immer noch mit ihrem verlausten und staubigen schwarzen Mantel und dem schmutzigen Kopftuch auf dem Haar, küsste sie das Baby innig und stammelte ihm Liebesworte ins Ohr. Ich musste schlucken, da ich mir vorstellte, wie die Flöhe sich in den kommenden Nächten in unserem Schlafzimmer auf unsere Kosten vergnügen würden.

Mariam wollte wissen, wo Chris blieb und wann er denn wiederkäme. Sie war mit ihrer Familie extra mit dem Bus vom 70 Kilometer entfernten Al-Qariyah gekommen. Dies war für diese armen Beduinen fast wie eine Weltreise. Sie kamen normalerweise nicht aus ihrem Dorf heraus und schienen sich darauf eingerichtet zu haben, dass sie heute den ganzen Tag und vielleicht sogar die Nacht hier bei uns verbringen würden! Mariam lief zwischen Küche und Männerwohnzimmer hin und her und machte sich laut als Botschafterin zwischen mir und den Männern nützlich. Sie sprach ein schnelles Arabisch in einem für mich kaum verständlichen Dialekt, der mich sehr ermüdete. Unser normalerweise so pflegeleichtes Baby hatte Hunger und wollte eigentlich gestillt werden, es schrie jetzt ungeduldig. Zwischendurch forderte Amer immer wieder über seine Gefährtin Mariam, dass ich doch bitte Chris anrufen sollte!

Obwohl ich starke Zweifel hatte, dass die Beduinen das ausländische Essen, Spätzle mit Hühnerfrikassee und Salat, zu schätzen wussten, servierte ich ihnen von unserem Festessen. Es war nichts anderes da und ich hoffte, dass der Hunger über die Abneigung siegen würde. Doch leider ließen die Gäste das liebevoll zubereitete ausländische Mittagessen fast unberührt stehen! Ganz nach dem Motto: Was der Beduine nicht kennt, isst er nicht.

Obwohl ich mich über den überraschenden Besuch wirklich freute, fühlte ich mich überfordert und müde. Es war in den letzten Tagen alles ein wenig zu viel gewesen. So langsam konnte ich es kaum mehr erwarten, bis meine beiden Großen endlich vom Krankenhaus zurückkamen. Die Zeit jedoch schien stehengeblieben zu sein, die Minuten tröpfelten nur langsam dahin.

Aber dann endlich hörte ich das Motorengeräusch des Autos. Mein Pulsschlag beschleunigte sich vor lauter Spannung. Ob man bei David eine Ursache für seinen Krankheitszustand gefunden hatte? Aufgeregt eilte ich die steinernen Stufen zur Haustür hinunter und öffnete die Tür. Erwartungsvoll sah ich meinen Mann und meinen Sohn an.

„Spannt mich doch nicht so auf die Folter und sagt schnell, was herausgekommen ist. Ihr wisst doch, dass ich neugierig bin!", forderte ich die beiden ungeduldig auf.

„Im Blut erkennt man hohe Entzündungswerte. Auch die Leberwerte sind nicht in Ordnung. Hier ist ein Rezept für die Apotheke. Wir müssen dann später nochmals ins Labor, um die anderen Ergebnisse abzuholen", antwortete Chris und reichte mir die Verordnung des Arztes.

Bevor wir hinauf gingen, flüsterte ich Chris schnell zu: „Wir haben übrigens Besuch aus Al-Qariyah. Im Wohnzimmer sitzen Amer und sein Sohn! Seine Frau Mariam unterhält mich indessen in der Küche. Ich konnte es kaum erwarten, dass ihr endlich heimkommt, weil ich doch nicht ins Männerwohnzimmer kann, wenn du fort bist."

Mein Mann ging fröhlich ins Wohnzimmer und unterhielt sich angeregt mit seinem Freund. Es wäre absolut unhöflich und in dieser Kultur unmöglich gewesen, direkt auszusprechen, dass wir jetzt keine Zeit hatten! Gegen die Etikette und Gastfreundschaft verstoßen wollte und konnte Chris nicht. Also schlürften die beiden Gäste langsam und genüsslichen ihren zuckersüßen Tee, aßen die Süßigkeiten und genossen die Gastfreundschaft, während der Hausherr innerlich wie auf Kohlen saß. Er war hungrig, aber wie sollte er in dieser Situation an sein festliches deutsches Geburtstagsessen herankommen? Es war aussichtslos. Sollte er den Freunden sagen, dass seine Frau heute Geburtstag hatte? Nein, mit dieser Aussage hätten sie nichts anfangen können!

Da die Mehrheit der Armen im Projektgebiet Analphabeten waren, wussten sie nicht, wann sie Geburtstag haben. Diese Ehrentage wurden hierzulande sowieso nicht gefeiert. Daten und Kalender brauchte man nicht, denn in der orientalischen Kultur zählte nur der Augenblick.

Nach einer Weile merkte Chris, dass die Gäste keinerlei Anstalten machten, zu gehen. Aber heute war doch der besondere Tag seiner Frau! Er musste etwas unternehmen, möglichst ohne die Freunde vor den Kopf zu stoßen, die heute zum ersten Mal zu Besuch gekommen waren. Da kam ihm der rettende Gedanke.

Übergangslos sagte er zu seinem Freund: „Unser Sohn ist krank, er braucht Medikamente. Wir werden nach Ibn Siina zur Apotheke fahren und schauen, ob sie die Arznei haben. Wollt ihr mitfahren?"

Natürlich war mir sofort klar, was mein schlauer Gatte sich ausgedacht hatte, als er uns zurief, wir würden jetzt zur Apotheke fahren. Eilig zog ich meinen langen schwarzen Mantel über mein Kleid und überprüfte, ob mein Kopftuch noch fest saß. Schnell nahm ich Tim auf den Arm, schnappte im Vorbeigehen ein Hütchen für ihn und ging zielstrebig zur Tür, Mariam unauffällig hinausschiebend. Sie trug eh noch ihre Kluft. Auch die großen Kinder waren schon ausgehfertig und mussten nur noch unten die Schuhe anziehen. Laut schwatzend gingen wir alle zusammen die Treppe hinunter, nachdem Chris die Wohnungstür oben zugeschlossen hatte.

So kam es, dass wir alle zusammen nach Ibn Siina fuhren. Chris hatte nämlich zuvor im Gespräch herausgefunden, dass Amers Bruder Bassam seit gestern im dortigen Krankenhaus lag. Chris setzte seine Beduinenfreunde mit einer herzlichen Verabschiedung vor dem Krankenhaus ab. Wir Frauen küssten uns zum Abschied auf die Wangen, zweimal links und einmal rechts. Nachdem die Beduinenfamilie durchs Krankenhausportal verschwunden war, betrat Chris die Apotheke gleich gegenüber. Wider Erwarten bekam er dort die gewünschte Medizin, die auf dem Rezept verordnet war. Erleichtert seufzte ich auf, als er mit der Tüte in der Hand strahlend ins Auto einstieg und mich mit seinem für ihn so typischen breiten Grinsen beschenkte.

Auf einem großen Umweg, entlang der frisch geteerten Strandstraße am Meer, kutschierten wir fünf nun wieder nach Hause und genossen den atemberaubenden Anblick des in allen Blautönen schimmernden Meeres. Chris wollte sicherstellen, dass wir nicht versehentlich unseren Freunden ein weiteres Mal über den Weg liefen bzw. fuhren. Zu Hause angekommen, betraten wir erleichtert lachend das Haus. Wir hatten heute zu einem orientalischen Trick greifen müssen, um die Gäste nicht vor den Kopf zu stoßen, und es hatte geklappt. Schnell legte ich den *Balto* und das Kopftuch ab und wollte das schmutzige Geschirr zum Abwasch aus dem Männerwohnzimmer holen. Fröhlich singend öffnete ich die Tür zu unserem schönen Zimmer. Abrupt blieb ich stehen und hielt die Luft an.

„Hier riecht es sehr streng", dachte ich und schaute mich suchend um.

Was war das hinter der Tür? Ein verdächtiger brauner Haufen, darum herum war es feucht.

„Da hat wohl jemand ein Problem gehabt?"

Plötzlich lachte ich laut los. Wieder einmal siegte mein Humor. Während ich mir tapfer die Nase mit der linken

Hand zu klemmte und mit einem Papiertaschentuch in der rechten den gröbsten Schmutz beseitigte, dachte ich:

„Woher sollten unsere Beduinen auch wissen, dass gleich nebenan im blau getäfelten Bad ein WC ist? Sie kennen keine Sitzschüssel, und eine blaue schon gar nicht. Und leider kann man hier sein Geschäft nicht im Sand verscharren!"

Nun, so einen Geburtstag hat wohl noch keine meiner Freundinnen in Deutschland erlebt! Aber glauben würde das wohl sowieso niemand, was wir hier erleben. Über Langeweile und Eintönigkeit konnte ich mich wenigstens nicht beklagen!

Bevor mein Galgenhumor in Selbstmitleid kippen konnte, klingelte es schon wieder und meine nächsten Gäste begehrten Einlass.

„Dieser Raum wird für heute abgeschlossen. Die Gäste müssen dann einfach mit ins Familienwohnzimmer kommen oder oben auf dem luftigen Flachdach sitzen. Man muss flexibel sein!", seufzte ich.

Kapitel 19

Auf nach Jibla

Inzwischen war unser kleiner Tim 25 Tage alt, ein Sonnenschein und unkompliziertes Kind! Wir Eltern und seine Brüder hatten sehr viel Freude an ihm! Aber wir machten uns immer noch wegen David Sorgen. Die Medikamente, die ihm vor ein paar Tagen verschrieben worden waren, hatten nicht angeschlagen! Er verlor weiter Gewicht und wurde immer schwächer.

Seit langem hatten wir uns angewöhnt, abends unsere schlafenden Kinder noch einmal zu segnen und für sie zu beten, bevor wir selbst ins Bett gingen. Es war schön, unsere drei Jungs so friedlich schlafend daliegen zu sehen und ihren tiefen Atemzügen zu lauschen! Weil Chris an diesem Abend bei einem Meeting war, trat ich allein an die Betten der Jungs und legte ihnen die Hände auf den Kopf. Als ich Davids brennendheiße Stirn berührte, erschrak ich, denn ich spürte kalten Schweiß auf seiner hochfiebrigen Haut. Ich lauschte auf seine schwachen Atemgeräusche. Normalerweise hatte unser Ältester einen leichten Schlaf und bewegte sich, sobald jemand nur ans Bett trat, doch jetzt merkte ich bestürzt, dass er bewusstlos war! Vorsichtig rüttelte ich ihn. Er reagierte nicht mehr!

Als ich seinen Puls am Handgelenk fühlte, schauderte ich. Sein Herz pulsierte unregelmäßig und sehr schwach. In diesem Moment wurde mir erschreckend klar: Mein Kind ist ernsthaft krank, wir mussten sofort etwas unternehmen! Ich bat Chris telefonisch, schnellstens heimzukommen. Aufgewühlt und voller Sorgen wanderte ich inzwischen hin und her, während ich unablässig stammelnd Gebete sprach und meinem Sohn kühlende Umschläge machte. Er phantasierte ab und zu im Fieber.

Endlich kam Chris abgehetzt nach Hause. Als wir zusammen das Zimmer betraten, erschrak Chris trotz meiner Vorwarnung, als er David so krank erblickte!

„Wir brauchen dringend Hilfe! Bitte lass uns zum Baptist Hospital nach Jibla fahren!“, bestürmte ich ihn.

„Aber das einzige von Ausländern geführte Krankenhaus, liegt über 1200 Kilometer weit entfernt!“, entgegnete er.

„Egal! Die Lage ist ernst! Wenn man hier im Krankenhaus nicht herausfindet, was es ist, werden wir eben woanders Hilfe suchen müssen. In Jibla sind kompetentere und vertrauensvolle Ärzte, wo man zuverlässiger diagnostizieren kann!“

„Lass uns beten und vertrauen, dass Gott unseren Sohn heilt!“, versuchte Chris mich zu beschwichtigen.

„Ja, wir werden weiter beten. Aber wir müssen nach Jibla fahren, denn er braucht wirklich ärztliche Hilfe.“

In meinem Kopf brannten alle Alarmlampen. Zögernd stimmte Chris mir zu:

„Wenn es morgen nicht besser wird, fahren wir übermorgen früh los."

Der Zustand von David verbesserte sich in den nächsten 24 Stunden trotz aller Gebete nicht. Der kleine Körper schien immer mehr in sich zusammenzufallen. So mussten wir doch die Reise zum Hospital in Jibla vorbereiten. Müde gelang es mir gerade so, ein paar Kleider für alle und Windeln für das Baby in einem Koffer zu verstauen und das Haus für eine möglicherweise längere Abwesenheit vorzubereiten.

Als endlich unsere ganze Familie im Auto saß – David in weiche Decken gehüllt – und Chris losfuhr, seufzte ich erleichtert! Es war noch sehr früh am Morgen, die Sonne war gerade am Aufgehen, und noch angenehm kühl. Wir mussten damit rechnen, dass wir erst am späten Abend am Ziel ankommen würden. Es gab wegen der vielen Straßensperren unterwegs immer wieder Verzögerungen oder Wartezeiten. Nach vielen Stunden Fahrt fast ohne Pause kamen wir in den terrassenartig angelegten Feldern um Ibb an, als es schon längst dunkel war.

Das christliche Hospital lag auf einem wunderschön begrünten Anwesen in Jibla mit hohen schattigen Bäumen. Es strahlte Frieden und Geborgenheit aus. Im ganzen Land wusste man, dass das ausländische Personal kompetent und erfahren war. In der Klinik wurde unser Patient gleich mit Infusionen versorgt und einige Tage lang von der sehr erfahrenen amerikanischen Ärztin Dr. Martha behandelt. Sie war eine gewissenhafte und hingebungsvolle Ärztin, die sich ganz dem Dienst an den Einheimischen verschrieben hatte. Man organisierte für uns als Familie eine Unterkunft in einer der möblierten Personalbaracken auf dem weitläufigen Krankenhaus-Areal, sodass wir bei David wohnen konnten.

Auch für mich war der Aufenthalt dort ein Geschenk des Himmels! Gott hatte genau gewusst, dass ich mit meinen Kräften am Ende war! Es gab in dieser grünen Oase Sitzecken im Garten, Tennisplätze, Spielplätze, Bäume und Gebüsch zum Versteckspielen und Lager bauen, zudem eine Bücherei mit vielen englischen Büchern. Das war für mich Leseratte ein Paradies. Die Höhenluft und das erfrischend kühlere Klima taten uns allen gut.

In dieser angenehmen Atmosphäre fühlten wir uns wohl und genossen es, im Gras zu spielen, wenn David gerade keine schmerzhaften Untersuchungen hatte.

Tatsächlich war die Sorge um David berechtigt gewesen, wie sich nun herausstellte! Dr. Martha nahm dem geschwächten Patienten, zu seinem Leidwesen, viele Röhrchen Blut ab.

Danach teilte sie uns einfühlsam mit: „David ist sehr krank, wir haben verschiedene Ursachen dafür gefunden. Außer Malaria konnte man Typhus und Amöbenruhr nachweisen. Die Ursache dafür kann verunreinigtes Wasser sein oder ungewaschenes Obst oder Salat, da hierzulande ja oft mit menschlichen Exkrementen gedüngt wird. Staphylokokken sind auch in Davids Blut, und wahrscheinlich hat sich auch ein Virus eingenistet, weil das Immunsystem überlastet ist. Ich befürchte, es ist das Pfeiffersche Drüsenfieber."

Die Diagnose von fünf schwerwiegenden Krankheiten auf einmal war wirklich heftig! Die Ärztin wandte sich an ihren Patienten:

„David, du bekommst Medikamente und musst ganz viel trinken. Wenn du das schaffst, brauchst du keine Infusion mehr. Wir werden nach zehn Tagen dein Blut noch einmal kontrollieren und schauen, ob es dir besser geht."

David entgegnete der Ärztin empört: „Ich kann dir aber nichts mehr von meinem Blut geben, ich habe keinen Tropfen mehr übrig!"

Ich konnte seine Reaktion gut nachempfinden. Er war in den letzten Tagen wirklich geschunden worden. Die Ärztin nahm das nicht persönlich und lachte.

„Jetzt wirst du schnell wieder gesund, dann darfst du mich später mal bei meinen Patientenbesuchen ins Dorf in den Bergen begleiten, okay?", schlug sie versöhnlich vor.

Er nickte und lächelte schon wieder freundlich. Aber zu dieser Visite im Bergland sollte es nie mehr kommen.

Obwohl sich bei David die Nebenwirkungen des Medikamentencocktails deutlich zeigten, konnte man in den nächsten Tagen eine langsame Besserung feststellen. Selbstverständlich beteten wir weiter, dass Gott unseren Sohn komplett wiederherstellen würde.

Am Wochenende hatte David keine Behandlungen und Untersuchungen. Ich war in ein spannendes Buch vertieft, während Chris mit unseren beiden großen Jungs über das Gelände schlenderte. Es gab hier immer wieder etwas Neues zu entdecken! Als sie gerade die lange Steintreppe hinunter hopsten, die zum Hospital führte, kamen sie an Mr. Bills Haus vorbei. Dieser saß auf der Veranda im Schatten seines Häuschens und schnitzte andächtig an einer Holzfigur. Die Kinder blieben neugierig stehen und beobachteten die geschickten Hände des Krankenhausdirektors.

„Hallo, Mr. Bill! What are you doing?", fragte David neugierig.

Doch Mr. Bill ließ sich nicht stören; er nickte einen kurzen Gruß, ohne aufzuschauen und arbeitete konzentriert weiter. Chris versuchte, die beiden Jungs wegzulocken. Doch sie waren beeindruckt von dem Kunstwerk, das in den Händen des Schnitzers entstand.

„Schau mal, das tolle Kamel! Es hat sogar einen Höcker! Papa, dürfen wir auch etwas aus Holz schnitzen?“, fragte Martin fasziniert und mit ehrlicher Bewunderung in der Stimme.

Obwohl er Deutsch gesprochen hatte, hatte Mr. Bill die echte Anerkennung bemerkt und schaute nun auf. Er liebte Kinder und konnte sich diesem aus tiefstem Herzen kommenden Lob nicht entziehen.

„Kommt mit, ich zeige euch meine Werkstatt!“, lächelte der sonst zurückhaltende Mann freundlich und stand auf, um die paar Schritte zur Werkstatt, die direkt an sein Haus angebaut war, voraus zu hinken.

Das ließen sich David und Martin nicht zweimal sagen und hüpften fröhlich hinter dem älteren Mann her. Chris ging zögernd nach. Die beiden waren so hingerissen von dem, was sie hinter der offenen Tür entdeckten, dass sie für eine Weile ganz still waren und sich gebannt und aufmerksam umschauten.

Die wunderbar nach Holz riechende, dunkle Werkstatt war eng und mit Hobelspänen und Staub bedeckt, aber auf der Hobelbank lagen angefangene Schnitzfiguren. Überall lagen Holzstücke herum. Das Werkzeug war ordentlich an der Wand aufgehängt. An den Wänden standen Regale, die bis zur Decke mit gedrechselten Holzfiguren, Zügen und allerlei filigranen Tierfiguren gefüllt waren.

„Es gibt hier so viele arme Menschen, die nicht wissen, von was sie sich ernähren sollen. Meine Lieblingsbeschäftigung in der Freizeit war schon immer die Schnitzerei. Irgendwann habe ich begonnen, die hergestellten Holzschnitzereien zu verkaufen, wenn wir in Amerika auf Heimaturlaub waren. Momentan bin ich dabei, einen Container zu füllen, der in ein paar Wochen mit dem Schiff in meine Heimat reist. Mit dem Erlös werden die Armen in Jibla und Ibb unterstützt.“, erzählte Mr. Bill, während Chris ebenso begeistert wie Martin und David die fertigen Figuren bewunderte.

Er war zuerst sprachlos, doch dann bekundete er sein Interesse: „Können wir von Ihnen etwas abkaufen?“

Mr. Bill nickte freundlich: „Ja, gern, dann muss ich es schon nicht verschicken.“

„Ich werde schnell meine Geldbörse holen“, sagte Chris und rannte leichtfüßig die 128 Stufen hinauf.

„Komm schnell, Debora, Mr. Bill zeigt uns gerade die wunderschönen Holzschnitzereien in seiner Werkstatt. Wir könnten einige selbstgeschnitzte Sachen einkaufen, sie sind ganz außergewöhnlich! Mit dem Erlös werden die Armen unterstützt!“, drängte er mich, als er nach Luft japsend neben mir stand.

Nachdem er den Geldbeutel geschnappt hatte, rannte er schon wieder die Treppe hinunter, ohne meine Antwort abzuwarten. Er wollte die Jungs nicht zu lange allein in der Werkstatt lassen. Schnell folgte ich ihm und nach einer kurzen Begrüßung blieb nun auch ich staunend stehen. Schon immer liebte ich den Geruch von Holz. Bewundernd strich ich über die Struktur des Holzes und konnte mich nicht an den einzigartigen Figuren sattsehen! Nun holte Mr. Bill noch seine Schätze hervor und zeigte uns eine aus Kiefernholz geschnitzte Arche, von der man das Deck abnehmen und die Tierpaare in verschiedenen Bereichen verteilen konnte. Es gab ein Löwenpaar, zwei Elefanten, zwei Giraffen, zwei Vögel, zwei Schlangen, Katzen, und vieles andere mehr. Alle Holzfiguren waren sorgfältig und liebevoll gearbeitet.

Außerdem verkaufte er ein Schlüsselbrett in der Form einer Arche. Dann zeigte er uns bewegliches Kinderspielzeug und filigrane Schlüsselanhänger. Wir waren fasziniert und kauften ein paar schöne Holzschnitzereien als Mitbringsel für unsere Verwandten und Freunde in Deutschland.

Die Kunstwerke sollten besondere Erinnerungen werden, was wir zu diesem Zeitpunkt aber noch nicht ahnen konnten. Leider wurde unsere Unterkunft, in der wir als Familie untergebracht waren, schon bald wieder benötigt. Wir mussten uns also eine andere Bleibe suchen. Chris schlug vor, noch ein paar Tage in Aden, im Süden des Landes am Indischen Ozean gelegen, Zwischenstation zu machen. Wir würden dort sowieso auf der Heimfahrt vorbeifahren, um uns mit einer befreundeten Familie zu treffen.

Es tat gut, mit unserem Landesleiter einige Tage die Gästewohnung der Christchurch von Aden zu teilen, uns auszutauschen und zu beten. Eines Abends legten die beiden Männer unserem David die Hände auf den Kopf und bestürmten den Himmel um Heilung. Tatsächlich kam endlich der Durchbruch! Auch vorher hatten wir oft und inständig für unseren Sohn gebetet. Aber nun konnte man wirkliche Veränderungen beobachten, es ging endlich sichtbar aufwärts mit David.

Kapitel 20

In Todesgefahr

Nach diesem handfesten Eingreifen Gottes ging es David schließlich wieder besser. Wir konnten uns nun endlich wieder auf den Heimweg machen. Die Fahrt in „unserem“ Land Cruiser durch den wilden Osten dauerte lange. Wir fuhren so schnell wie möglich, ohne Pausen und Verzögerungen. Während der Fahrt gab es Sandwiches zum Essen und Wasser aus der Flasche zum Trinken. Unsere Kinder liebten die langen Fahrten durch die Einöde. Wir hörten unterwegs zusammen Kassetten und CDs, beispielsweise „Nicht wie bei Räubers“ und Lobpreiskassetten, spielten Karten oder schauten Comics an.

Mittlerweile war ich müde, Schulter und Rücken taten mir weh. Unser Baby lag auf meinen Knien, es war unruhig und konnte nicht schlafen. Tim war jetzt schon größer und nahm inzwischen die ganze Fläche von meinem Schoss ein, ich konnte mich kaum bewegen. Beim Vorlesen von Geschichten musste ich mich immer ein wenig nach hinten drehen, damit die Großen mich besser verstehen konnten. Wir waren bereits neun Stunden unterwegs, die Sonne würde in zwei Stunden untergehen, doch wir waren noch ungefähr sechs Stunden von zu Hause entfernt.

Am letzten Checkpoint wurde unser Wagen wieder einmal von Soldaten an einer Straßensperre angehalten. Chris stieg aus, ging zu dem Militärposten und unterhielt sich in gewandtem Arabisch mit einem schwer bewaffneten Soldaten. Es schien heute länger zu dauern. Spannung lag fast greifbar in der Luft. Die Temperatur im Innenraum des Wagens stieg. Unser Tim war immer noch wach und weinte jämmerlich.

„Hoffentlich können wir bald weiterreisen", dachte ich.

„Wir fahren jetzt gleich durch das wilde Stammesgebiet Schabwa", erklärte Chris, als er zurückkam. „Ein heißes Gebiet im wahrsten Sinne des Wortes, wo immer wieder Entführungen stattfinden. Das Militär möchte, dass wir Begleitschutz mitnehmen, aber der Polizeiwagen ist mit den anderen Männern unterwegs und niemand weiß, wann er zurückkommt."

„O nein!", entfuhr es mir, da ich überhaupt keine Lust auf einen sogenannten Begleitschutz hatte.

Es kam mir immer so vor, als würden wir mit bewaffneten Soldaten, die Handgranaten am Gürtel trugen, eine lebende Bombe ins Auto packen. Umnebelt vom *Qat* kauen ließen sie die Kinder meist mit ihrer Kalaschnikow herumspielen.

„Wir haben doch gar keinen Platz im Auto, der Rücksitz ist beladen mit Spielzeug, Büchern und Kassetten. Außerdem wissen wir, dass diese ‚Beschützer' beim ersten Anzeichen von Gefahr sowieso abhauen.", beschwerte ich mich frustriert bei meinem Mann.

„Bitte, kannst du noch einmal mit dem Chef der Wache sprechen und ihn bitten, uns allein fahren zu lassen?“, drängte ich ihn.

„Ich werde es versuchen“, versprach er und verschwand wieder in der Wachstube, die den Männern in der sengenden Hitze ein wenig Schatten bot.

Indessen beteten die Jungs und ich und warteten gespannt auf den Ausgang der Debatte.

Nach kurzer Zeit kehrte Chris zum Auto zurück, setzte sich siegessicher ans Steuer und fuhr grinsend los. Gespannt schaute ich ihn an.

„Erzähl doch bitte! Was haben sie gesagt?“, fragte ich neugierig.

„Wir sollen möglichst schnell fahren!“, entgegnete er kurzangebunden.

Natürlich wollte ich alles haarklein wissen und löcherte ihn ungeduldig mit vielen Fragen.

Erst später erfuhr ich dann, dass der Kommandant nur widerstrebend nachgegeben hatte, und nur, weil heute so wenig Soldaten Dienst hatten und gerade die Zeit war, in der man *Qat* kaute. Er hatte Chris jedoch eindringlich gewarnt: „Ihr müsst so schnell wie möglich durch Schabwa fahren, und wenn euch irgendetwas auffallen sollte, das nicht ganz geheuer ist, fahrt, so schnell ihr könnt, weiter! Auf keinen Fall anhalten!“

Chris wollte uns nicht beunruhigen und hatte deshalb den genauen Wortlaut des Militärchefs unterschlagen. Schließlich waren wir diese Strecke schon öfter gefahren. Und, wie Chris es vorher dem Kommandanten gegenüber auch erwähnt hatte: „Wir haben einen unsichtbaren Wächter bei uns, Gott selbst passt auf uns auf!"

Jetzt drückte er auf polizeilichen Befehl das Gaspedal durch. Außerdem wollte er die verlorene Zeit nachholen. Die geradlinige Straße war rechts und links von dichtem Gestrüpp abgegrenzt. Weit und breit war keine Menschenseele zu sehen. Bei der hohen Geschwindigkeit und dem gleichmäßigen Rütteln schlief unser Tim endlich zum ersten Mal an diesem Tag ein. Ich konnte mich nun ein wenig entspannen und schloss zufrieden die Augen.

Auf einmal tauchten zwei Schafe direkt vor uns aus dem Gebüsch auf. Sie liefen zielstrebig vor das Auto. Chris versuchte geistesgegenwärtig, noch abzubremsen. Das Auto schlingerte bedenklich bei diesem Tempo. Abrupt wurde ich aus dem Dämmerschlaf gerissen und öffnete entsetzt die Augen. Schockiert und hilflos mussten wir und die Kinder mit ansehen, wie die beiden Schafe unter die Räder kamen. Martin und David brüllten entrüstet auf. Tim war jetzt aufgewacht und schrie ebenfalls erschrocken. David schaute zurück und sah die beiden Tiere blutend auf der Straße liegen.

„Papa! Warum hast du das getan? Die armen Tiere!", rief er vorwurfsvoll.

Chris, vor Schock ganz blass, trat geistesgegenwärtig wieder aufs Gas. Er erinnerte sich an die Worte des Kommandanten: „Fahrt so schnell ihr könnt! Und haltet unter keinen Umständen an!"

Wir mussten jetzt schleunigst weg, bevor wir mit den ansässigen Beduinenstämmen in Konflikt gerieten. Ich versuchte, die bestürzten Kinder zu beruhigen und zu trösten.

Wir ahnten ja noch nicht, dass dies erst der Beginn der Schwierigkeiten war.

„Es sind nur noch wenige Kilometer bis zur engen kurvenreichen Schlucht, wir müssen schnellstens hier verschwinden: Wer weiß, wo hier die nächsten Stammesangehörigen versteckt sind", raunte Chris mir beunruhigt zu.

Doch schlagartig gellten nun Schüsse wie Donnerschläge in der friedlichen Stille. Ein weißer, leichterer Hilux jagte uns nach und holte auf. Im Rückspiegel bemerkte Chris erschrocken: „Der Beifahrer zielt auf uns!"

Immer wieder schoss er aus seiner Kalaschnikow.

„Los, duckt euch! Legt Euren Kopf auf den Sitz, schmeißt das Gepäck als Deckung hinten drauf!", befahl Chris den beiden Jungs.

Seiner Stimme hörte man an, dass er jetzt absolut keinen Widerspruch duldete. Sofort gehorchten die Kinder und duckten sich mit dem Kopf nach unten vollkommen still auf den Boden zwischen den Vorder- und Rücksitzen. Für Chris war völlig klar, dass dies eine höchst brenzlige Situation war, so weit ab von jeder Ansiedlung und Zivilisation. Ich spürte, wie die Angst in mir hoch kroch und mich lähmte. Automatisch und ohne nachzudenken, begann ich, leise zu beten.

Unser zweieinhalb Tonnen schwerer Land Cruiser verlor an Geschwindigkeit. Chris bremste ab. Er wusste, dass er mit dem vollbeladenen Wagen keine Chance hatte, unseren schnell näherkommenden Verfolgern zu entkommen und wollte sich lieber stellen, um nicht zu riskieren, dass die aggressiven Verfolger mit den Waffen das Auto trafen oder sogar einen von uns.

Ich fühlte mich hilflos, betete aber laut, dass Gott unsere Familie und das Auto bewahre. Unser Fahrzeug hielt, die Verfolger waren jetzt auf unserer Höhe. Sie sprangen angriffslustig aus dem Wagen und näherten sich der Fahrertür. Mein tapferer Chris war jetzt äußerlich ganz ruhig. Er öffnete die Tür, stieg aus und überquerte langsam die Straße, um etwas Distanz zu uns im Auto zu schaffen. Er wollte uns damit schützen. Er schaute den beiden Männern furchtlos in die Augen.

Im Rückspiegel beobachtete ich, wie die beiden Männer sich bedrohlich vor meinem Mann aufbauten, das Gewehr im Anschlag und ihn laut anbrüllten:

„Du verfluchter *Ajnabi*, was hast du getan?"

Chris strahlte eine sonderbare Autorität aus, während er bewundernswert gelassen antwortete: „Es tut mir sehr leid. Ich werde den Schaden wiedergutmachen! Es war nicht in meiner Absicht, zu fliehen. Aber das Militär befahl am letzten Checkpoint, schnell durch diese Gegend zu fahren."

Der Mann fuchtelte angriffslustig mit dem Gewehr vor seinem Gesicht herum.

„Komm mit!", brummte er unfreundlich, während er Chris in Richtung unseres Land Cruisers schob.

Er öffnete die Fahrertür und bugsierte Chris unsanft auf seinen Sitz. Die beiden Jungs und ich hatten alle anderen Türen inzwischen verriegelt. Hastig stiegen die Unruhestifter wieder in ihren Hilux ein und wendeten mit quietschenden Reifen den Wagen auf der schmalen Straße. Sie zwangen Chris mit dem Gewehr zum Wenden und Vorausfahren. Es blieb Chris nichts anderes übrig, als zu gehorchen. Einen weiteren Fluchtversuch hätten wir vielleicht nicht überlebt.

Nach wenigen Minuten erreichten wir wieder die Stelle, wo noch immer die beiden Schafe auf der Straße lagen. Inzwischen hatten sich hier etliche Männer versammelt. Es herrschte eine gereizt-explosive Atmosphäre. Schweigend schaute Chris mich noch einmal an, mit viel Liebe im Blick, bevor er wortlos ausstieg und den Wagen verließ. Er ging sehr langsam zu den feindselig Wartenden. Ich befürchtete in diesem Moment, dass ich meinen Mann nie wieder sehen könnte.

Die Kinder waren beim grausigen Anblick der Tiere völlig verstört und redeten wild durcheinander. Während die dunkelhäutigen Männer meinen Mann mitnahmen und er qualvoll langsam aus unseren Augen Richtung Bergdorf verschwand, blieb ich mit unseren drei Jungs im Auto zurück. Ich versuchte, meine entsetzten Kinder zu beruhigen, unterdessen legte sich unwillkürlich – völlig widersprüchlich zu der brenzligen Situation – eine sonderbare innere Ruhe auf mich. Sie fühlte sich an wie ein warmer Mantel im Winter. Mitten im Sturm erlebte ich wieder diesen übernatürlichen Frieden, der nur von Gott kommen kann. Gott war bei uns. Jetzt konnte ich auch wieder klar genug denken und Martin und David die Situation erklären. Die beiden Großen waren vom tragischen Tod der Schafe so geschockt, dass ihnen nicht bewusst war, wie gefährlich die Lage im Moment für ihren Papa war.

„Papa konnte doch nichts dafür, die Tiere sind uns urplötzlich ins Auto gelaufen. Wir müssen dankbar sein, dass es keinen schlimmeren Unfall gab! Es wird alles wieder gut. Wir brauchen keine Angst zu haben, denn Gott hat seinen Engeln befohlen, dass sie uns behüten. Und das gilt auch für Papa!“

Es war mir klar, dass in dieser Gegend das Gesetz der Blutrache herrschte. Schafe hatten einen so hohen Wert, dass dafür auch durchaus Menschen getötet werden konnten.

Die nächsten Minuten verstrichen zäh, sie fühlten sich an wie Tage. Im Auto war es heiß, die Luftfeuchtigkeit unerträglich hoch, und wir alle troffen vor Schweiß. Die Kinder wurden grantig und quengelten.

„Wo bleibt denn Papa? Ich will weiterfahren und endlich heim! Wir haben Hunger und Durst."

Aber immer noch war weit und breit niemand zu sehen. Nur die toten Schafe lagen noch unberührt auf der Straße.

Gerade überlegte ich, ob ich die Kinder allein im Auto zurücklassen und in die Richtung gehen sollte, in der ich die Männer hatte verschwinden sehen. Ich schwankte innerlich.

„Was, wenn sie mich auch entführen? Was sollen die Kinder machen, wenn Papa und Mama verschwinden?", überlegte ich im Stillen.

Doch da tauchte Chris plötzlich in der Ferne auf. Mir stiegen die Tränen in die Augen aus Liebe zu meinem Mann, der erschöpft, aber lächelnd und siegessicher auf mich zukam wie ein strahlender Held. Chris stieg schnell ein, schloss die Tür und startete den Motor, um den Wagen zu wenden und eilig Gas zu geben. Nur schnell fort von hier in Richtung Heimat. Unterwegs begann er dann endlich, langsam und etwas stockend zu erzählen:

„Ich habe 16.000 Rial bezahlt, für jedes Schaf 8.000. Der Scheich hat einen fairen Preis verlangt, obwohl der feindselige Fremde mit dem Gewehr ihn und die anderen Männer ständig gegen uns aufhetzten und viel mehr Geld herausschlagen wollte. Er scheint etwas gegen Ausländer zu haben. Doch, Gott sei Dank, war der alte Scheich, den die Leute respektieren, ein besonnener und friedfertiger Mann. Er ließ sich nicht aufwiegeln. Er wollte vermeiden, dass die Situation eskalierte. Wie gut, dass ich in Sanaa genügend Geld für die Löhne der Mitarbeiter in Mukalla abgehoben hatte. Daher hatte ich so viel Geld in bar bei mir und konnte gleich bezahlen. Sonst wären wir nicht losgekommen. Hier in der Wüste gibt es ja weit und breit keine Bank. Danken wir Gott! Jetzt fahren wir aber schnellstens nach Hause. Es wird bald dunkel und wir haben noch einen weiten Weg vor uns."

Wir beide vergewisserten uns immer wieder besorgt im Rückspiegel, dass uns niemand verfolgte. Jetzt erst schien Chris langsam bewusst zu werden, dass wir nur knapp aus dieser gefährlichen Situation entkommen waren. Der Schock saß tief.

„Du musst etwas trinken, du bist kalkweiß im Gesicht!", bat ich ihn.

Aber er wollte jetzt nur fahren. Die Dämmerung war zu allem Übel schon hereingebrochen, als wir in der kurvenreichen engen Schlucht ankamen. Die Fahrbahn war uneben und gefährlich, daher musste er das Tempo drosseln. Die stundenlange Fahrt und das traumatische Abenteuer hatte uns beiden doch mehr zugesetzt, als wir zuerst realisiert hatten. Während die Kinder spielten, schwiegen wir Eltern einvernehmlich. Immer wieder schaute ich dankbar zu meinem Mann hinüber, den Gott mir heil wiedergegeben hatte. Ich war mir bewusst, dass es nicht selbstverständlich war, dass wir einander hatten und weiterhin zusammen sein durften.

Als wir nach der abenteuerlichen Reise endlich erschöpft zu Hause waren, hoffte ich, dass es ab jetzt endlich etwas ruhiger würde. Seit einiger Zeit fühlte ich mich, als wäre ich in einem rasenden Güterzug unterwegs und würde die Notbremse nicht finden.

Kapitel 21

Jahrhundert-Monsun

Wenige Tage später zogen über dem sonst stahlblauen Himmel dicke, düstere Wolken auf. Es blieb morgens fast vollkommen finster und unheimlich. Plötzlich begann ein Wolkenbruch; der niederprasselnde Regenguss setzte die normalerweise so ausgedörrte, sandige Landschaft innerhalb kürzester Zeit unter Wasser. Der Boden war nicht in der Lage, die ungeheuren Wassermassen aufzunehmen. Als orkanartige Sturmböen begannen, alles mit sich zu reißen, flüchteten alle schnell in den Schutz ihrer Häuser. Plötzlich schossen reißende Ströme von den Bergen, die Felsbrocken und alles andere mit sich rissen. Die armen Slumbewohner waren dieser zerstörenden Flut in ihren notdürftigen Wellblechhütten, schutzlos ausgeliefert. Das Unwetter richtete dort ungeheuren Schaden an.

Der starke Monsun-Regen hielt außergewöhnlich lange an. Seit vierzig Jahren hatte kein so heftiger Regen mehr stattgefunden. Für uns war es das erste Mal, dass wir hier überhaupt Regen erlebten!

Wir waren schockiert, als wir von den Folgen dieser Naturkatastrophe erfuhren: In der ganzen Gegend um Mukalla war das Chaos ausgebrochen. Menschen, Blechhütten, Autos und Verkaufsstände waren von der brachialen Gewalt der Flut wehrlos mitgerissen und fortgespült worden. Es gab überall Stromausfälle, Telefonleitungen waren abgerissen, Wasserleitungen brachen auseinander und das kostbare Wasser versickerte ungenützt im Sand.

Wir ahnten nicht, dass es auch in unserer Nähe noch ein Nachspiel geben sollte. Am nächsten Tag hatte die Regenflut ihren Höhepunkt erreicht. Die Straßen waren überflutet, von den Bergen war Geröll heruntergespült worden, sodass sämtliche Zufahrtswege unpassierbar waren. Unser Wohnviertel war von der Außenwelt komplett abgeschnitten! Aber das ahnten weder wir, noch unsere Nachbarn, als bei meiner Freundin Chatija von nebenan die Wehen einsetzten.

Ich war gerade beim Spülen des Mittagsgeschirrs und freute mich auf eine kurze Siesta. Trotz des Unwetters war es schwülheiß geblieben. Ich würde mich gleich zu unserem inzwischen fünf Wochen alten Tim auf unser Bett legen. Da klopfte es plötzlich laut und ungeduldig an unserer eiserne Hoftür. Der Sturm tobte so laut, dass zunächst niemand etwas hörte, denn alle Fenster waren zur Sicherheit vor dem Regen geschlossen. David, der mit Martin unten im Spielzimmer gleich neben dem Tor Playmobil spielte, merkte auf einmal, dass irgendjemand penetrant Zugang suchte.

„Jemand ist draußen, Mama!“, rief er laut nach oben.

Ich unterbrach meine Arbeit, rannte hinunter und wandte mich im Vorbeigehen an meinen Sohn: „Du bleibst hier, sonst wirst du klatschnass und erkältest dich. Ich gehe und schaue, was los ist!“

Während ich mir schnell eine Plastiktüte als Regenschirm-Ersatz überwarf, eilte ich zum Tor und öffnete quietschend den schweren Riegel. Es goss wie aus Kübeln, und binnen weniger Sekunden war ich bis auf die Haut durchnässt. Ich sah aus, als wäre ich mitsamt den Kleidern in ein Becken mit Wasser gesprungen.

Vor dem Tor stand nass und zitternd Hussein, der älteste Sohn Chatijas. Seine Stimme war heiser vor Aufregung und seine dunklen Augen blitzten.

„Meine Mutter hat Wehen, sie muss ins Krankenhaus. Bitte, kannst du sie nach Mukalla ins Hospital fahren? Sie hat solche Angst. Das Telefon scheint kaputt zu sein, wir konnten unseren Vater nicht informieren. Er sitzt in der Stadt bei seiner Arbeit fest."

Kurzentschlossen nickte ich: „Sag deiner Mutter, sie soll sich fertigmachen."

Gleichzeitig drehte ich mich um, rannte schnell zurück ins Haus und rief Chris zu: „Es geht los bei Chatija, sie muss ins Krankenhaus. Ich muss mich schnell umziehen."

Doch Chris, der heute zu Hause war, bot zu meiner Erleichterung an, dass er bei diesem Unwetter die Hochschwangere fahren würde. Schnell zog er sich ein frisches Hemd an und streifte sich die Sandalen über. Auch er war sofort klatschnass, als er vor die Tür trat. Hastig öffnete er das schwere Eisentor, setzte sich ins Auto und fuhr den Wagen rückwärts aus dem Hof.

Alia, Chatijas Schwester, war vor ein paar Tagen aus der Stadt gekommen, um im Haushalt der Hochschwangeren mitzuhelfen. Sie kam mit ihrer vor Schmerzen stöhnenden und zusammengekrümmten Schwester vor die Tür, beide bereits klatschnass mitsamt *Baltos* und Kopftüchern. Die Jüngere schob ihre dickbäuchige Schwester so schnell es die Umstände eben zuließen auf den Rücksitz des Autos. Dann schwang sich Alia daneben und schlug die Wagentür zu. Höchste Eile war geboten. Ich schaute aus dem Fenster, während Chris mit den beiden Frauen davonjagte. In Gedanken begleitete ich sie ins Krankenhaus. Dann ging ich schnell ins Bad und streifte die völlig durchnässten Kleider ab, rubbelte mich trocken und zog mir ein trockenes Kleid an. Während ich noch mein nasses Haar trocknete, hörte ich plötzlich die Stimme meines Mannes von der Haustür unten rufen.

„Er ist doch erst vor kurzem losgefahren und normalerweise dauert die Fahrt in die Stadt viel länger!“, wunderte ich mich.

Chris war unverrichteter Dinge wieder zurückgekehrt. Das war ganz und gar nicht typisch!

„Die Straße nach Mukalla ist abgeschnitten und völlig überflutet, das Tal gleich nach der Kreuzung in *Wadi* Fuwah steht meterhoch unter Wasser; unser Stadtteil ist wie eine Insel. Das *Wadi* ist ein reißender Fluss geworden. Ich konnte Chatijas Wunsch leider nicht erfüllen, sie ins Baschrahiil-Krankenhaus zu bringen! Ich musste mühsam umdrehen und versuchen, auf der anderen Seite durchzukommen. Leider ist auch die Strecke nach Ibn Sina absolut nicht mehr passierbar! Im *Wadi* Khirbe stecken Autos fest! Das Wasser dringt bei diesen gestrandeten Fahrzeugen an der Fahrerseite herein. Es gibt kein Durchkommen mehr und der Verkehr ist zusammengebrochen. Es sieht schlimm aus!“, berichtete er atemlos und abgehackt.

„Deine Freundin Chatija ist jetzt wieder zu Hause und braucht dich, sie weint und schreit vor Angst und Schmerzen. Ich werde gleich versuchen, mit dem Auto eine Hebamme zu organisieren.“, fuhr er dann fort.

„Ja, aber wo findest du denn jetzt bei diesem Wetter eine Hebamme? Unsere Heidi ist doch gerade in der 1000 Kilometer entfernten Hauptstadt!“

„Keine Sorge, Bawasiir, der Bürgermeister, hat mir gesagt, dass Wafa, eine Geburtshelferin ein paar Straßen weiter von hier wohnt. Bete, dass ich ihr Haus finde und sie mitkommt! Aber du musst sofort zu Chatija rüber!“

Das ließ ich mir nicht zweimal sagen, denn ich wollte meiner Freundin in ihren Wehen gern beistehen. Schnell schaute ich noch einmal nach meinem schlafenden Säugling. Tim lag friedlich in seinem Bettchen. So konnte ich beruhigt ins Nachbarhaus gehen.

Vorher wies ich meine beiden Großen an: „Ich muss schnell rüber zu Chatija, weil das Baby bald auf die Welt kommt! Bitte sagt mir Bescheid, wenn unser Baby weint! Ihr könnt einfach aus dem Fenster im Schlafzimmer rufen, ich bin gleich gegenüber!“

„Gut, Mama, wir schauen nach ihm. Wir sind ja schon groß, und du kannst dich auf uns verlassen. Wir müssen nur erst die Burg fertig bauen!“

Ich lächelte, warf mir schnell meinen schwarzen *Balto* und ein Kopftuch über und rannte hinüber ins Nachbarhaus. Chatija lag herzerweichend stöhnend auf dem Bett, während sich ihre drei Söhne verstört im Wohnzimmer herumdrückten und sich gegenseitig ärgerten. Die Großmutter der Kinder, die noch dicker war als ihre schwangere Tochter Chatija, thronte wie ein Mehlsack neben dem Bett auf dem Boden und rührte sich nicht vom Fleck.

Ich setzte mich nun zu meiner leidenden Freundin und sprach tröstend mit ihr, während ich ihr mit einem feuchten Tuch die schweißnasse Stirn kühlte, ihre Hand hielt oder ihren Rücken massierte. Seltsam war nur, dass Chatijas Mutter so unbeteiligt neben ihr saß. Hätte nicht viel eher sie diejenige sein sollen, die ihre Tochter umsorgte? Immer wieder schrie Chatija gequält auf, und so waren wir sehr erleichtert, als endlich die Geburtshelferin hereinschlurfte. Ihr ergrautes Haar hatte sie mit Henna karottenrot gefärbt, und die Falten in ihrem Gesicht zeigten, dass sie schon einige Jahre auf dem Buckel hatte. Schnell streifte sie den *Balto* ab, ließ aber ihr großes Kopftuch auf, das den gesamten Oberkörper verhüllte. Auch Chatija und ihre Mutter hatten solch eine große *Nuqba* an! Im Raum war es sehr schwül, der Deckenventilator verteilte mit seinem kratzenden Geräusch die stickige Luft. Der Schweiß lief allen in Strömen übers Gesicht, und nicht nur ich sehnte mich nach einer Abkühlung. Nach einer kurzen Begrüßung untersuchte die reservierte Hebamme wortlos den Bauch der Schwangeren und hörte mit einem Holzrohr, das wie eine Holztrompete ohne Ventile aussah, die Herztöne des Kindes ab. Man spürte, dass sie Erfahrung hatte, sie schien wirklich kompetent zu sein.

Erst vor ein paar Wochen war ich an Chatijas Stelle gewesen, aber wie viel leichter hatte ich es bei der Geburt gehabt. Ich empfand Mitleid mit meiner Freundin und betete, dass alles gut gehen und das Baby bald gesund in den Armen seiner Mutter liegen würde!

Es erschien uns unglaublich lange, bis es endlich so weit war, dass Sinan sein dunkles Köpfchen herausstreckte und den ersten Schrei von sich gab. Mit vor Rührung feuchten Augen wickelte ich das neugeborene Baby in ein bereitliegendes warmes Tuch und legte das winzige Neugeborene in den Arm seiner erschöpften Mama. Nun erwachte auch die Großmutter aus ihrer Lethargie.

„Schon wieder ein Junge, schon der Vierte. Sie braucht ein Mädchen, das ihr bei der Hausarbeit helfen kann!“, murmelte sie frustriert.

„Aber sehen Sie doch: so ein wunderschönes Kind mit braunen lockigen Haaren, es wird ihr und seinen Brüdern viel Freude bereiten!“, versuchte ich die alte Frau zu beruhigen.

Und da stürmten auch schon die drei großen Brüder herein und bestaunten stolz ihr kleines Brüderchen!

Draußen regnete es immer noch in Strömen, und obwohl es bei Chatija statt Glasfenster nur ein paar Mauerlöcher gab, hatten wir alle das Unwetter über den aufregenden Ereignissen gar nicht weiter registriert. Chatija war jetzt überglücklich und presste das kleine Bündel froh an sich, Liebeserklärungen stammelnd. Sie bedankte sich wortreich bei mir, dass ich geblieben war.

***

Erst etliche Tage nach der Flut erfassten wir das ganze folgenschwere Ausmaß der Katastrophe, die durch die Schuttbewegungen und den Felssturz entstanden war. Es war wirklich erschütternd! Als ich so langsam begriff, was geschehen war, weinte ich. In Mukalla gab es viele Vermisste, die von den Fluten mitgerissen worden und vermutlich ins Meer gespült und ertrunken waren!

Am Schlimmsten hatte es die Ärmsten getroffen, denn viele hatten nun auch ihre ohnehin armselige Unterkunft sowie ihren gesamten kärglichen Hausrat verloren. Zahlreiche einfache Wellblechhütten und ein armseliges Slumgebiet entlang des Mukalla-Kanals waren einfach fortgespült worden! Wo vorher Hütten und Verkaufsstände gestanden hatten, waren nur noch gähnende Löcher, Schutt und Müllberge geblieben! Von den Bergen waren durch die Wassermassen ganze Felsbrocken hinunter ins Tal gerissen worden und hatten kleineres und größeres Geröll mit sich geschleift. Viele der Vermissten sollten nie gefunden werden, andere verschüttet unter den Schuttbergen.

Die ganze Stadt sah aus wie nach einem Erdbeben. Es war ein grauenvoller Anblick, der die Einheimischen wie uns Ausländer bis ins Mark erschütterte! In den engen Seitenstraßen lagen die Überreste von verbeulten und zerfetzten Autowracks herum, alle Farben waren wie ausgebleicht und alles war schlammbraun. Eine deprimierte Trauerstimmung lag über der gesamten Stadt. Leider gab es hier keinerlei Sozial- oder Krankenversicherung!

Obwohl wir natürlich sehr dankbar für die Bewahrung waren, beschämte es uns, dass wir in unserem Haus trocken und sicher vor dem Unwetter geblieben waren. Es wurde uns wieder einmal schmerzlich bewusst, wie eng Tod und Leben, Freude und Leid hier beieinander lagen!

In der Hitze trocknete aber alles schnell; bereits nach wenigen Tagen war das Katastrophengebiet wieder so ausgetrocknet wie eh und je. Nur die schlammbraune Farbe blieb noch lange über allem wie eine Decke ausgebreitet.

***

Dann besuchten wir zum ersten Mal seit der Geburt unseres Jüngsten alle zusammen als Familie das Projektgebiet.

In Richtung Burum war die Zerstörung nicht so schlimm, da es an der einzigartigen Küstenstraße kaum Siedlungen oder Dörfer gab. Im Projektgebiet Al-Qariyah war der Regenguss sogar ganz ausgeblieben. Während Chris fröhlich pfeifend am Steuer saß, spielten der 7-jährige David und der 5-jährige Martin hinten im Auto: „Ich sehe was, was du nicht siehst". Tim lag auf meinem Schoß und schlief friedlich. Er ahnte nichts davon, dass er heute in die Beduinengesellschaft „eingeführt" werden sollte. Wir genossen die gemeinsame Fahrt und sangen lauthals fröhliche Kinder-und Anbetungslieder. Heute schien endlich wieder die Sonne und das Leben zeigte sich von seiner schönen Seite. Kurz vor dem Fischerdorf Halla geschah es dann: Plötzlich, mitten auf der einzigen Brücke – ohne Warnschild oder eine andere Vorwarnung – hörte die Straße vor uns einfach auf. Wir kamen gerade noch vor einem tiefen Abgrund zum Stehen! Es fehlten nur wenige Zentimeter.

Die andere Hälfte dieser Brücke war von der Flut fortgerissen worden. Erschrocken stieg Chris aus und rief:

„Das war knapp! Gott sei Dank habe ich die Bremsscheiben letzte Woche reparieren lassen, sonst lägen wir jetzt da unten!"

Dann stieg er seelenruhig wieder ein und setzte vorsichtig im Schneckentempo auf dem engen Stück Brücke zurück. Nervös hielt ich den Atem an, während mein Herz wild klopfte! Wenn er nur um ein paar Zentimeter vom Weg abwich, würden wir von dem schmalen, unbefestigten Brückenteil stürzen! Nach 150 Metern im Rückwärtsgang hatten wir die befestigte Straße wieder erreicht. Chris hielt an und stieg wortlos aus. Jetzt war ihm seine innere Anspannung doch anzusehen. Sein Hemd war so nassgeschwitzt, als hätte er vergessen, es vor dem Duschen auszuziehen. Mit seinem Tuch um den Kopf, um sich vor der sengenden Sonne zu schützen, ließ er vorsichtig etwas Luft aus allen vier Reifen des Geländewagens. Dann stieg er wieder ein, fuhr rechts von der Straße ab und weiter geradeaus durch den Sand, um dann vorsichtig im ersten Gang das ausgewaschene holprige *Wadi* hinunterzufahren. Wir schwiegen, als das Auto heftig durchgeschüttelt wurde. Die Kinder liebten das Gewackel. Uns war jedoch klar, dass es uns viel Schweiß kosten würde, wenn wir hier stecken blieben!

„Zum Glück haben wir heute genug Trinkwasser, Proviant und Pepsi dabei", dachte ich, während die Wüstensonne erbarmungslos auf uns herunter brannte.

Wir schwitzten, denn die Klimaanlage hatte leider ihren Dienst schon vor einiger Zeit aufgegeben. Ich betrachtete meinen Mann stolz von der Seite. Sein markantes Gesicht war sonnenverbrannt und die Abenteuerlust blitzte ihm aus den grünen Augen. Man sah ihm an, dass ihm diese Angelegenheit großes Vergnügen bereitete. Mit sicherer Hand führte uns unser Privatchauffeur durch die Vertiefungen des breiten, ausgehöhlten und trockenen Flussbettes, das an einzelnen Stellen noch von schlammigen Pfützen durchsetzt war. Trotzdem waren wir beide dankbar, dass Chris ohne Probleme die andere Uferböschung erreichte.

Nach einer weiteren Stunde erreichten wir verschwitzt, aber froh Al-Qariyah, das Hauptdorf im Projektgebiet. Wir wurden neugierig von unseren Beduinenfreunden umringt, die seit Tagen von der Umwelt abgeschnitten waren, weil keine Busse oder Lastwagen mehr auf dieser Strecke fahren konnten. Deshalb warteten sie neugierig auf die Klatschgeschichten aus der Provinzhauptstadt Mukalla. Keiner der Armen besaß ein Auto oder eine andere Möglichkeit, dorthin zu kommen. Mit dem Kamel wäre es mindestens einen Tagesritt weit. Selbst Busfahrten waren oftmals zu teuer für die Armen.

Natürlich bestaunten alle unser entzückendes weißes Baby mit dem weich gelockten hellbraunen Haar und der hier außergewöhnlich hell erscheinenden Haut. Viele dieser Südjemeniten sehen mit ihrer dunklen Hautfarbe und den schwarzen Kraushaaren fast afrikanisch aus.

Tim hatte die erste holperige Fahrt seines Lebens gut überstanden und schlief zufrieden in meinen Armen. Schnell waren auch David und Martin von dunkelhäutigen Beduinenkindern umringt, die ihnen einen Wurf neugeborener Hundewelpen zeigten. Natürlich eroberten diese bezaubernden Tiere die Herzen unserer beiden Kinder im Sturm.

„Mama, schau doch mal, wie tapsig und süß! Die haben noch die Augen zu und sind ganz wackelig. Bitte, bitte, dürfen wir die alle mit heim nehmen? Bitte, Mama!"

„Aber die sind noch zu klein und brauchen ihre Mutter."

„Das macht nichts, dann nehmen wir die Mutter einfach auch mit!"

Beim letzten Besuch hatten wir vom Scheich der Beduinen bereits eine kleine Ziege geschenkt bekommen. Ein anderes Mal konnten wir Eltern gerade noch eingreifen, bevor ein Esel in die Familie aufgenommen wurde. Wenn es so weiter ging, hätten wir bald einen Zoo. Die Ziege blieb zur Aufzucht bei den Beduinen, und auch diese süßen Hundewelpen wurden in Al-Qariyah großgezogen. Trotzdem betrachteten sich David und Martin stolz als ihre rechtmäßigen Besitzer.

Nach dem Mittagessen im Restaurant (hier gab es tagein tagaus dasselbe Angebot: Reis und Fisch) mussten die Reifen an der Tankstelle aufgepumpt werden. Dann machte Chris mit David und Martin noch ein paar Besuche bei verschiedenen Dorfbewohnern, um noch manche offenen Fragen zu klären, und ließ mich mit unserem Baby bei den Beduinenfrauen zurück. Sie plauderten im Schatten einer Hütte und erzählten sich, was sie gerade anpflanzten oder wer ein Baby erwartete. Langsam wurde ich schläfrig. Sie brachten mir eine Matte, breiteten sie im Schatten der Hütte aus und ich legte mich hin. So konnte ich mich etwas ausruhen und entspannen, während die anderen Frauen weiter schwatzten, genüsslich Tee tranken oder aufstanden und ihrer Arbeit nachgingen. Es war gemütlich hier in Al-Qariyah. Es wurde nicht so viel Aufhebens um Besucher gemacht wie im Westen. Man nahm die Menschen einfach mit hinein und genoss das Zusammensein und die Gemeinschaft.

Schon bald flitzte David um die Ecke und rief: „Papa will noch nach Hayla, bevor wir wieder zurückfahren. Wir müssen vor Sonnenuntergang daheim in Mukalla sein, wegen der schlechten Straße."

Schnell verabschiedete ich mich von meinen Freundinnen.

Kapitel 22

Hilfe, Sinan stirbt!

Schon seit über zwei Jahren lebten wir nun mit unsren inzwischen drei Söhnen im Tal des Todes, Hadramaut. Wie viel hatten wir in dieser Zeit erlebt! Für Langeweile war keine Zeit gewesen. Wir fühlten uns als Teil der Stadt und waren hier heimisch geworden – trotz unserer helleren Hautfarbe, die uns als Ausländer verriet, und trotz Hitze, Schwüle und anderen häufig nicht einfachen Lebensbedingungen.

Wir alle liebten die freundlichen, stets hilfsbereiten ***Hadramis***[31]. Chris hatte sich dank seiner außergewöhnlichen Anpassungsfähigkeit und Begabung sowohl mit dem Gouverneur, diversen hohen Beamten und Polizeichefs, als auch mit den Ärmsten der Armen angefreundet. Dabei half ihm sicher auch sein arabisches Aussehen mit dunklem Schnauzbart und dunklen Haaren, abgerundet mit dem um Kopf oder Schultern gewickelten traditionellen Arabertuch. Sein Arabisch war fast akzentfrei und er konnte auch ***Fus`ha***[32].

31 Bewohner des Hadramaut

32 arabische Schriftsprache

Wenn er in der Stadt auftauchte, tönte ihm von vielen Seiten ein freundliches „*Salaam aleykum*, Abu Daoud!", entgegen.

Dieser Ehrenname *Abu Daoud* – „Vater des David" – war ihm von den Nachbarn verliehen worden. Chris war immer wieder selbst erstaunt, wie viele Menschen ihn doch kannten! Nun, so langsam merkte auch er, dass man sich als Westler in Mukalla wie ein Fisch im Aquarium fühlte. Wir wurden auf Schritt und Tritt genauestens beobachtet. Die Buschtrommeln funktionierten in der Wüste augenscheinlich noch einwandfrei. Die Einheimischen brachten uns Dankbarkeit und Respekt entgegen, denn sie wussten, dass wir freundlich und umgänglich waren. Man erkannte unsere Gottesfurcht an, auch wenn die Einheimischen wussten, dass unser Glaubensbekenntnis anders war als die landesübliche Religion. Achtung und Zuneigung waren das Ergebnis für unsere Bemühungen, uns an die arabische Kultur anzupassen.

***

Das Telefon klingelte. Als ich abnahm, hörte ich Chatijas verzweifelte Stimme: „Sinan stirbt!!! Er stirbt!"

„Keine Panik, wir fahren ins Krankenhaus!", antwortete ich, sauste bereits die Treppe hinunter und schnappte im Vorbeiflitzen einen schwarzen *Balto* und ein Kopftuch, das ich mir schnell umband.

Der kleine Sinan war ganz blau – ein Pseudokruppanfall, wie ich auf den ersten Blick erkannte, denn einer unserer Söhne hatte früher in Deutschland zweimal schlimme Anfälle gehabt.

Chris brachte Mohammed und seine völlig panische Frau Chatija mit dem kleinen Patienten unverzüglich ins Hospital. Währenddessen nahm ich ihre Kinder mit zu uns. Bevor sie zusammen spielten, betete ich mit unseren Jungs für das Leben und die Gesundheit des Säuglings. Unsere drei Nachbarsjungen beobachteten uns mit offenem Mund. Für sie war es neu, dass man ohne Waschungen und ohne spezielle Riten so einfach mit Gott reden konnte. Als Chris später vom Krankenhaus wieder heim kam, berichtete er erregt:

„Es war gerade noch rechtzeitig! Zum Glück kam gleich ein Arzt und schob Sinan einen Tubus in den Hals, bevor der Kehlkopf völlig zugeschwollen war. Dann wurde ihm ein Medikament gespritzt und er bekam Sauerstoff. Chatija weinte hysterisch, weil ihr erstgeborener Sohn wohl daran gestorben war. Sie kamen damals nicht mehr rechtzeitig im Krankenhaus an."

„Früher gab es in dieser Gegend noch kein Telefon, und niemand in der ganzen Nachbarschaft hatte ein Auto", warf David ein.

Wir waren so dankbar, die Rettung dieses Einjährigen war eine Gebetserhörung – und das vor den Augen unserer muslimischen Nachbarskinder. Nun wurde ich von meiner Freundin Chatija öfters mit nach Mukalla zu ihrer Familie genommen, dort stolz präsentiert und ebenso von den Verwandten in die Familie aufgenommen. So hatte ich schon bald auch mit den Schwestern und Schwägerinnen ein herzliches Verhältnis.

Es gab immer wieder auch Gespräche zwischen uns beiden Freundinnen über unseren Glauben und die auseinandergehenden Ansichten dazu. Aber trotzdem respektierten wir einander und hörten uns zu. Streitgespräche versuchte ich zu vermeiden. Stattdessen stellte ich manchmal vorsichtige Fragen, ohne den Islam schlecht zu machen.

„Was glaubst du, was passiert nach dem Tod?“

„Warum will Allah, dass Menschen als Selbstmordattentäter für seine Ziele sterben? Könnte er die nicht selbst ohne Blutvergießen erreichen? Warum müssen Menschen für ihn sterben?“

Diese Gespräche von uns beiden gegensätzlichen Frauen verliefen ruhig und ohne dass wir unsere Zuneigung füreinander verloren. Chatijas Schwester Alia hingegen war gerade fertig mit ihrem Islamstudium. Sie war eine gelehrte Fundamentalistin und versuchte mit vielen Argumenten und rezitierten Koranversen, mich Ungläubige vom „rechten Glauben“ zu überzeugen. Doch schon bald merkten beide, Chatija und Alia, dass ich ein hoffnungsloser Fall war und resistent gegen alle Überzeugungsversuche schien. So wurde es zum ungeschriebenen Gesetz und stillschweigenden Übereinkommen, dass wir nicht mehr über Religion sprachen. Wir kannten die religiösen Standpunkte der anderen.

Trotzdem konnte ich bei manchen Themen, beispielsweise wenn es um die Kindererziehung ging, ganz natürlich einfließen lassen, wie ich betete, um mit Problemen zurechtzukommen oder wie mir sonst mein Glaube half. Dabei vermied ich religiöse Streitgespräche.

Kapitel 23

Abenteuer mit Oma und qatkauendem Engel

Kurz vor der Sommerpause, im Juni 2002, erfuhren wir, dass der Hauptsponsor des Entwicklungshilfeprojektes seine komplette finanzielle Unterstützung mit sofortiger Wirkung zurückzog. Dadurch geriet das ganze Projekt und seine Weiterführung in eine Krise.

Schariifa bekam derweil ihr zweites Kind, ein Lichtstrahl in dieser schwierigen Zeit! Es war ein fröhliches dunkelhäutiges Mädchen namens Rania. Leider war ihr Mann Sultan viel weg.

Die Teamleiterfamilie verließ uns wegen ihres Sprachstudiums in der Hauptstadt. Zur selben Zeit bereiteten sich unsere Freunde, die Webers, auf ihr neues Projekt in einer weit entfernten Gegend vor. Auch sie waren oft abwesend. Sie suchten vor Ort nach einer Wohnung und wollten dort neue Beziehungen knüpfen.

Chris und ich hatten jetzt die Hauptverantwortung für alle Projekte in den umliegenden Dörfern. Wir konnten trotz des akuten Geldmangels nicht einfach alles abbrechen.

Die liebenswerten Bewohner dieser Dörfer verließen sich auf die Versprechungen, die unser Team gemacht hatte.

Ein Highlight war, dass die Oma unserer Jungs in diesem Sommer zu Besuch kam. Sie freute sich natürlich besonders, ihren jüngsten Enkel Tim, der inzwischen fünf Monate alt war, endlich kennenzulernen. Die beiden waren schnell ein Herz und eine Seele. Auch die Großen freuten sich sehr über ihre Oma, die immer gerne mit ihnen Karten, Mühle und Dame spielte.

Eines Tages besuchten wir alle gemeinsam eine Beduinenfamilie aus einer der Siedlungen, die wir betreuten. Das war natürlich ein Sprung ins kalte Wasser für die angereiste Großmama, die von arabischer Sprache und orientalischer Kultur nicht viel verstand. Aber sie wurde gut eingewiesen und bekam neben der landestypischen Kleidung (einem obligatorischen schwarzen Mantel, der den Körper bis zu den Knöcheln sittsam verhüllt, und einem Kopftuch für die Haare) auch noch Verhaltensregeln und Spracheinweisung mit auf den Weg.

„Du musst immer freundlich lächeln. Bei der Begrüßung sagst du einfach *Salaam aleykum!* und küsst die Frauen erst auf die linke Wange, dann rechts und dann noch einmal links!"

„Muss das denn sein, mit dem Küssen?", fragte Oma dazwischen.

„Ja! Das macht man hier so. Dann lächelst du wieder, und wenn sie dich fragen *Keif haalik?*[33], dann sagst du einfach: *Ilhamdulillah*[34]. Wir üben das zusammen. Du musst unbe-

33 Wie geht es dir?

34 Gott sei Dank!

dingt immer darauf bedacht sein, dass du freundlich lächelst! Es ist wirklich wichtig, auf deine Mimik zu achten. Diese Menschen sind zwar Analphabeten, aber sie sind sehr intelligent und große Menschenkenner. Außerdem sind sie Meister im Mimik lesen!"

Im Projektgebiet angekommen, wurden wir von unseren Beduinenfreunden Amer und Mariam herzlich in Empfang genommen. Erinnerungen an den unvergesslichen Besuch zu meinem Geburtstag kürzlich, als David so krank gewesen war, kamen in mir hoch. Heute saßen wir gemütlich beisammen im Sand und schwatzten. Nachdem Oma heißen Tee mit viel Zucker aus einer Blechtasse geschlürft und etwas Einblick in die Gastfreundschaft der Jemeniten bekommen hatte, freute sie sich schon wieder auf die Heimfahrt. Doch so schnell sollte es noch nicht wieder ruhig und behaglich werden. Amer und Mariam wollten nämlich die Möglichkeit nutzen, mit Chris im Auto zurückzufahren, um einen kranken Verwandten im Krankenhaus zu besuchen. Auf diese Weise konnten sie sich das Reisegeld nach Mukalla sparen und gleich noch zur Bezahlung der Arztrechnung eine Ziege mitnehmen. Sie hoben flink das gehörnte Huftier hoch und steckten es kurzerhand in den Kofferraum unseres Pajeros. Dann legten sie etwas Heu zu Füßen der Ziege und setzten sich gemeinsam neben den Fahrer auf den Beifahrersitz.

Oma, die drei Kinder und ich saßen auf dem Rücksitz. Der Kopf des Tieres, das neugierig über die Rückenlehnen hinweg in das Innere des Wagens lugte, war genau auf Augenhöhe mit Oma. Es meckerte laut und freundlich und zeigte besonders unserem Gast viel Zuneigung, indem es eifrig, hingebungsvoll und sabbernd an ihrem Kopftuch herumknabberte, während Oma immer wieder entsetzt jammerte.

„Hilfe! Die stinkt und sie knabbert mich an!"

Chris und ich wollten vor der Heimfahrt noch kurz zu einer abgelegenen Siedlung fahren. Doch dann kamen wir auf einmal nicht mehr weiter. Wir steckten im Sand fest. „Das ist die Chance!", dachte sich das Tier, hüpfte flink über den Rücksitz mit Zwischenlandung auf Omas Schoß, der ein gutes Trampolin abgab, über die quietschende Großmama hinweg zum offenen Beifahrerfenster hinaus. Ich musste mich beherrschen, nicht laut loszuprusten. Ein Blickwechsel mit Chris genügte, um mir zu zeigen, dass es ihm nicht anders ging.

Während die Männer versuchten, die Räder aus dem Sand zu buddeln, jagten Mariam und ich mit den Kindern im Zickzack der meckernden Ziege hinterher und versuchten, sie wieder einzufangen. Oma blieb mit dem kleinen Tim im Auto, dankbar, dass dieses stinkende Huftier ihr etwas Zeit zum Verschnaufen ließ. Sie hoffte inständig, jedoch natürlich nicht ganz selbstlos, dass diese Ziege ihre Freiheit behalten durfte und sie ihr nicht länger zum Fraße fiel.

Es war für Mariam, die Kinder und mich wirklich nicht einfach, der freiheitsliebenden Geiß habhaft zu werden! Bevor man sie packen konnte, war sie schon wieder davon gesprungen. Anscheinend hatte sie keine Lust auf die Landeshauptstadt Mukalla, und schon gar nicht auf ihre Schlachtung! So verging die Zeit wie im Flug, und die Sonne war inzwischen schon am Untergehen.

„Schade! Jetzt können wir doch nicht mehr zur Siedlung, es ist gleich zu dunkel und da wäre es auf diesem unbefestigten Pfad durch den lockeren Sand zu gefährlich!", meinte Chris.

Immer noch erfreute sich die Geiß ihrer Freiheit. Nun setzte Chris dem Vergnügen aber ein abruptes Ende.

„Wir müssen jetzt los, weil es dunkel wird. Entweder ihr fahrt ohne Ziege mit, oder ihr bleibt diesmal hier.", rief er.

Aber gerade in diesem Moment hatte Mariam die Geiß an den Hörnern geschnappt und zerrte sie unsanft zum Auto. Sie öffnete schnell den Kofferraum und bugsierte das bockige Tier zum Entsetzen von Oma wieder in das Fahrzeug, während Chris mit den freigeschaufelten Reifen vorsichtig losfuhr.

„Wenigstens ist es nur eine!", bemerkte er grinsend, zwinkerte Oma zu und konzentrierte sich wieder aufs Fahren.

Alle, die mitfahren wollten, flitzten flink in den anrollenden Wagen. Vermutlich wird Oma diese einstündige Fahrt nach Mukalla mit der anhänglichen und zärtlichen Geiß nie wieder vergessen!

Endlich am Krankenhaus angekommen, luden wir unsere Mitfahrgäste mitsamt ihrer laut meckernden Ziege erleichtert aus. Nachdem sich Mensch und Tier wortreich von uns verabschiedet hatten, stöhnte Oma aus tiefstem Herzen:

„Gott sei Dank ist dieses Tier jetzt fort!"

David tippte Oma auf die Schulter. „Aber Oma, denk doch, dass das arme Tier bald geschlachtet wird. Nun hat es wenigstens die letzte Stunde seines Lebens noch fröhlich genießen können!" bemerkte er.

Jetzt war es um meine Fassung geschehen. Ich prustete los, und Chris liefen ebenfalls die Tränen übers Gesicht vor Lachen. Oma lächelte.

***

Einige Tage später fuhren wir wieder zusammen durchs Land. Wir wollten unserer Besucherin noch einige wichtige Sehenswürdigkeiten zeigen. Die erste Station sollte das Baptist Hospital in Jibla sein, das einzige christliche Krankenhaus im Land. Auch Oma bemerkte den krassen Gegensatz zwischen dem grünen Norden des Landes und der Wüste im Tal des Todes bei Mukalla, wo wir nun seit zweieinhalb Jahren wohnten.

Nachdem wir Jibla wieder verlassen hatten, ging es Richtung Hauptstadt, von wo aus Oma wieder losfliegen sollte. Unser Pajero klang kränklich, er spuckte und hustete schon gleich bei der Abfahrt von Jibla. Deshalb machten wir einen Zwischenstopp und ließen den Wagen noch einmal in einer Werkstatt in Ibb überprüfen. Die Mechaniker fanden eine defekte Stelle, die sie sofort reparieren konnten. So setzten wir unsere Reise auf der Serpentinenstraße Richtung Sanaa fort. In einer engen, steil ansteigenden Rechtskurve des 2850 Meter hohen Sumaara-Passes überholte Chris gerade einen Lastwagen. Als unser vollbesetzter Wagen sich auf der Überholspur befand, fiel plötzlich der Motor aus. Chris drehte den Schlüssel im Anlasser, doch es krächzte nur. Das Auto sprang nicht mehr an. Ausgerechnet auf der falschen Seite der steilen Serpentine!

„Martin, jetzt musst du beten!“, meinte Oma.

Auch sie und ich begannen, in dieser gefährlichen Situation laut zu beten. Wenn von oben Gegenverkehr käme, würde der Fahrer uns wegen der engen Kurven erst sehr spät wahrnehmen und ein Unfall wäre vorprogrammiert, weil im Jemen leider nur sehr wenige Bremsen richtig funktionieren. Chris versuchte währenddessen, das Auto mithilfe der Kupplung zurückrollen zu lassen, um auf die richtige Straßenseite zu gelangen.

Aber das war gar nicht so einfach, weil die Gänge sich nicht mehr einlegen ließen. Die Kinder waren unruhig, sie spürten die angespannte Atmosphäre. Chris war auch nervös, er wusste, dass die Busse, Lieferwagen, Autos und Lastwagen normalerweise hier sehr schnell herunter fuhren. Warum sonst lagen verschiedene Fahrzeuge abgestürzt unterhalb unserer Klippe.

„Ihr müsst beten!", drängte er jetzt.

„Bitte schicke du doch einen Engel!", betete Martin vertrauensvoll.

Inzwischen hatte Chris das Auto ganz außen an der Leitplanke auf der rechten Straßenseite abstellen können und stieg aus.

„Es ist hier ziemlich steil. Ich will versuchen, etwas unterzulegen, damit der Wagen nicht versehentlich zurückrollt!", rief er, während er geschwind etwas geeignetes suchte.

Bald hatte er einen Felsblock gefunden und legte ihn unter den Hinterreifen. Danach hastete er schnell die Straße hoch und stellte vorsichtshalber dort ein Warndreieck auf.

Wir blieben im Auto, um vor der Gluthitze geschützt zu sein.

„Achtung, von unten kommt ein Lastwagen!", rief Chris auf einmal und fuchtelte mit den Armen, damit der Fahrer auf die vor ihm liegende Gefahr aufmerksam wurde, während wir Frauen eifrig um Schutz und Hilfe beteten.

Erstaunlicherweise hielt der freundliche grauhaarige Jemenit an und fragte mit einer dicken, mit *Qat* gefüllten Hamsterbacke, die aussah, als habe er einen Tennisball im Mund: „Was habt ihr denn für ein Problem?"

Chris erklärte es ihm und der Mann fuhr ohne Kommentar vor den Pajero, kramte irgendwo ein Abschleppseil heraus und knotete es zuerst an unserem Fahrzeug und dann an seinem alten Mercedes-Lastwagen fest.

„Einsteigen!", ordnete er an und versuchte, sein Vehikel wieder in Gang zu bringen.

Chris setzte sich ans Steuer unseres Autos, die Gangschaltung war im Leerlauf. Er hatte so seine Bedenken und zweifelte am Erfolg des Vorhabens.

„Ich glaube nicht, dass er es schafft, mit unserer schweren Last und dem dünnen Seil so steil bergauf zu fahren. Außerdem sind es noch mindestens 20 Kilometer bis auf die Passhöhe bei dreißigprozentiger Steigung."

Doch heute sollte er nicht Recht behalten, denn mit einem kleinen heulenden Geräusch kam der offensichtlich frachtlose Lastwagen in Gang. Jetzt spannte sich das Seil und riss … nicht! Dann gab es einen kleinen Ruck, plötzlich wurde das Auto mitsamt uns Insassen in Bewegung gesetzt und langsam aber stetig den Berg hochgeschleppt.

„Juhu wir fahren!", riefen die Kinder aufgeregt, und auch wir Erwachsenen staunten und freuten uns über dieses Wunder.

Natürlich hätte man bei diesem Zeitlupentempo fast nebenherlaufen können, aber wir konnten alle unser Glück kaum fassen. Wir sangen lauthals im Chor: „Danke, mein Vater!“ und freuten uns.

Nach gefühlten Stunden gelangten wir endlich glücklich auf die fast 3000 Meter hohe Passhöhe.

„Willst du ihm nicht etwas Geld geben? Er hat uns hier hochgeschleppt und viel Zeit verloren!“, fragte ich Chris.

„Nein, das würde er nicht annehmen. Die Jemeniten sind sehr hilfsbereit und helfen gerne. Wenn wir ihm Geld geben, würde es seine Ehre verletzen.“, antwortete Chris.

„Schenke ihm doch zum Dank ein *Injil*[35]!“, rief der achtjährige David aufgeregt vom hinteren Sitz.

„Ja, das ist eine geniale Idee, und da haben wir noch Cola!“, fügte Martin hinzu.

„Wo ist er denn überhaupt? Gerade war er doch noch neben uns und jetzt ist von ihm und seinem Lastwagen weit und breit nichts mehr zu sehen.“

Wir fragten die Leute an der Tankstelle, doch niemand hatte einen Lastwagen gesehen. Es gab keine Spur von ihm.

„Er war wohl ein Engel – unser *Qat* kauender Engel!“, lachte Martin.

Für unsere Jungs gab es keinerlei Zweifel, dass Engel existierten!

35 Neues Testament auf Arabisch

Kapitel 24

Zusammenstoss mit der Polizei

Während David und Martin zusammen mit Webers Kindern in unserer Heimschule von Lehrer Peter unterrichtet wurden, wollte ich mit Tim in unserem Auto nach Mukalla fahren: Die entwickelten Fotos mussten bei Kodak und die Post vom Hauptpostamt abgeholt werden. Wir warteten auf wichtige Post aus Deutschland: Die korrigierten Tests von David waren seit Wochen unterwegs von der Fernschule in Hamburg. In den nächsten Tagen würden alle Schalter geschlossen sein, weil das große Schlachtfest bevorstand. Heute war die letzte Möglichkeit, um diese Dinge zu erledigen. Ich hatte gerade noch eine gute Stunde, bis die Schule beendet war und meine Kinder hungrig heimkamen. Ich war dankbar, dass mein Mann heute mit dem Land Cruiser ins Projektgebiet gefahren war und mir den Pajero dagelassen hatte. Die Sonne strahlte unbarmherzig vom stahlblauen Himmel und die Klimaanlage ging wieder einmal nicht. Ich schwitzte; normalerweise vermied ich es, um diese Zeit in die 20 Kilometer weit entfernte Stadt Mukalla zu fahren.

Mein Jüngster freute sich – wie immer, wenn er Auto fahren durfte – und saß fröhlich vor sich hin brabbelnd in seinem Kindersitz hinter mir. Ihm schien die Hitze nichts auszumachen, er war ein unkompliziertes humorvolles Kleinkind, eben ein Jemenit. So konnte ich meinen Gedanken nachhängen und frohgemut vor mich hinsingen.

Es war heute schon Festtagsstimmung und viele machten die letzten obligatorischen Pflichteinkäufe vor den großen Feierlichkeiten. Jeder musste Süßigkeiten als Geschenk bei den vorgeschriebenen Verwandtschaftsbesuchen mitbringen, alle Töchter mussten ein neues Kleid und die Söhne je ein Hemd und eine Hose bekommen. Das war absolut obligatorisch, selbst wenn dann kein Geld mehr fürs Essen übrig war. Es geht schließlich nichts übers Image und die Tradition. Selbst für die Ärmsten der Armen war dies Ehrensache. Oft musste das dafür notwendige Geld zuvor vom Munde abgespart werden.

In der Stadt war ein unbeschreibliches Gewühl. Das hätte ich bedenken müssen, als ich mich auf den Weg machte!

Plötzlich gab es einen lauter Knall wie aus einem Gewehr und das Auto wackelte gewaltig. Tim fing an, erschrocken zu weinen, mein Puls raste. Dann realisierte ich, dass ein blaues Polizeiauto links hinten mit meinem Auto verkeilt war. Das Herz rutschte mir in die Sandalen, denn ich wusste natürlich, dass die Polizei in dieser Männerkultur immer im Recht war. Ich stand bereits auf der Verliererseite. Eine Frau, besonders eine Auto fahrende Frau, betrachteten viele als verdächtiges Objekt. Außer uns Teamfrauen gab es keine Autofahrerinnen im Tal des Todes!

„Was war geschehen?“, fragte ich mich verdutzt.

Schnell schaute ich nach unserem Jüngsten, um mich zu vergewissern, dass er heil und unverletzt war. Er lachte schon wieder, als ich ein paar liebevolle Worte zu ihm sagte und ihm seinen Teddy in den Arm drückte. Sein Optimismus war herzerfrischend und ich lächelte erleichtert. Langsam und zaudernd stieg ich aus. War ich vielleicht abgelenkt, weil in der zweispurigen Rechtskurve, in der ich gerade fuhr, viel Verkehr war? Ein Bus versuchte zu überholen, während viele Fußgänger die befahrene Hauptstraße hier überquerten. Ein Eselskarren stand direkt in der Kurve. Zwei Meter daneben auf der Fußgängerallee am Strand pries jemand sein mit Blumengirlanden geschmücktes Pferd für Fotos an.

Ich konnte mir immer noch nicht erklären, was eigentlich passiert war, weil ich auf einer Einbahnstraße gefahren war! Die Gegenspur, ebenfalls eine Einbahnstraße, machte an dieser Stelle einen Bogen auf die andere Seite. Es gab hier bisher gar keine Straße, die von links kam. Daher hatte ich auch nicht auf diese Seite geachtet.

Überrascht bemerkte ich, dass mich plötzlich ein großer Menschenpulk umgab. Ich stand im Zentrum der Aufmerksamkeit. „So muss es sich anfühlen, wenn man ein Filmstar ist", dachte ich für einen Augenblick.

Obwohl ich normalerweise nicht menschenscheu bin, war dies doch ein peinlicher Auftritt für mich Ausländerin. Gewöhnlich waren die Jemeniten uns gegenüber sehr freundlich und wohlwollend. Heute aber stachelten sie sich gegenseitig auf: Eine Frau am Steuer, das musste natürlich Unglück bringen, das konnte ja gar nicht gutgehen! Viele der einheimischen Männer konnten sich keinen Führerschein leisten und für die einfachen, armen Menschen war es wirklich unvorstellbar, dass eine Frau, die doch ins Haus und in die Küche gehörte, Auto fahren konnte!

Ich erinnerte mich innerlich schmunzelnd an unsere Anfangszeit. Als wir gerade hier angekommen waren, hatte ich bei einer meiner ersten Fahrten eine seltsame Szene erlebt: Gerade hatte ich aus der Sandstraße, in der wir wohnten, auf die Hauptstraße rechts abbiegen wollen. In diesem Moment war ein Einheimischer nach seinem Mittagsgebet aus der Moschee gekommen und hatte vor mir die Straße überqueren wollen. Da hatte er realisiert, dass an unserem Auto etwas außergewöhnlich und absonderlich war: eine Frau - am Steuer! Stutzig und verwirrt war er mitten auf der Straße stehen geblieben und hatte den Mund erstaunt aufgesperrt.

Als er sich wieder gefasst hatte, hatte er entsetzt gerufen: „*Hurma bitsuuq, hurma bitsuuq sayaara!*[36]"

Geistesgegenwärtig hatte ich schnell einen großen Bogen um den Geschockten gemacht und ihm freundlich zugenickt. Der Schalk hatte mir aus den Augen geblitzt und ich hatte versucht, ein Grinsen zu unterdrücken. Natürlich hatte ich weiteres Aufheben und Herzinfarkte vermeiden wollen.

Es war hier wirklich aufsehenerregend, wenn eine Frau am Steuer eines Autos saß. Autofahren wäre allerdings für einheimische Frauen wegen ihres obligatorischen Gesichtsschleiers auch gefährlich!

Mit der Zeit hatten sich die meisten Menschen jedoch daran gewöhnt, dass es hier auch Autofahrer*innen* gab.

Inzwischen war der wohlbeleibte, schwitzende Fahrer des Polizeiautos ausgestiegen. Der Motor lief noch und verbreitete einen unangenehmen Benzingestank. Der Glatzkopf

36 Eine Frau fährt Auto!

tat sein Übriges dazu, mir und der aufgebrachten Menge zu suggerieren, dass ich, die weiße Fahrerin, an dem Unfall schuldig war. Er schickte einfach seinen Beifahrer und die beiden hinten sitzenden Uniformierten kurzerhand mit dem nächsten vorbeifahrenden Auto weg. Auch die anderen potentiellen Augenzeugen versuchte er mit wedelnden Armen und lautem Gebrüll zu verscheuchen. Kurze Zeit später tauchte ein zweiter Polizeiwagen auf und die hinzugekommenen Beamten halfen ihm dabei, den Menschenauflauf zu zerstreuen. Mich hellhäutige ausländische Frau würdigte der übelriechende Polizist keines Blickes und ignorierte auch meine Frage.

„*Aisch ilmuschkila?*“[37]

Gerissen versteckte er sich dabei hinter einem der Gesetze im Islam, dass ein anständiger Mann nicht mit einer ihm fremden Frau sprechen darf. Langsam fühlte ich, wie sich Verzweiflung in mir breitmachen wollte. Siedend heiß wurde mir auch noch bewusst, dass mein Mann heute in den unerreichbar weit abgelegenen Projektdörfern war, wo es bedauerlicherweise kein Telefon gab. Auf seine Hilfe konnte ich also nicht hoffen. So ermahnte ich mich zur Ruhe und erinnerte mich selbst daran, dass ich ja gar nicht allein war. Gleich fühlte ich mich getröstet und ein übernatürlicher Friede verscheuchte die Furchtsamkeit und Bestürzung, die mich gerade noch zu überwältigen gedroht hatten.

Endlich nach längerem Zögern ließ der aufgedunsene Beamte, dessen Knöpfe an der Uniform über seinem Wanst fast nicht mehr zugingen, sich dazu herab, mir seine Befehle zu erteilen:

---

37 Was ist (eigentlich) das Problem?

„Geben Sie Ihren Führerschein her! Folgen Sie uns zum Polizeirevier!“

Er sprach Arabisch. Also hatte er anscheinend doch erfasst, dass ich die Sprache beherrschte und war offensichtlich nicht in der Lage, auf Englisch zu kommunizieren.

„Ich muss zuerst noch aufs Postamt“, versuchte ich erfolglos mein Ziel zu erreichen, indem ich Tim fest an mich presste.

Es war doch nur 60 Meter entfernt! Das Polizeirevier befand sich indessen in der anderen Richtung, fünf Kilometer außerhalb der Stadt! Doch der Uniformierte winkte ab.

„Sie folgen uns!“, schnauzte er an mir vorbei schauend.

Dann stieg er ein, klemmte seinen dicken Bauch hinters Steuer, löste die Handbremse, legte den Rückwärtsgang ein und wollte seinen stark zerbeulten Wagen zurücksetzen. Doch das war gar nicht so einfach und es krachte und quietschte beängstigend, als er das verkeilte Autoknäuel löste.

Ich musste erst ein Stück in die Gegenrichtung bis zum Kreisverkehr vorfahren, wo sich meine Ziele, Post und Kodak-Geschäft, befanden. Auf der Einbahnstraße durfte man nicht wenden. Immer noch überlegte ich, ob ich schnell unter dem Vorwand, nichts verstanden zu haben, meine Sachen holen sollte, aber erfahrungsgemäß dauerte hier immer alles länger als man denkt. Außerdem war weit und breit kein Parkplatz. Also gab ich zähneknirschend meine Pläne auf und fuhr um den Kreisel in die Richtung, aus der ich gekommen war. An der Unfallstelle wartete schon mein Gegner mit seinem eingedrückten Auto, schaltete das Blaulicht an und fuhr los. Natürlich konnte ich wegen der übertriebenen Geltungssucht des uniformierten Mannes ein Grinsen nicht unterdrücken und folgte ihm möglichst unauffällig. Als ich am Revier ankam, war der Dicke schon spurlos mit meinem Führerschein verschwunden. Deshalb wartete ich am Auto auf weitere Anweisungen. Natürlich war es für die Beamten eine nette Abwechslung, denn Frauen gab es hier selten zu sehen, noch dazu eine so exotische, die zwar ihr Haar verschleiert hatte und einen sittsamen, weiten schwarzen *Balto* trug, aber immerhin konnte man das Gesicht und die hellen Hände und Fußfesseln betrachten.

Es war heiß in der Sonne und dummerweise hatte ich gerade heute keine Wasserflasche dabei. Die Zeit zog sich hin und nichts geschah. Ob gerade Gebetszeit oder Mittagessen war? Jetzt begann auch noch mein Kind zu weinen. Ich war angespannt, denn ich wollte Tim schließlich nicht hier vor den neugierigen Blicken der Männer stillen.

„Ich muss jetzt nach Hause. Meine Kinder haben Hunger, sie stehen vielleicht schon vor der Tür. Wollt ihr, dass sie hungrig sind? Sie brauchen ihre Mutter.", informierte ich die herumstehenden Beamten.

Das verstanden die Polizisten: Eine Mutter gehört zu den Kindern und eine Frau an den Herd. Und außerdem könnte ich dort auch keinen Schaden anrichten!

„Sie können gehen, aber den Führerschein und das Fahrzeug müssen Sie hierlassen!"

„Den Führerschein kann ich zwar da lassen, aber mein Auto brauche ich selbst. Wie stellen Sie sich das denn vor? Wie soll ich überhaupt von hier zu unserem Haus kommen, das sind 25 Kilometer. Außerdem würde mein Mann schimpfen, wenn ich ohne Auto heimkomme!"

Natürlich wusste ich inzwischen, dass man als Frau immer den Mann vorschieben konnte und dass dies respektiert werden musste, denn eine Frau hatte nichts zu sagen. Und wie erwartet, reagierten die galanten Beamten mit der freundlichen Erlaubnis, dass ich das Auto mitnehmen durfte. Allerdings kam der Polizeipräsident in diesem Moment herunter und äußerte freundlich noch seine Bedingung:

„Schicken Sie morgen bitte Ihren Mann, wir haben ein Polizeifest und da brauchen wir noch einen ausländischen Vorzeigebesuch für die Presse. Bei dieser Gelegenheit können wir die Angelegenheit regeln."

Bevor die Beamten es sich doch noch anders überlegen konnten, setzte ich mich schnell in unseren Wagen, der kaum einen Kratzer abbekommen hatte, und fuhr los – mich ständig im Rückspiegel versichernd, dass mir niemand folgte. Wie war ich erleichtert, als ich erschöpft und hungrig endlich zu Hause ankam.

Während ich das Essen kochte, erzählte ich meinen beiden Großen von meinem Erlebnis.

„O Mama, warum durften wir nicht mit? Immer müssen wir in die langweilige Schule und du erlebst tolle Abenteuer!", schmollten sie.

Dass ich gerne mit ihnen getauscht hätte, glaubte mir weder Martin noch David.

Zum Trost durften die beiden Großen dann aber am nächsten Tag mit ihrem Papa mit zum Revier fahren. Wer hätte geahnt, dass mein Held, Chris, als Ehrengast auf der Tribüne neben dem Polizeipräsidenten sitzen, sich mit ihm von der Presse fotografieren lassen, Cola und Tee trinken musste.

Währenddessen machte er es sich zur Aufgabe, nebenher den Chef des Präsidiums zu überzeugen, dass seine Frau an dieser Stelle, wo der Unfall gestern geschehen war, gar keinen Fehler gemacht haben konnte und der Unfallverursacher der dicke, rangniedrige Polizist gewesen war, der gegen die Einbahnstraßenregelung verstoßen hatte! Nach dem Fest hatte Chris weitere „beste Freunde" bei der Polizei gefunden, was ihm später noch zugutekommen sollte. Den jemenitischen Führerschein seiner Frau hatte er ohne weiteres zurückbekommen und war sehr mit sich zufrieden! Es war doch alles ganz einfach, wenn … Ja, wenn man eben in dieser Männergesellschaft ein Mann war, hatte man Privilegien! Aber das konnte mein Ehemann nicht so richtig verstehen, was es bedeutete, (hier) eine Frau zu sein!

Siegesgewiss überreichte er mir zu Hause meine Fahrerlaubnis und grinste. Auch die Jungs waren zufrieden, denn sie hatten heute so viel Cola trinken dürfen, wie sie wollten.

***

Einige Zeit später erlebte ich dann noch etwas Ermutigendes mit einem netten Polizisten. Ich hatte es wieder einmal eilig, denn ich wollte noch schnell beim Schneider ein Kleid abholen. Es gab viele Autos und weit und breit keinen Parkplatz. Ich stellte den Wagen, der ja inzwischen schon überall bekannt war, in einer sehr breiten Innenkurve ab und stieg flink aus. Sorgfältig vergewisserte ich mich, ob ich alles dabei hatte und wollte gerade losstürmen, als ein hochgewachsener, hemdsärmeliger Polizist in blauer Uniform vor mir stand. Er bedeutete mir freundlich schmunzelnd, dass hier Parkverbot sei. Vermutlich meinte er, dass eine ausländische Frau kein Arabisch verstand. Überrascht stutzte er, als diese hellhäutige Ausländerin in fließendem Arabisch antwortete.

„O ja, ich weiß, aber es gibt keinen Parkplatz! Ich muss nur ganz schnell was besorgen, ich bin in fünf Minuten wieder da! Ach und übrigens“, fuhr ich dann fort, als ich seinen Blick aufs geöffnete Fenster bemerkte: „Sie sehen ja, dass die Fenster auf der linken Seite offen sind, die elektrische Schließfunktion ist kaputt. Ich kann das Auto nicht abschließen. Wenn Sie schon gerade da sind, wären Sie bitte so freundlich, und würden auf das Auto aufpassen?“

Er lächelte liebenswürdig; schnell machte ich mich auf den Weg. Doch hier gab es so viele Nebensträßchen und ich irrte durch die Gassen, es dauerte eine Weile, bis ich den richtigen Laden gefunden hatte. Aber, o weh! Die Kundin vor mir schien sich ein Hochzeitskleid nähen lassen zu wollen und es gab ein langes Palaver über den Schnitt und die Accessoires. Wenn ich das gewusst hätte! Doch als ich gerade ungeduldig den Laden verlassen wollte, kam ich doch noch dran.

„Oh, das Kleid ist noch nicht ganz fertig, es dauert aber nur zwei Minuten.“

„Nun kommt es wohl auf diese zwei Minuten auch nicht mehr an, nachdem ich schon so lange gewartet habe. Der Polizist ist sicher schon längst verschwunden.“, dachte ich und wartete.

Natürlich wurde aus den zwei Minuten fast eine halbe Stunde, ich hätte es eigentlich wissen müssen! Total verlegen kam ich nach fast einer Stunde zurück zum Auto und staunte nicht schlecht, dass der uniformierte Gentleman es sich auf meiner Fronthaube liegend gemütlich gemacht hatte, den Kopf an die Scheibe gelehnt, und so mein Auto mit Argusaugen bewachte. Als ich mich bei dem jungen Wächter entschuldigen wollte, lächelte er mich mit seinen strahlendweißen Zähnen gutmütig an, hüpfte von seinem Platz herunter und sagte:

„*Misch Muschkila*![38] Hier dauert alles etwas länger."

Dankbar erwiderte ich sein Lächeln.

„Die Polizei, dein Freund und Helfer!", murmelte ich auf Deutsch lachend vor mich hin, stieg ein, schloss die Tür und startete routiniert den Motor.

Dann machte ich mich höflich winkend auf den Heimweg. Nun hatte auch ich einen Freund gewonnen, der jedes Mal, wenn er mich irgendwo sah, freundlich winkte.

---

38 Kein Problem!

KAPITEL 25

SCHARIIFAS TRÄUME

Eines Morgens kam Schariifa sehr verstört und noch viel später als sonst in unserem Haus an.

„Ich hatte einen furchtbaren Traum. Ich war in weiß gekleidet. Das bedeutet, dass jemand in meiner Familie sterben wird! Weiß ist die Farbe des Todes und der Trauer im Islam. Ich habe solche Angst! Ist es mein Sohn? Oder mein Vater weit weg in Afrika, den ich schon so viele Jahre nicht mehr gesehen habe?"

„Komm, setz dich erst mal und trinke etwas. Beruhige dich, und dann werden wir beten und Gott fragen, was er dir sagen möchte.", beruhigte ich sie.

Während wir beteten, kam ein tiefer Friede über uns beide Frauen.

„Du brauchst keine Angst zu haben, meine Liebe! In unserem Buch von Gott steht, dass wir weiße Kleider bekommen, wenn wir reingewaschen sind durch sein Blut. Als Zeichen der Erlösung werden uns diese weißen Kleider angezogen. Dein Traum bedeutet: Du gehörst zu Gottes Familie."

Schariifas Gesicht strahlte auf und sie lachte und hüpfte vor Freude. Sie war unbeschreiblich erleichtert, als ich ihr diese Bibelstelle vorlas.

Nach einigen Monaten wurde ein Haus direkt neben uns gebaut. Man konnte aus dem Küchenfenster die Geräusche der anderen Familie hören. Das neue Haus hatte, wie viele jemenitische Häuser, statt Glasfenstern Holzläden mit kleinen Löchern, die weder viel Luft noch Blicke von außen einließen.

Schariifa hatte eines Tages wieder einen Traum und erzählte mir am nächsten Tag, was sie geträumt hatte:

„Im Sommer, als ich in Eurem Haus ‚Wächterin' war, stand in meinem Traum eine Hochzeit im neuen Nachbarshaus bevor. Ich konnte durch die Gucklöcher die herrlichen Köstlichkeiten im Haus und ein wunderbares helles Licht herausstrahlen sehen. Das Wasser lief mir im Munde zusammen. Alle Frauen waren wunderschön geschmückt und hatten zu meiner Verwunderung wundervolle weiße Gewänder an. Dort wollte ich unbedingt dabei sein. Aber ich hatte kein passendes Hochzeitsgewand und wollte bei Chatija, deiner anderen Nachbarin, etwas zum Anziehen ausleihen. Chatija bedauerte hingegen, dass sie nichts Passendes hatte, bot mir aber ein schwarzes Gewand und alles Gold an, das sie besaß. Aber ich lehnte ab. Eine andere Freundin bot mir ein sauberes, frischgewaschenes rotes Festgewand an. Auch das lehnte ich ab. Schließlich ging ich zu einer weiteren Nachbarin. Diese zeigte mir ein schneeweißes Gewand, das allerdings bereits getragen und nicht frisch gewaschen war. Normalerweise trägt man ja kein ungewaschenes Kleid an einem Hochzeitsfest, aber ich nahm dieses Kleid und zog es an. Ich weiß selbst nicht, warum."

„Es könnte durchaus sein, dass die Nachbarn eines Tages auch zur Familie der Königskinder gehören. Denn in unserem Buch steht, dass sie alle mit weißen Gewändern eingekleidet sein werden. Diese Nachbarn reagieren im Moment sehr ablehnend und wollen offensichtlich keinen Kontakt mit uns Ausländern. Es ermutigt aber zum Hoffen und Beten. Es könnte aber auch umgekehrt ausgelegt werden, dass für die Menschen im Nachbarhaus der helle Schein und die Köstlichkeiten aus unserem Haus sichtbar und verlockend sind."

Nach einer Pause fuhr ich fort:

„Viel wichtiger ist aber deine Rolle, Schariifa. Du fühlst dich zu dem Fest hingezogen. Du willst mitfeiern. Aber der Islam will dich durch Gold undVersuchungen verführen und abhalten. Du fühlst dich hin - und hergerissen. Auf jeden Fall bist du eingeladen, du darfst dabei sein! Gott weiß, dass du noch unentschlossen bist. Die Farben der Kleider haben auch eine Bedeutung in unserem heiligen Buch. Die Farbe ‚rot' steht für Jesu Blut, ‚weiß' für Reinheit und ‚schwarz' für die Sünde."

Kapitel 26

Öltankerexplosion

6. Oktober 2002

Wir sorgten uns um die Zukunft des Projektes. Chris wollte nachhaltige Arbeit leisten, die unserem Glauben Ehre machte, auch wenn das manchmal mehr Anstrengung bedeutete und weniger Freizeit. Langfristige Projekte konnten nur durch gute Qualität gelingen. Außerdem mussten die Abmachungen mit der Regierung eingehalten werden, um die Überzeugungskraft nicht zu verlieren!

Chris musste an diesem Tag noch einmal für einige Tage in die Hauptstadt fliegen, um die neuen Regierungsverträge aufzusetzen und damit die Entwicklungsarbeit vor Ort weiterhin zu gewährleisten.

Die Kinder und ich waren allein zu Hause geblieben. Schariifa war heute unentschuldigt nicht zur Arbeit bei uns aufgetaucht. Ob sie wohl krank war? Martin war seit ein paar Wochen morgens immer in der arabischen Schule. David und unsere neue Lernhelferin Sabine sowie die anderen Schulkinder und Hanna, die Lernhelferin von Familie Weber, waren unten in den Schulräumen. Mein Jüngster saß vergnügt bei mir auf dem Küchenboden und räumte die

Schubladen aus, während ich gerade den Brotteig knetete. Meine Gedanken beschäftigten sich mit dem 11. September 2001, der nun schon über ein Jahr zurücklag.

Als das Telefon klingelte, seufzte ich ungeduldig und schaute unschlüssig zwischen Telefon und Teigschüssel hin und her.

„O nein, der Teig. Meine Hände kleben!"

Doch dann siegte die Neugier, da man bei uns auf dem alten Telefon die Nummer nicht lesen konnte. Schnell wusch ich meine Hände, bevor ich Tim auf meinen Arm schwang und den Hörer abnehmen konnte.

„Hallo, *miin maai*?"

Ohne Umschweife erkundigte sich mein jüngster Schwager Tobias, der sonst nie anrief: „Meint ihr nicht, dass es Zeit ist, ins Flugzeug zu steigen und heimzukommen?"

„Hallo Tobias! Du bist es. Wie geht's dir? Das ist ja eine nette Überraschung. Hast du was zu feiern oder ist jemand gestorben?", entgegnete ich, erstaunt, dass er an der Strippe war.

„Wisst ihr denn nichts?", fragte Tobias entsetzt.

Er schwieg einen Moment betreten, bevor er besorgt fortfuhr: „In eurer Nähe gab es einen Terroranschlag. Ein Öltanker explodierte und jetzt treten giftige Gase aus. Merkt ihr nichts davon? In den Nachrichten hier sieht man eine dicke schwarze Rauchsäule über Mukalla. Habt ihr nichts von der Explosion gehört?"

Ich schüttelte verwundert den Kopf.

„Seltsam, dass wir hier noch nichts mitbekommen haben und ihr das schon wisst. Allerdings laufen bei uns auch meistens die Ventilatoren und dieses laute, gleichmäßige Geräusch übertönt vieles.“

„Im Ernst: Überlegt euch wirklich, ob ihr nicht nach Deutschland kommt! Ich mache mir so langsam wirklich Sorgen um meine Neffen bei diesen Nachrichten aus eurer Gegend!“, deutete Tobias besorgt an, bevor er sich freundlich verabschiedete.

Der Brotteig quoll inzwischen über, ich hatte ihn im Augenblick ganz vergessen. Schnell rannte ich mit Tim auf dem Arm aufs Dach und schaute Richtung Mukalla. Tatsächlich – dort erkannte man eine dicke schwarze Rauchsäule, die in den Himmel stieg. Doch zum Glück schien sie weit entfernt.

Jetzt läutete das Telefon unten schon wieder. Schnell hastete ich mit unserem Baby die Treppen wieder hinunter, immer zwei Stufen auf einmal nehmend. Diesmal meldete sich Sultan, der Ehemann meiner Haushaltshilfe Schariifa, der am Ölhafen arbeitete. Ohne Begrüßung befahl er hastig und ohne Umschweife mit dringender Stimme:

„Schließt alle Fenster und Türen! Es gab gerade einen Terroranschlag auf den Ölhafen in Mukalla. Ein großer französischer Öltanker ist explodiert und steht in Flammen. Seid vorsichtig! Die Terroristen stammen angeblich aus eurer direkten Nachbarschaft. Passt auf und verlasst das Haus nicht! Mehr kann ich euch am Telefon nicht sagen.“

Bevor ich ihn nach seiner Frau Schariifa fragen konnte, hatte er schon wieder aufgelegt. Verwirrt kratzte ich mich am Kopf. Das war wirklich besorgniserregend, dass der sonst ruhige und gelassene Sultan derart nervös klang. Mit einem

Schlag wurde mir jetzt der Ernst der Lage bewusst. Der Schreck fuhr mir in die Glieder. Fast automatisch folgte ich nun den Anweisungen unseres Freundes, ging wie in Trance von Raum zu Raum und schloss alle Fenster und Türen. Auch unten in der Schule verschloss ich alle Luken.

„Ihr bleibt heute bitte im Haus, auch während der Pausen!“, teilte ich den Kindern möglichst beiläufig mit.

„Aber Mama, wir wollten doch heute am Vogelkäfig weiterarbeiten! Bitte, bitte, lass uns rausgehen!“, bettelte David.

„Keine Widerrede! Es muss heute einfach sein. Wir wissen noch nicht genau, was los ist, aber am Hafen ist irgendetwas Schlimmes passiert.“

„Aber das ist doch weit weg! Was hat das denn mit uns zu tun?“, wollte David gespannt wissen.

„Das ist eine schlaue Frage, aber ich weiß es auch nicht. Wir müssen vorsichtig sein, weil vielleicht giftige Dämpfe entweichen, die man nicht riecht!“

Die Kinder waren jetzt ziemlich unkonzentriert durch die Anspannung und die Ungewissheit und wollten genauer erfahren, warum sie heute im Haus bleiben mussten. Es fiel ihnen schwer, sich wieder auf den weniger spannenden Schulstoff zu konzentrieren. Aber ich hatte jetzt einfach keine Zeit zum Diskutieren. Meine Gedanken schossen wie Pingpong-Bälle durch meinen Kopf. Ich erinnerte mich plötzlich an den Brotteig und flitzte nach oben in die Küche. Dort setzte ich Tim schnell auf den Boden.

„Was für eine Sauerei!“, schimpfte ich.

Bei dieser Hitze war die klebrige Knetmasse gewaltig aufgegangen und über die Schüssel gequollen. Sie hatte sich nicht nur über die Arbeitsfläche ausgebreitet, sondern auch ihren Weg hinunter zum Fußboden gefunden.

„O nein, auch das noch!“, rief ich entsetzt.

Zur gleichen Zeit bekam Chris in der Hauptstadt innerhalb kurzer Zeit verschiedene Anrufe von Presse, Sicherheitsbehörden und westlichen Botschaften in Sanaa auf seinem Mobiltelefon.

„Bitte geben Sie uns Auskunft, Sie sind der Experte dieses Gebietes. Wer steckt hinter diesem Anschlag, und was könnte das Ziel der Terroristen sein?“

Er war plötzlich ein gefragter Mann und alle möglichen Leute wollten ihn interviewen.

Am nächsten Tag auf dem Rückflug nach Mukalla war sein Flugzeug gefüllt mit Journalisten und französischen und amerikanischen Untersuchungsexperten. Im Gespräch mit ihnen musste er schmunzeln, als er erfuhr, dass diese Koryphäen alle im Holiday Inn Hotel logieren würden. Offenbar wussten sie nicht, dass gerade dieses Hotel der von hier stammenden Bin Laden-Familie gehörte. Man vermutete, dass Bin Laden mit seiner Terrororganisation Al Kaida als Anstifter hinter diesem Anschlag steckte!

Obwohl die Faktenlage es schnell offenbarte und es eigentlich auch jedem vor Ort klar war, dass dies ein gezielter Terroranschlag gewesen sein musste, wurde anfänglich die Öffentlichkeit bewusst im Unklaren gelassen. Es wurde nur von einem Unfall geredet, da man vonseiten der Behörden den schlechten Ruf „Jemen, ein Terroristenland“ nicht bestätigen wollte und alles tat, diesen Anschlag nur als tragischen Unfall darzustellen. Aber schließlich ließen sich die Indizien nicht länger verleugnen. Glück im Unglück war, dass ausgerechnet der französische Supertanker „Limburg“ nach modernsten internationalen Sicherheitsbestimmungen gebaut und damit bestens geschützt war, eine große Ölkatastrophe zu verhindern. Das Tankerschiff war nämlich nach der schrecklichen Ölkatastrophe der Exxon-Valdez in den 1990ern mit verbesserter, doppelter Hülle und abgeteilten Schifftanks gebaut worden, sodass ein mögliches Leck nur einen Teil der Öl-Ladung gefährdete.

In der internationalen Presse dieser Woche war zu lesen, dass die Ursache der Tankerexplosion zunächst noch unklar war. Ein Matrose konnte nur noch tot geborgen werden. Bei der Explosion waren am Sonntagmorgen zwölf von 25 Besatzungsmitgliedern verletzt worden. Der Kapitän der „Limburg“ ging davon aus, dass kein technisches Problem die Ursache sei. Zumindest die erste von mehreren Detonationen hätte sich nach seiner Einschätzung außerhalb des Tankers ereignet. Ein Seemann hätte von der Brücke aus ein kleines Boot mit hoher Geschwindigkeit auf das Schiff zufahren sehen, unmittelbar darauf hätte es eine Explosion gegeben.

Da der Jemen als ein Terroristen-Unterschlupf galt, wurden viele Verdächtige zunächst zwar in Gewahrsam genommen, aber bald wieder freigelassen.

Erst einige Zeit später offenbarte die arabische Zeitung „Al-Hayat“, dass die Explosion ein Plan der Islamischen Armee Adens und des Al Kaida-Netzwerks gewesen sei. Diese erklärten, sie hätten versehentlich den Tanker mit einer US-Fregatte verwechselt.

***

Ein paar Tage darauf waren wir alle zusammen mit Chris, der endlich zurück aus Sanaa war, am Strand. Die Kinder bauten Sandburgen und sammelten Muscheln. Plötzlich merkten wir, dass unsere Füße schwarz und klebrig wurden. In dem grauen Sand waren die schwarzen Schlieren zuerst nicht weiter aufgefallen. Etwas weiter Richtung Mukalla, zwischen dem gewohnten Treibgut, lagen ein paar Vögel mit ölverklebten Federn verendet im Sand. Einige Fische trieben mit dem Bauch nach oben ans Ufer. Ein entsetzlicher Anblick! Bei genauerem Hinsehen erblickte man links von uns eine kilometerlange Öllache, die Richtung Mukalla trieb.

Zuerst waren wir wie gelähmt, als uns bewusst wurde, dass dies vermutlich das ausgelaufene Öl des acht Meter großen Lecks des Öltankers war. Im Taucherzentrum erfuhren wir, dass die neuen holländischen Besitzer, die erst seit wenigen Tagen das Tauchsportzentrum übernommen hatten, schon wieder frustriert am Packen und Abreisen waren.

„Wir verschwinden hier. Viele Fische verenden wegen der Ölpest und auch die Korallen sterben ab. Es wird viele Jahre dauern, bis sich der Fischbestand erholt, wenn überhaupt! Für uns gibt es hier keine Zukunft. Das war ein dummer Fehler von uns, dass wir uns auf dieses abgeschiedene Fleckchen hier eingelassen haben!“

Als ich später traurig auf einer Klippe saß und aufs Meer hinausblickte, nahm ich wahr, wie die glänzende Öllache von links, wo der Ölhafen ein paar Kilometer entfernt lag, mit der Strömung auf Mukalla zugetrieben wurde.

„Warum sollen wir tatenlos zuschauen, wie sich die Zerstörung hier ausbreiten will? Wir haben doch Verbindung mit dem Schöpfer des Universums!“, begehrte ich innerlich auf.

„Chris, lass uns heute Abend auf unserem Dach ein Gebetsmeeting machen und den Kampf gegen die Ölverseuchung aufnehmen. Wir singen doch ‚*Nimm ein, das gute Land das Gott dir gab*!‘, bat ich meinen Mann, der zustimmte.

Wir beteten mit zwei anderen aus dem Team auf unserem Flachdach unter dem Sternenhimmel.

„Herr, bitte verhindere die Ausbreitung des Fischsterbens. Du hast alles unter Kontrolle und kannst dieses Öl zurücktreiben. Bitte bewahre deine wunderbare Schöpfung und erhalte den armen Fischern ihren Lebensunterhalt. Mach du aus Fluch Segen und schaffe aus dem Chaos etwas Wunderbares, so wie damals, als du die Welt geschaffen hast.“

Nachdem wir mit Gott geredet hatten, konnten wir beruhigt schlafen gehen. Schon am folgenden Tag stellten wir fest, dass tatsächlich ein Wunder geschehen war. Man konnte noch lange genau bis zu dieser Stelle, wo wir zuvor die Öllache gesehen hatten, Ölspuren finden. Der Strand von Mukalla und dem Vorort, wo wir wohnten, sowie Burum und Al-Qariyah, blieben jedoch verschont! Die meisten Fische und Korallen überlebten tatsächlich.

„Also gibt es offensichtlich keine albernen Gebete für Gott! Ihm ist wirklich alles möglich!“, triumphierte ich innerlich und freute mich.

Das neue Besitzerpaar des Tauchzentrums hatte überstürzt alles verlassen und Hals über Kopf dieses fast unberührte Paradies zu einem billigen Preis verkauft, weil sie nicht wussten, wie man mit dem Papa im Himmel reden kann.

Kapitel 27

Einschneidende Veränderungen

Kurz nachdem unser Teamleiter Sebastian entschieden hatte, zusätzlich die Projektleitung zu übernehmen, beschloss seine Frau Larissa, endgültig nach Deutschland zurückzukehren. Sie wollte nur noch nach Hause und verschwand so schnell, dass sich David und Martin nicht einmal mehr von ihr, Mia und Lea verabschieden konnten.

Nur wenige Tage später belud Familie Weber, wie geplant, das Auto mit Sack und Pack und machte sich auf den Weg in ihr weit entferntes neues Projektgebiet. Ein Möbelwagen folgte. Zurück blieb ein kleines Rest-Team, bestehend aus der Lernhelferin Sabine und unserer Hebamme Heidi sowie Sebastian, dem Ehemann von Larissa, der seiner Familie schon bald nach Deutschland folgen würde, sobald er den Haushalt hier aufgelöst und die Projektgelder vollends ausgegeben hatte.

Auch Heidi hatte daher ihre Abreise beschlossen. Es war ein trauriger Weggang. Chris und ich hatten innerhalb weniger Tage die meisten unserer Freunde und Kollegen, David und Martin alle sieben ihrer deutschen Spielkameraden verloren. Der Abschied schmerzte!

Obwohl wir uns vornahmen, uns gegenseitig öfter zu besuchen, wussten natürlich alle, dass für Chris, mich und unsere drei Jungs durch den Wegzug von Familie Weber ein neuer Abschnitt beginnen würde. Es war fast eine Tagesreise über teilweise unbefestigte Straßen bis zu ihrem neuen Wohnort tief in der Provinz Hadramaut! Das Team hatte sich aufgelöst.

Dieser Moment war ein weiterer Tiefpunkt für uns. Wir fühlten uns allein gelassen, ausgelaugt und enttäuscht. Die ganze Verantwortung und Arbeitslast blieb nun wieder an Chris und mir hängen.

„Wenn ich von Anfang an gewusst hätte, dass wir nur so kurze Zeit gemeinsam mit anderen Familien diesen Weg gehen und dann ganz allein hier in der Diaspora zurückbleiben würden, weiß ich nicht, ob ich mich dafür entschieden hätte“, seufzte ich traurig.

War unser Projekt nun auch am Ende? Würden wir allein als *Ajnabi* in dieser großen arabischen Südostprovinz zurückbleiben, weitab von anderen Englischsprachigen und Gleichgesinnten? Und wie sollten wir mit den anderen Herausforderungen fertig werden, wie beispielsweise die schwieriger werdende finanzielle Situation, die wie ein Damoklesschwert über uns hing?

Es tröstete uns, dass viele Einheimische und Regierungsoffizielle zu Chris kamen und förmlich darum bettelten, sie nicht im Stich zu lassen und die genehmigten Projekte unter allen Umständen fortzusetzen. Obwohl unsere Arbeit im Projektgebiet finanziell unsicher war, beschlossen Chris und ich nach intensiver Beratung mit Freunden, trotzdem weiterzumachen. Wir vertrauten, dass Gott uns sowohl finanziell als auch mit neuen Mitarbeitern versorgen würde, wenn er uns weiter hier haben wollte!

„Ich habe es den Einheimischen versprochen! Was denken sie, wenn wir unser Versprechen nicht halten? Sie müssen wissen, dass wir Christen zuverlässig sind und unsere Arbeit nachhaltig ist“, sagte Chris entschlossen und grinste sein spitzbübisches Lächeln, das mir schon so oft neuen Mut eingeflößt hatte.

Bewundernd schaute ich zu ihm auf: Er war nicht bereit, endgültig aufzugeben.

„Gott muss uns schon deutlich zeigen, wenn er uns hier nicht mehr haben will. Er hat uns doch unmissverständlich hierhergeführt und es immer wieder bestätigt. So einfach lassen wir uns nicht vertreiben! Wir als Familie schaffen das zusammen!“

Kapitel 28

Bete um Heilung!

Wir waren wieder einmal zu einer Behandlung einer unserer Söhne im Baptist Hospital Jibla im Norden, dem Bergjemen. Aus Sicherheitsgründen standen zum Schutz der ausländischen christlichen Mitarbeiter und ihrer Häuser sowie der einheimischen Patienten auf den Stationen des Krankenhauses bewaffnete Soldaten am Tor des mit hohem Stacheldraht eingezäunten Geländes. Hier wurde jeder, der den grünen Krankenhaushügel betreten wollte, nach Waffen durchsucht und kontrolliert. Trotz allem spürte man den liebe- und hingebungsvollen Einsatz der internationalen Mitarbeiter, die hier ihre Zeit und Kraft opferten.

Der Besuch in Jibla war wohltuend, es herrschte eine entspannte und liebevolle Atmosphäre dort. Das Jibla Baptist Hospital war eine Oase, ein Platz zum Auftanken und zum Ermutigtwerden.

Während unseres Aufenthaltes freundete ich mich mit Uscha an, die einen vorbildlich starken und ansteckenden Glauben hatte. Die attraktive, indische Krankenschwester hatte schon früh ihren Mann verloren. Als Witwe musste sie nun allein als Gastarbeiterin das Geld für die Familie und ihre beiden Töchter verdienen, während ihre Teenager bei der Großmutter in Indien aufwuchsen. (Die indischen Arbeiter im Jemen durften einmal in zwei Jahren für drei Monate in ihre Heimat fliegen und ihre Familien besuchen. In der Zwischenzeit mussten sie sehr hart und in langen Schichten arbeiten. Da blieb wenig Freizeit. Besonders die Inderinnen wurden teilweise respektlos behandelt und von den einheimischen Männern ausgenutzt.)

Uscha hatte trotz allem ein großes Herz für die Jemeniten. Ihr Anliegen war, möglichst viele von ihnen durch ihr Vorbild auf ihren Glauben aufmerksam zu machen. Sie bedauerte nur, dass sie kaum Arabisch sprach und nur das nötigste "Medizin-Arabisch" verstand, beispielweise: „Wo hast Du Schmerzen?"; „Ich gebe dir Medikamente!"; „Du musst im Bett liegen bleiben."

Aber sie machte ihren Mangel an Sprachkenntnissen wett, indem sie viel für diese verlorenen Menschen betete. Ihr liebevoller Dienst war ein lebendiger Beweis für das, was sie mit Worten nicht ausdrücken konnte. Von ganzem Herzen bewunderte ich diese Frau, die schon so viel erlitten hatte; ich konnte viel von ihrer nachahmenswerten Haltung lernen.

Inzwischen ging es unserem Sohn besser. Wir mussten bald Abschied von Jibla und den freundlichen Mitarbeitern nehmen. Am nächsten Tag wollten wir mit unseren Kindern nach Hause zurückkehren.

„Kannst du mir bitte helfen, bevor ihr nach Mukalla zurück fahrt?", bat mich Uscha vor unserer Abreise. „Du kannst so gut Arabisch. Bitte komm heute Nacht, wenn ich Dienst habe. Eine unserer Patientinnen liegt im Sterben. Sie hatte eine Operation am Bauch und die Wunde heilt nicht zu. Wir haben schon alles Mögliche ausprobiert. Vermutlich hat sich ein resistenter Krankenhauskeim eingenistet. Heute Nacht, wenn die Moslembrüder weg sind, die uns mit Argusaugen beobachten, will ich für sie beten, du musst mich nur übersetzen. Aber sag bitte zu niemandem etwas!"

Obwohl es offiziell ein von Christen geführtes Hospital war, wurde das Personal sehr streng kontrolliert.

Zur verabredeten Zeit erschien ich auf der Station und wartete, bis Uscha mit der Versorgung ihrer Patienten fertig war. Ich beobachtete interessiert das Treiben auf der Krankenstation. Es roch nach Blut und Krankheiten, nach Medikamenten und Desinfektionsmittel. Ich ahnte noch nicht, dass ich in dieser Nacht eine wichtige Lektion lernen sollte, die für meinen zukünftigen Dienst bedeutsam und wegweisend war.

Uscha ging flink in den bereits abgedunkelten Krankensaal voraus, wo 20 Betten standen. Schwerkranke Patientinnen lagen bereits schlafend darauf und neben ihnen auf dem nackten Fußboden oder auf dem unteren Teil der schmalen Pritsche mindestens je eine Mutter oder Schwester. Bei unserem Erscheinen setzten sich viele neugierig auf, sie wollten sehen, was da vor sich ging. Die indische Krankenschwester sprach mit der Mutter der jungen Patientin auf Englisch, was diese aber nicht verstand. Daher benutzte sie Gestik und Mimik. Das kranke Mädchen hatte zwar die Augen geöffnet, ihr Blick war aber ins Leere gerichtet. Sie wirkte teilnahmslos und hatte eine sonderbare Hautfarbe. Schockiert und angeekelt betrachtete ich die schlimm vereiterte, stinkende Wunde am Bauch.

Mir blieb zuerst jedes Wort im Hals stecken. Ich betete still um Beistand und für die richtigen arabischen Worte.

„Deine Tochter ist ernsthaft krank“, dolmetschte ich. „Wir haben alles versucht, aber es scheint, dass wir Menschen ihr nicht helfen können. Ich weiß aber, dass es jemand gibt, der deine Fatima liebt. Wenn du willst, bete ich für dein Kind.“

„Aber wir sind Muslime. Muss ich oder meine Tochter dann die Religion wechseln?“

Uscha schüttelte liebevoll den Kopf.

„Nein, das spielt keine Rolle, welcher Religion ihr angehört. Gott liebt alle Menschen. Ich weiß, dass er Wunder tun kann.“

Die Mutter überlegte kurz, man sah, wie es in ihr arbeitete. „Ja! Bitte bete für meine Tochter Fatima!“, bat sie dann flehend.

Die anderen Frauen im Saal, Gesunde und Kranke, standen nun neugierig um das Bett. Ich nahm das kaum wahr, so sehr war ich auf die Patientin, deren Mutter und meine indische Freundin konzentriert. Der Geruch des Todes lag in der Luft und irritierte mich. Zweifel stiegen in mir auf an dem, woran Uscha so fest glaubte: Dass Gott dieser Todkranken durch ihr Gebet helfen würde. Trotzdem übersetzte ich tapfer jedes Wort, das Uscha auf Englisch sagte, und betete dann ein schlichtes Gebet auf Arabisch, während wir beide die Hände auf die Kranke legten. Obwohl rein äußerlich in diesem Moment alles unverändert schien, geschah etwas Wunderbares: Ein unbeschreiblicher Friede legte sich nicht nur auf Uscha und mich, sondern spiegelte sich auch auf dem Gesicht des sterbenden Teenagers und ihrer Mutter.

Am nächsten Tag mussten Chris und ich bereits sehr früh morgens mit unserer Familie die Rückreise antreten. Wir hatten einen langen Weg, ca. sechzehn Stunden Fahrt, vor uns und wollten am Abend in Mukalla sein. Wenn wir zu spät den letzten Checkpoint erreichten, würde man uns zurückhalten. Dann müssten wir im Sand oder im Auto bis zum Morgengrauen warten.

Natürlich bedauerte ich, dass ich keine Gelegenheit mehr hatte, das erkrankte Mädchen zu besuchen. Ich war neugierig und wollte wissen, ob Uschas und mein Gebet Wirkung gezeigt hatte!

Zurück in Mukalla stellten wir erschrocken fest, dass sich durch die sehr hohe Luftfeuchtigkeit bedauerlicherweise die frisch operierte Wunde unseres Sohnes entzündet hatte. Er hatte große Schmerzen. Mein Mutterherz blutete! Obwohl wir alle Register zogen, jedes Hausmittelchen versuchten und viel um Heilung beteten, mussten wir doch notfallmäßig ins Provinzhospital in Mukalla eingewiesen werden, um noch einmal einen kleineren operativen Eingriff vornehmen zu lassen. Danach heilte aber, Gott sei Dank, alles gut ab.

Die ersten Tage daheim waren aufregend gewesen. Aber dann konnte ich doch nicht mehr länger warten und rief Uscha an. Ich erwartete das Schlimmste, als ich gleich nach der Begrüßung fragte:

„Lebt Fatima noch?"

„Ja, stell dir nur vor: sie lebt und wurde vorgestern nach Hause entlassen, geheilt an Leib und Seele!", antwortete meine Freundin.

Ich konnte es kaum glauben! Komplett geheilt, und dann noch innerhalb von wenigen Tagen? Ich freute mich riesig und lachte.

„Oh, das ist wunderbar! Ich wünschte, ich könnte jetzt bei dir sei. Bitte erzähl mir doch mehr davon!"

Diese Nachricht war eines der ermutigendsten und unglaublichsten Dinge, die ich jemals erlebt habe. Mir kamen Fragen in den Kopf, die ich Uscha am Telefon stellte:

„Aber woher wusstest du denn, dass Jesus dieses Wunder tun würde? Was ist, wenn ich für jemanden bete und es passiert einfach nichts? Oder wenn ich nicht daran glauben kann, dass Jesus jemanden heilt? Dann kann ich doch nicht einfach dafür beten!"

„Vergiss nicht", sprach Uscha in ihrer zurückhaltenden Art leise ins Telefon, „wenn wir für Gottes Wunder beten, kommt es nicht auf unseren starken oder schwachen Glauben an, sondern darauf, dass wir uns an Gott wenden. Wir brauchen einfach nur ihm die Ehre geben und die Sache und ihren Ausgang ihm überlassen. Nicht dein Glaube ist allmächtig, sondern Gott! Er kann! Auch, wenn wir oder die Medizin an Grenzen kommen. Und es ist einzig und allein seine Verantwortung, wie er auf unsere Gebete reagiert. Schau nicht auf die Umstände, sondern sei getrost und mutig und höre auf seine Stimme. Bete um Heilung und überlasse den Rest Gott. Wenn du gehorchst, dann stehst du seinem Segen nicht im Weg. Vertraue ihm!"

Kapitel 29

Trauer und Trost

Ende 2002

Ende Dezember rief meine Freundin Rachel völlig aufgelöst an. Ich erschrak, denn ich kannte sie als ruhige Frau. Sie wohnte mit ihrem Mann Bob und ihren drei Jungs in der Hauptstadt Sanaa, und wir kannten uns schon einige Jahre, bereits vom Sprachstudium in Jordanien.

Rachel weinte hemmungslos ins Telefon. Ich schauderte, und mein Herz krampfte sich in meiner Brust zusammen. Meine Sinne waren auf Alarmstufe Rot und ich hielt den Atem an. Was war nur geschehen? Meine Freundin schluchzte immer noch laut und verstört, es war kaum ein Wort zu verstehen.

„Was ist denn? Beruhige dich doch bitte und sage mir, was los ist!“, versuchte ich, meine Kollegin zu besänftigen.

Doch sie konnte gar nicht mehr aufhören zu weinen. Erst endlose Zeit später schniefte sie und versuchte, stockend zu erzählen.

„Es ist so entsetzlich! Ein Anschlag in Jibla, Dr. Martha …“, ein neuer Weinkrampf schüttelte meine Freundin, und sie konnte nicht weitersprechen.

Mir kamen selbst schon die Tränen, obwohl ich immer noch nicht so recht verstand, was geschehen war.

„Was ist mit Dr. Martha? Ist sie …?“

Entsetzt geriet ich ins Stocken, konnte das schrecklich endgültige Wort nicht aussprechen. Ich zitterte und meine Zähne klapperten aufeinander. Mir war kalt – und das bei über 40 Grad Hitze! Schweigend wartete ich, bis meine Freundin wieder sprechen konnte.

„Dr. Martha, Mr. Bill, der Leiter des Hospitals, und Kathryn sind erschossen worden. Ein Apotheker ist schwer verletzt … Es ist so furchtbar, so entsetzlich und unfassbar! Das betrifft uns alle. Einige unserer Freunde in Sanaa sind bereits am Packen und Abreisen.“

In mir lehnte sich alles gegen diese Nachricht auf. Das war doch gar nicht möglich!

„Aber wie konnte das denn passieren, Rachel? Das Gelände ist doch abgesperrt und wird streng bewacht, außerdem sollte in diesen Tagen die Übergabe der amerikanischen Verantwortung in einheimische Hände stattfinden, oder?“

„Ja, das stimmt! Mein Mann Bob sagte, dass ein Einheimischer sich nur einen Tag vor der Übergabe einschlich, er hatte eine Kalaschnikow so eingewickelt und gehalten, dass es wie ein krankes Baby wirkte. Er ging in die Sprechzimmer und feuerte drauflos. Wenn er nicht gestoppt worden wäre, hätte der Amokläufer vielleicht noch mehr des ausländischen Personals mit *Allahu akbar!* auf den Lippen umgebracht!“

Wieder schluchzte Rachel. Ich stöhnte auf. Konnte das wirklich wahr sein? Es war doch noch gar nicht so lange her, dass Dr. Martha unseren Ältesten behandelt hatte! Nach diesem Telefonat war ich zu nichts mehr in der Lage. Ich war zu aufgewühlt. Kostbare Erinnerungen an unsere Begegnung mit Mr. Bill in seiner Holzwerkstatt und an die liebevolle Fürsorge von Dr. Martha wurden wieder lebendig. Am Abend, als ich im Bett lag und die Kinder eingeschlafen waren, schloss ich die Augen. Plötzlich kam mir ein Gespräch beim Mittagessen, zu dem wir die hingebungsvolle Ärztin damals eingeladen hatten, in den Sinn.

„Ich würde am liebsten bis zu meinem Lebensende hierbleiben und arbeiten!", hatte Dr. Martha mit lachenden Augen gesagt.

Die Erinnerung an die fröhliche Martha blieb als klares Bild vor meinem inneren Auge stehen. Mir liefen die Tränen übers Gesicht, dann griff ich zum Telefon.

„Weißt du, Rachel, Dr. Martha liebte ihre Arbeit so sehr. Erst vor ein paar Monaten gestand sie uns, dass sie am liebsten bis zu ihrem Tod in Jibla arbeiten wolle. Sie befürchtete damals, dass sie nach der Übergabe an die einheimische Regierung nicht mehr hierbleiben dürfe. Ich glaube, für Dr. Martha ist ein Herzenswunsch in Erfüllung gegangen: sie musste nicht von Jibla fort! Sie hat ihren Lauf vollendet. Jetzt ist sie am Ziel angekommen und bei Jesus. Sie ist glücklich! Aber wir werden sie vermissen!"

Obwohl ein paar Kollegen in Sanaa nach diesem dreifachen Mord ängstlich das Land verließen und die Trauer um diese Märtyrer groß war, kehrte bald wieder etwas Normalität ein. Dr. Martha Myers und Mr. Bill Kohen ruhen in der Erde von „Jibla Hospital". Sie waren ehrenhaft bestattet worden. Unser größtes Andenken an die Märtyrer blieb das liebevoll gefertigte Holzspielzeug, das Mr. Bill selbst geschnitzt hatte, und mit dem unsere drei Jungs noch Jahre spielten.

Die unruhige und angespannte Lage im Mittleren Osten spitzte sich jedoch immer weiter zu und drohte zu eskalieren. Der Vater unserer Lernhelferin Sabine machte sich Sorgen und bestand darauf, dass seine Tochter Ende Januar 2003 heimkommen sollte. Sabine wollte jedoch unbedingt bleiben, da der Vertrag bis Ende Juni lief und sie sich wohl fühlte. Obwohl mir klar war, dass der Verlust unserer Lernhelferin einen heftigen Einschnitt für unsere Familie bedeutete, ermahnte ich das Mädchen, ihren Eltern zu gehorchen.

„Natürlich werden wir dich sehr vermissen, du bedeutest uns viel! Aber wir können tatsächlich nicht garantieren, dass es für dich oder für uns hier sicher ist. Wir würden uns immer schwere Vorwürfe machen, falls dir etwas passieren sollte.“

Der Abschied war außerordentlich schwer, da wir alle das fröhliche und hilfsbereite Mädchen aufrichtig ins Herz geschlossen hatten.

Für die restlichen Monate dieses Schuljahres war kein Ersatzlehrer zu erwarten, ich musste nun zusätzlich zu meinen bisherigen Pflichten die beiden Jungs in allen Fächern selbst unterrichten und mich gleichzeitig um den kleinen Tim kümmern. Nach langem Hin und Her und drei Monaten ohne Lernhelferin schlug Chris vor, dass die Kinder und ich unseren Heimataufenthalt in Deutschland vorziehen sollten. Er selbst würde neun Wochen später, Ende Juni, nachkommen.

David und Martin besuchten während unseres Heimataufenthalts die kleine deutsche Dorfgrundschule, in die auch ich als Kind gegangen war.

***

Wir alle waren sehr erleichtert, als wir dann Anfang September endlich klatschnass geschwitzt und völlig übermüdet, wieder zu Hause in Mukalla ankamen.

Nach unserer Rückkehr erzählte mir Schariifa besorgt: „Meine Freundin Samiira ist sehr krank, sie wurde nach einer Fehlgeburt unten wieder zugenäht und hat jetzt große Schmerzen."

Mir war sofort klar, was Schariifa meinte: Weibliche Beschneidung ist zwar offiziell illegal, da sich das traditionelle Denken der Menschen besonders in ländlichen Gebieten aber nicht verändert hat, gibt es diese misshandelnde Prozedur leider immer noch viel zu oft! Genitalverstümmelung soll die Jungfräulichkeit schützen und den Brautpreis erhöhen, aber es ist ein barbarisches Ritual!

„Bei Samiira gab es im Frühjahr bei der Geburt ihres Kindes eine Komplikation. Das Baby starb, weil der Ausgang zu eng war. Sie wurde aufgeschnitten, aber bei der OP bildete sich eine Fistel, die sich entzündet hat und jetzt eitert. Aber weil Samiira das so peinlich war und das Thema tabu ist, ging sie nicht zum Arzt. Die Entzündung hat sich nun in ihrem Körper ausgebreitet. Jetzt ist ihr Mann, der sie sehr lieb hat, mit ihr zu einem Thermalbad gefahren, das scheint die letzte Hoffnung zu sein. Ach, ich mache mir solche Sorgen um sie! Sie isst nicht mehr und ist ganz apathisch."

„Kann es sein, dass sie die Hoffnung und den Willen zum Leben aufgegeben hat? Du solltest vielleicht einmal mit ihr beten!“, riet ich Schariifa.

Schariifa seufzte: „Ja, genau, das habe ich auch schon gedacht. Bitte kannst du kommen, ihr die Hand auflegen und für sie beten, so wie Du es bei mir schon öfter gemacht hast, wenn ich krank war? Auf dich hört Gott.“

„Weißt du, er kennt auch deine Stimme und er hört genauso auf dich“, ermutigte ich sie lächelnd. „Aber ich komme gerne mit dir, sobald sie wieder zu Hause ist! Sag mir einfach Bescheid.“

Samiira kam früher als erwartet zurück, doch ihr Mann brachte sie direkt ins Krankenhaus, weil sich ihr Zustand drastisch verschlechtert hatte. Doch es war zu spät, sie verstarb dort bereits nach einer Stunde!

Als ich erfuhr, dass sie tot war, war ich bestürzt und konnte es nicht glauben.

„Das darf doch nicht wahr sein!“

Besonders Schariifa trauerte sehr um ihre Gefährtin und blieb tagelang zu Hause. Als sie wiederkam, erzählte sie:

„Ich träumte, dass man mir eine Leiche brachte. Niemand wollte die letzte Waschung machen, daher musste ich das tun. Als ich fertig war, und dem toten Leib die schönen Kleider angezogen hatte, wachte die Leiche auf und warf plötzlich alles ab und war wieder lebendig! Stell dir vor: Es war Samiira! Selbst die Wunden waren heil und sie hatte nicht einmal mehr Narben und lachte wie früher!“

Nun musste ich schlucken. Wie sollte das zusammenpassen?

„Der Traum könnte bedeuten, dass sie wiedergeboren war. Aber sie war doch Muslimin und wusste nichts vom christlichen Glauben oder von Erlösung, oder?“

„Weißt du, Debora, sie war begeistert von Jesus. Sie schlief oft bei uns, während wir in eurem Haus übernachtet haben. Sie wurde nie müde, den Film von diesem Wundermacher Jesus anzuschauen. Manchmal blieb sie die halbe Nacht auf und schaute das Video an! Sie war berührt, was dieser Mann mit den freundlichen Augen getan hat! Sie wusste wirklich viel von ihm und liebte ihn.“

„Dann brauchen wir uns keine Sorgen um sie zu machen. Ich glaube, sie ist jetzt bei Gott und er hat alle Schmerzen von ihr weggenommen! Sie hat jetzt einen neuen Leib und ist gesund.“

Obwohl wir beide die junge Frau vermissten, die für Schariifa wie eine Schwester gewesen war, waren wir durch Schariifas Traum tief getröstet. Mir wurde auf einmal klar, dass Gott Menschenherzen ohne unser Zutun berühren kann! Das entspannte mich sehr und ich begriff, dass er viel gnädiger ist, als wir Menschen! Immer wieder war ich sehr bewegt, wie Gott zu meiner Freundin sprach, die ja gar keine Bildung genossen hatte. Es war, als ob sie gerade deshalb tiefere Einsichten und Erkenntnisse bekäme – ähnlich, wie ein Blinder ein sensibleres Gehör bekommt!

Kapitel 30

Typhus und Engelsbegegnungen

Unsere neue Lernhelferin Lisa war kurz nach unserer Rückkehr im September 2003 angekommen und wohnte im großen Zimmer in der unteren Wohnung unseres Hauses. Sie unterrichtete David in der vierten und Martin in der zweiten Klasse in den Schulräumen, die sich im gleichen Stockwerk wie ihr Zimmer befanden. Mithilfe des Baden-Württembergischen Lehrplans erstellte ich Stundenpläne. Die Fächer Deutsch und Englisch unterrichtete ich selbst.

Die letzten Wochen waren sehr ermüdend und arbeitsam gewesen. Wir hatten ein neues Büro eingerichtet; Chris hatte dem Projekt einen neuen Namen gegeben. Es war für ihn fast wie ein neugeborenes Baby! Er steckte all seine Kraft hinein und empfand so etwas wie väterliche Verantwortung dafür.

Als Chris für ein paar Tage in die Hauptstadt musste, um Vertragsverlängerungen und Visagenehmigungen zu beantragen, hoffte ich, dass endlich etwas Ruhe und Alltag einkehren würde. Aber es blieb unruhig. Meine Haushaltshilfe

Schariifa war schon einige Tage ohne Entschuldigung nicht aufgetaucht. Lisa, die Lernhelferin, wurde immer matter und blasser, sodass ich ihre Arbeit in der Schule mitübernehmen musste.

Als sie immer kränklicher wurde, machte ich mich schweren Herzens mit ihr auf den Weg ins Krankenhaus nach Mukalla. In der jemenitischen Kultur ist es undenkbar, dass weibliche Wesen ohne die Begleitung eines Mannes (Bruder, Ehemann, Vater, Onkel oder Opa) eine öffentliche Einrichtung besuchen. Dementsprechend neugierig wurden wir beiden fremdaussehenden *Ajnabiyyas*[39] von den herumstehenden Wartenden und dem jemenitischen Personal angestarrt, als wir ohne männliche Begleitung im Askari Hospital auftauchten. Eine kleinere, schmale, ausländische Erwachsene versuchte eine großgewachsene, schwerer gebaute junge Europäerin zu stützen, während sie die taxierenden Blicke der Zuschauer einfach ignorierte. Unglaublich in den Augen der Einheimischen!

Der Warteraum war, wie immer, überfüllt. Es gab gerade keinen Sitzplatz. Die arme schwerkranke Lisa wollte sich am liebsten auf den schmutzigen, nach Desinfektionsmitteln riechenden Fußboden legen, so schlapp war sie. Ich half ihr, sich bequem an die Wand zu lehnen, und tröstete sie.

Nach gefühlten Stunden wurden wir endlich ins Behandlungszimmer hineingelassen. Eine sehr nette dunkelhäutige Ärztin mittleren Alters aus Pakistan begrüßte uns und untersuchte die Kranke.

„Es ist Typhus!“, diagnostizierte die Ärztin und bestätigte damit meine Befürchtung.

---

39 Ausländerinnen

Wir bekamen ein Rezept für Antibiotika und fiebersenkende Mittel. Die Ärztin gab uns Ratschläge zur Behandlung mit auf den Weg. Die ganze Prozedur hatte durch die langen Wartezeiten den halben Tag gedauert, und ich brannte darauf, zurück zu meinen Kindern zu fahren.

Zu Hause waren die Kinder inzwischen ganz allein gewesen und hatten gutgemeint den Boden im großen Saal mit dickem Seifenschaum eingeschmiert, sodass man toll auf dem glitschigen Boden schlittern konnte.

„Wir haben geputzt, Mama, damit du nicht immer so viel Arbeit hast und jetzt fahren wir Schlittschuh!“, verteidigten sich die beiden treuherzig, als sie meinen erschrockenen Blick sahen.

Alles stand unter Wasser und auch sonst sah man der Wohnung an, dass gerade Notstand war. Ich schluckte meinen Ärger hinunter und unterdrückte ein Schmunzeln über meine frechen Lausbuben. Dann brachte ich Lisa ins Bett, versorgte sie mit Essen und Trinken und einer Glocke, damit sie mich rufen konnte.

Die nächsten Tage waren sehr aufreibend für mich. Ich machte mir Sorgen um Lisa, die trotz meiner Pflege bei Tag und Nacht immer verwirrter und apathischer wurde. Schariifa war immer noch nicht aufgetaucht. Wegen der Ansteckungsgefahr musste das Geschirr der Kranken besonders desinfiziert und abgewaschen werden. Es war eine enorme Strapaze.

Plötzlich bekam auch noch unser siebenjähriger Martin hohes Fieber und Bauchschmerzen, nachdem er tagelang immer wieder über Schwindel und Schwäche geklagt hatte. Die Symptome ähnelten bedenklich denen unserer kranken

Lernhelferin. Da mir klar war, dass Typhus unbehandelt zum Tod führen kann, raffte ich mich diesmal allein auf, um mit dem nächsten Patienten ins Krankenhaus zu fahren. Weil Martin so geschwächt war, konnte er nicht selbst ins Hospital gehen. Also trug ich meinen schweren Sohn auf den Armen durch das große Eingangstor. Ich betete. Im Labor und bei den Untersuchungen stellte sich dann zu meiner großen Erleichterung schnell heraus, dass es sich nicht um Typhus handelte, sondern nur um einen heftigen Darminfekt mit täuschend ähnlichen Symptomen.

Erleichtert trug ich Martin wieder zurück zum Auto und legte ihn zu Hause in sein Bett. Als ich ihn dort liegen sah, krank und blass, kamen mir die Tränen. Ich fühlte mich hilflos und überfordert. Wie sollte ich alles nur schaffen? Meine beiden Patienten versorgen, die Wäsche- und Geschirrberge ohne Mann und Haushaltshilfe bewältigen … Es gab niemanden, den ich um Hilfe bitten konnte.

„Woher kommt mir Hilfe?“, seufzte ich.

Am liebsten hätte ich mich zu meinem Sohn gelegt. Stattdessen schleppte ich mich in die Küche und begann, die aufgetürmten Teller abzuspülen. Wie sehr vermisste ich gerade jetzt eine Spülmaschine!

Plötzlich spürte ich, wie meine Knie nachgaben. Ich hielt mich mit einer Hand am Becken fest, während ich langsam auf die Knie sank. Nun versuchte ich, in dieser Stellung meine Arbeit zu Ende zu bringen, denn die Patienten warteten bereits wieder auf frischen Tee. Außerdem war es verdächtig still im Kinderzimmer und ich fragte mich beunruhigt, was die gesunden beiden Kinder gerade anstellten. Egal – ich musste mich kurz hinlegen. Ich hatte die letzten Nächte die meiste Zeit auf den Beinen verbracht und Erbrochenes aufgewischt oder Patienten versorgt. Ich fühlte mich schwindelig und schwach, und bekam auch noch Schüttelfrost. Draußen hatte es an die 40 Grad. Ich nahm mir eine Decke aus dem Schrank (normalerweise schliefen wir im Sommer nur mit einem dünnen Laken) und legte mich ins Bett, zog mir noch ein Sweatshirt über und deckte mich mit der warmen Decke zu.

„Ich will nur ein paar Minuten ausruhen und dann ...“, dachte ich.

Doch ehe ich weiterdenken konnte, waren mir die Augen bereits zugefallen und ich fiel in einen traumlosen Schlaf.

Ich wusste nachher nicht mehr, wie lange ich geschlafen hatte. Plötzlich spürte ich, wie jemand sachte meine Wange berührte und zärtlich streichelte.

„Träume ich oder ist mein Mann doch früher aus der Hauptstadt zurückgekommen?“, fragte ich mich.

Langsam öffnete ich meine Augen. Aber ich sah niemanden! Doch jemand sagte zu mir: „Hab keine Angst, ich bin bei dir, du bist nicht allein. Ich gebe dir meinen Frieden!“

Ich hörte deutlich diese Stimme, die zu mir sprach. Aber ich konnte niemanden im Raum sehen. Hatte ich das alles geträumt? War es ein Fieberwahn? Nein, das konnte nicht sein, denn ich spürte diesen kraftvollen unendlichen Frieden, und meine linke Wange fühlte sich von der Berührung immer noch ganz warm an. Eigenartig! Das hatte ich noch nie erlebt. Es spielte jetzt auch keine Rolle mehr, dass Lisa und Martin noch immer krank waren und dass mein Mann und Schariifa immer noch nicht aufgetaucht waren. Ein übernatürlicher Friede erfüllte mich. Ich wusste felsenfest, dass Jesus mir einen Engel geschickt oder mich persönlich besucht hatte. Das tröstete mich und gab mir die nötige Kraft, um wieder aufzustehen und für meine Kinder und die beiden Patienten zu sorgen.

Nach wenigen Tagen ging es ihnen so langsam wieder etwas besser. Martin wollte eine Geschichte vorgelesen bekommen und Lisa saß inzwischen schon wieder unten in ihrem Zimmer und schrieb Briefe.

Ich fühlte mich, als wäre ich nach einem langen dunklen Tunnel endlich ans Licht gekommen. Als Chris nach vier weiteren Tagen endlich heimkam, hatte sich alles wieder beruhigt. Er ahnte nicht, wie turbulent die letzten Tage gewesen waren. Besorgt registrierte er, dass seine Frau, ziemlich blass und mager geworden war und nahm sich vor, mich wieder zum Lachen zu bringen. Ich war glücklich, meinen Mann nun wieder bei mir zu haben. Während er sich um die Kinder kümmerte, konnte ich mich rasch wieder erholen.

Kapitel 31

Abgebrochene Zähne

Sommer 2004

Endlich Sommerferien! Wir liebten alle unseren Wohnort Mukalla, die weiße Stadt am blauen Meer, unsere Freunde und Nachbarn dort, und unsere Aufgaben in den Projektgebieten. Trotzdem freuten wir uns immer im Sommer auf den Beginn der Sommerferien, wenn wir in den kühleren Norden fuhren und der hohen Luftfeuchtigkeit und der Hitze entfliehen konnten. Besonders in letzter Zeit hatte es enorm viele Stromausfälle gegeben, und wenn die Ventilatoren, die Klimaanlage und der Kühlschrank ausfielen, schlauchte uns die übermäßig schwüle Hitze besonders. Wir mussten wenigstens nachts die elektrische Klimaanlage benutzen, um die ständig sehr hohe Luftfeuchtigkeit von über fünfundneunzig Prozent und die hohen Temperaturen etwas zu senken. Unsere Körper mussten sich durch gesunden Schlaf erholen können. Dann und wann wachten wir nachts wegen einer der vielen Stromausfälle klatschnass geschwitzt auf. Ich hatte mir angewöhnt, jedes Mal aufzustehen, um alle Geräte auszuschalten. Die Gefahr bestand nämlich, dass es zu extremen Stromspitzen kam, wenn die Stadtwerke den Strom wieder einschalteten. Diese Spannungsschwankungen hatten schon manche unserer Geräte, unter anderem auch die erste Klimaanlage, ruiniert!

Wir hatten vor, diesen Sommer in der Hauptstadt zu verbringen. Chris musste dort einige Behördengänge erledigen und konnte nicht abschätzen, wie viel Zeit das in Anspruch nehmen würde. Die Kinder und ich freuten uns auf die Zeit mit verschiedenen Freunden, die uns netterweise als Gäste für die Sommerferien bei sich aufnehmen wollten.

Am ersten Urlaubstag fuhren wir mit dem vollgepackten Pajero die sechzehnstündige Strecke durch die Wüste, immer wieder unterbrochen durch Wartezeiten an den Checkpoints. Müde kamen wir spätabends in der Hauptstadt Sanaa an.

Martin bestürmte Papa unterwegs: „Wir wollen morgen mit dir zum Vergnügungspark, das hast du uns schon lange versprochen!“

Trotz seiner Müdigkeit willigte Chris ein.

Vom Klimawechsel in der 2250 Meter hoch gelegenen Metropole bekam ich regelmäßig Kopfschmerzen. Der Höhenunterschied machte sich bemerkbar. Hadramaut liegt auf Meeresspiegelhöhe. So wollte ich lieber in der Unterkunft bleiben und mich erst einmal mit unserem Kleinsten zusammen ausruhen.

Schon sehr früh am Morgen waren die beiden großen Jungs wieder topfit und standen an unserem Bett.

„Ich will endlich Boxauto fahren!“, forderte Martin.

Chris machte sich gleich nach dem Frühstück mit den beiden Großen auf den Weg.

Mirjam und ich erledigten in der Zwischenzeit die wichtigsten Dinge im Haushalt und plauderten. Dann machte ich es mir mit einem Buch gemütlich. Zum Lesen war ich schon lange nicht mehr gekommen. Stunden später schaute ich auf die Uhr. Erstaunt bemerkte ich, dass es bereits später Nachmittag war. So langsam wurde ich doch unruhig. Wo blieben denn nur meine Männer? Hatten sie einfach nur die Zeit vergessen? Oder war etwas passiert?

Endlich hörte ich die Stimmen meiner drei Männer vor dem Haus und lief ihnen erleichtert entgegen. Aber ich erschrak, als ich David sah. Seine Lippen waren verschwollen und das ganze Gesicht schien irgendwie verschoben zu sein, doch er grinste ein wenig schief mit zusammengepresstem Mund.

„Boxauto fahren … Zusammenprall“, seine Lippen bluteten und er nuschelte, sodass ich fast nichts verstand.

„Mit dem Mund auf dem Lenkrad aufgeprallt …“

Chris erklärte mir: „Beim Boxautofahren ist David ein Unfall passiert, du kannst es vielleicht nicht gleich erkennen bei dem verschwollenen Gesicht, aber beide Frontzähne sind abgebrochen, und der Nerv liegt frei. Es muss ziemlich wehtun. Aber David ist tapfer, du kennst ihn ja!“

„O nein!“, dachte ich und schluckte.

Das sympathische Lächeln meines Sohnes war ruiniert! Er hatte doch erst vor kurzem sein attraktives, bleibendes Gebiss bekommen!

Ich nahm meinen tapferen Sohn in den Arm, der mir leise ins Ohr lispelte: „Mama, es tut weh!“

Bisher musste er sich ja zusammenreisen und stark und cool sein vor Papa und seinem Bruder, doch seiner Mutter musste er nichts vormachen! Wir verstanden uns auch ohne Worte und mein Herz brach fast vor Mitleid. Aber ich wusste, dass er stark war.

Das Abendessen schmeckte heute keinem so richtig. David konnte nichts kauen.

Ich machte mir Sorgen und überlegte, ob seine vorher ebenmäßigen Schneidezähne möglicherweise schwarz würden, weil der Nerv beschädigt war. „Wo gibt es einen guten Zahnarzt? Wie lange kann man warten? Morgen ist Freitag, der moslemische Sonntag, und da haben alle Ärzte zu!"

In dieser Nacht schliefen wir alle nicht sehr gut, immer wieder hörten wir, wie David sich im Bett hin- und herdrehte, er hatte offensichtlich Schmerzen und Albträume. Wie immer in Schwierigkeiten, suchte ich im Gebet Zuflucht. Ich wusste, dass es für meinen Gott immer eine Lösung gibt, auch da wo wir selbst am Ende sind.

Am nächsten Morgen war Gottesdienst im Haus unserer Freunde. Ein befreundeter Kollege, Dr. Payo, riet uns: „Geht zu Dr. L. in Dubai, er ist ein erstklassiger Zahnarzt, den ich persönlich kenne."

Er strahlte eine gelassene Zuversicht aus und erklärte uns, dass es inzwischen gute Möglichkeiten gäbe, Zahnimplantate einzusetzen.

„Macht euch keine Sorgen, es wird alles wieder gut!"

Die ganze Hausgemeinde betete für David.

Dubai war weit weg, aber unser Sohn war uns die Reise und die Flugkosten wert. Chris konnte überraschend für den nächsten Tag einen günstigen Flug nach Dubai organisieren und jemand bot uns an, in den Emiraten kostenlos in der schönen Wohnung von uns unbekannten Kollegen zu wohnen, die gerade in Amerika waren. Gott war doch wirklich großartig! Das Haus von Familie K. hatte mehrere Kinderzimmer, da sie fünf Kinder hatten, viele Spielsachen, Bücher und Kassetten. Es war auf einem Gelände mit einem Gemeinschaftsswimmingpool im Garten, den wir mitbenutzen durften, oft als einzige Gäste! Gleich am Abend nach unserer Ankunft bekamen wir einen Termin bei dem berühmten Zahnarzt, Dr. L., der sich erstaunlich viel Zeit nahm und in einer langwierigen Behandlung sorgfältig die beiden oberen Schneidezähne reparierte. Später konnte man nichts mehr von dem Bruch sehen. Da die Auslandsversicherung keinen Zahnersatz bezahlte, wäre die Behandlung kostspielig geworden. Doch als der christliche Zahnarzt erfuhr, dass wir aus Jemen kamen, schenkte er uns großzügig die ganze Behandlung! Er bestellte seinen Patienten noch einmal für eine Nachuntersuchung nach zehn Tagen. Dazwischen konnten wir dankbar unseren Sonderurlaub in Dubai genießen. Wir machten Ausflüge und Einkaufsbummel, die Kinder brauchten neue Kleider und ein paar Spielsachen. Hier konnte man kaufen, wovon man in Mukalla nur träumen konnte. So wurde uns die verhängnisvolle Zahngeschichte zum Segen und wir staunten, wie unser Gott aus einem Unfall so viele glückliche Momente und Sondergeschenke zauberte!

***

Zurück in Sanaa gab es noch eine weitere Episode der Zahngeschichte: David bastelte mit seinen Kameraden Papierboote. Er biss gedankenlos etwas Tesafilm mit den Zähnen ab, als wieder ein Stück Zahn vom linken Schneidezahn abbrach! Er schrie auf vor Schmerz und stampfte wütend.

„Warum muss mir das noch mal passieren, Mama? Und wieder am vorderen Zahn", fragte er verzweifelt.

Ich versuchte die aufsteigenden Tränen hinunterzuschlucken, als ich ihn ungeschickt tröstete: „Komm, wir wollen beten. Unser himmlischer Papa weiß doch, dass wir nicht schon wieder nach Dubai fliegen können. Nun muss er eingreifen und deinen Zahn reparieren. Er hat uns doch versprochen, dass wir ihm alle Sorgen anvertrauen dürfen und dass er für uns sorgt!"

Nachdem wir gebetet hatten, fühlten wir uns schon besser.

Nach wenigen Tagen wuchs das abgebrochene Stück tatsächlich nach und man sah überhaupt nichts mehr von dem Bruch! David war überglücklich über das Wunder. Und wir auch

Kapitel 32

Layla und Afrahs Traumhochzeit

Im übernächsten Haus waren neue Nachbarn eingezogen. Es war die Doppelhaushälfte mit den Koranversen und dem vielen Müll neben Chatija, die wir am Anfang besichtigt hatten. Bereits am nächsten Tag standen vier Kinder vor der Haustür und fragten, ob sie telefonieren dürften. Als alle oben angekommen waren, läutete es wieder an der Haustür und weitere zwei Geschwister wollten ins Haus gelassen werden. Nachdem ich noch einige Male auf und ab gerannt war, bis alle neun Kinder hereingelassen waren, war ich ganz außer Atem. Schließlich kam noch die Mutter, Layla, mit ihrer Schwester. Sie machten es sich in meinem *Mafratsch*[40] gemütlich, während ihre Rasselbande im ganzen Haus herumrannte. Layla nahm keine Notiz mehr von ihnen. Ich versuchte, der Sitte entsprechend, mich mit den beiden Frauen zu unterhalten, ihnen das obligatorische Getränk und Kekse zu servieren und gleichzeitig Schadensbegrenzung im Haus zu betreiben. Layla erzählte, dass ihre

40 Matratzen am Boden mit Rücken- und manchmal auch Seitenkissen als Armlehnen, vergleichbar mit Sofa, aber ohne Füße. Oft an allen Wänden des schönsten Zimmers als Männerwohnzimmer genutzt.

zweitälteste Tochter Afrah ihren Haushalt versorgte, damit sie sich von der Geburt ihres Jüngsten erholte. Sie hatte zehn Mädchen das Leben geschenkt und dann endlich einen Jungen zur Welt gebracht, der allerdings sehr schwach war, nicht recht zunahm und viel weinte. Sie erzählte auch, dass ihre älteste Tochter bereits verheiratet war und auch schon Kinder hatte.

Damit ich mich mit den Gästen unterhalten konnte, bat ich meine Jungs, mit diesen neuen Nachbarskindern zu spielen. Sie waren nicht sehr kooperativ. Natürlich verstand ich das gut, denn die Eindringlinge warfen alles durcheinander und stritten sich dann lautstark um die Spielsachen. Dabei zerbrach ein Lieblingsauto von Martin und er war untröstlich. David schickte die ungezogenen Kinder aus dem Zimmer und verriegelte die Tür. Das störte die ungeladenen Gäste jedoch nicht; sie tobten fröhlich durch das ganze Haus und veranstalteten ein ziemliches Chaos. Diese Gäste stressten mich und ich konnte es kaum erwarten, bis der Muezzin zum Gebet rief! Doch auch diesmal verhielt sich Layla anders als meine bisherigen Gäste. Mein Erstaunen war groß, als sie einfach sitzen blieb und keine Anstalten machte, sich zu verabschieden. Unverblümt gab sie zu, dass sie das mit der Religion nicht so ernst nahm.

Die attraktive Layla war ungefähr im gleichen Alter wie ich. Man sah ihr kaum an, dass sie schon so viele Kinder hatte. Oft nannte sie ihren ungezogenen Nachwuchs *Schaitaan*, was ich aber in meiner Gegenwart nicht duldete! Diese junge Mutter war selbst recht temperamentvoll und besuchte sehr gerne ihre Nachbarinnen, machte aber ungern ihre Hausarbeit. Ihre verheiratete älteste Tochter hatte ein drei Monate altes Kind, genauso alt wie Laylas Jüngster.

Eines Tages war die hübsche Layla wieder in unserem *Mafratsch* und tobte:

„Ich bin schon wieder schwanger! Aber ich will keine Kinder mehr! Ich bin müde, habe Sodbrennen und muss dauernd erbrechen."

Sie litt außerdem an Eisenmangel – und ich unter ihren Launen.

„Du musst deinen Mann dazu bringen, dass er meinen Mann beschattet!", appellierte Layla heute an meine Freundschaft. „Er kommt in letzter Zeit oft nachts nicht heim und ist mir untreu. Sicher hat er eine Affäre!"

Ich seufzte und versuchte, ihr klar zu machen, dass mein Mann kein Spitzel war und auch gar keine Zeit hatte.

„Du musst deinem Mann vertrauen.", versuchte ich, sie zu beschwichtigen.

Layla fluchte nun laut. Sie war frustriert, weil wir nicht nach ihrer Pfeife tanzten.

Vermutlich hatte Ahmed gemerkt, dass seine Frau sich am Telefon bei ihrer Verwandtschaft über ihn beschwerte. Er stellte kurzerhand wieder die Leitung ab; vielleicht hatte er aber auch die Rechnung nicht bezahlt. Daher konnte Layla nicht mehr zu Hause telefonieren. Nun kam sie ständig und schrie laute Beschimpfungen in unsere Telefonleitung. Während dessen musste ich entweder an die Tür, um Laylas Kinder hereinzulassen oder musste schauen, dass diese nicht das ganze Haus auf den Kopf stellten oder sich Spielsachen in die Taschen schoben.

Es musste eine Lösung her, die nicht zu unhöflich war, aber auch nicht unnötige Kraft von mir raubte.

„Wenn du telefonieren willst, brauchst du deine Ruhe und musst allein kommen. Wenn du mich besuchst, kannst du höchstens drei Kinder mitbringen, die anderen müssen draußen warten.“, erklärte ich Layla.

Das war zwar unhöflich, aber selbst die arabischen Nachbarn ließen Laylas Kinder inzwischen nicht mehr ins Haus. Und auch Layla war kein gern gesehener Gast bei ihnen.

Eines Tages war sie plötzlich verschwunden. Ihr Mann hatte sie fortgeschickt. Sie durfte nur die beiden Jüngsten mitnehmen und musste bei ihrer Mutter wohnen. Es gab viel Gerede in der Nachbarschaft. Ich hatte Mitleid mit den Kindern, die jetzt noch mehr verwahrlosten und lud sie ab und zu zum Essen ein oder brachte eine Mahlzeit hinüber. Schnell merkte ich jedoch, dass dies ein Fass ohne Boden war und dass sich keine Chance für Gespräche bot.

***

Afrah, Laylas zweite Tochter, war ein 15 jähriges bildhübsches Mädchen mit mandelförmigen wunderschönen Augen. Als sie verheiratet werden sollte, kehrte Layla zu den Hochzeitsvorbereitung ihrer Tochter zurück. Afrahs Bräutigam war ein 56-jähriger Saudi mit viel Geld. Er würde einen hohen Brautpreis zahlen und für seine Teenager Braut wunderschönen Goldschmuck und glitzernde Kleider in allen Farben, Schminkutensilien und Parfüme kaufen. Sein Geld wog wohl den Makel auf, dass ihr recht alter zukünftiger Mann bereits Vater von größeren Kindern war. Einer seiner Söhne war sogar älter als Afrah. Sie würde als Zweitfrau mit der Erstfrau und deren Kindern zusammen im gleichen Haus wohnen und deren Haushalt führen!

Meine Freundin Schariifa erklärte mir die Vorgänge rund um die Hochzeit.

„Eine traditionelle arabische Hochzeit erstreckt sich über mehrere Tage und wirkt wie ein Traum aus tausendundeiner Nacht. Am Tag vor der Hochzeit wird die Braut am ganzen Körper in einer schmerzhaften Prozedur mit einer Zucker-Zitronen-Masse enthaart. Nur die Kopfhaare bleiben. Arme und Beine werden mit viel Wirbel und Musik und ungeniert in der rein weilblichen Öffentlichkeit mit *Sabra*[41] bemalt. Wunderschön dekorative Ornamente werden auf die Haut gezeichnet und später dann durch einen zarten Pinsel mit schlammähnlich aussehendem Hennapulver ausgefüllt. Zuvor wird das rostrotfarbige Pulver mit wenig Wasser und Zitrone angerührt. Es muss die richtige Konsistenz haben, darf weder zu flüssig noch zu fest sein."

Ich staunte, wie eine Künstlerin mit Henna und *Sabra*-Paste dekorative Blumenmuster-Tattoos auf Hände, Finger, Füße und sogar die Zehen zauberte. Dieser ganze Aufwand nur für wenige Tage! Aber Henna hatte nicht nur einen verschönernden Wert, sondern auch eine große Bedeutung in der Tradition. Die Menschen glaubten, dass Henna das Böse abhielt. An diesem Tag wurde das Haar der Braut mit vielen Lockenwicklern eingedreht. Später wurden die Lockenwickler mit einem zarten grünen Tuch bedeckt, ihr Körper in ein grünes Tuch gehüllt, während das Hennapulver stundenlang trocknete und fest wurde. So präsentierte man sie unter Tanz und Tamburinen ihren weiblichen Gästen. Am Abend, als die Hennafarbe fast abblätterte, wurde

---

41 Schwarze Farbe, die für wunderschöne Blumenornamente auf der Haut benutzt wird (bleibt nur ca.10 Tage!)

alles mit Wasser entfernt und hinterließ ein wunderhübsches schwarz-rotes Muster.

Am nächsten Tag, dem Tag der Hochzeit, wurde die Braut gerichtet und gestylt. Eine gigantische Hochfrisur wurde mit vielen Lockenwicklern und Haarspray gezaubert. Dann wurde sie geschminkt. Für Europäer wirkte das Make-up schon fast wie bei einem Clown. Eine dichte Schicht heller Schminke wurde auf das Gesicht, Hals und Dekolleté aufgetragen, da ja in dieser Kultur möglichst hell als schön galt. Die dunklen Augen wurden durch Kajal, Lidstrich und falsche Wimpern intensiviert. Greller Lippenstift betonte den sinnlich verführerischen Mund.

Jetzt wurde die Braut in eines ihrer farbigen Hochzeitskleider eingehüllt, das mit viel Glitter und Spitzen dekoriert war. Obendrüber kam der Goldschmuck, der heute zur Schau gestellt werden musste, um den Wert der Braut darzustellen. An jedem Finger trug sie mindestens einen Ring, an den Armen klimperten viele goldene Armbänder, um den Hals hingen verschieden lange Ketten mit und ohne Anhänger. Ohrringe steckten in den vielen Löchern am Ohr und ein filigraner Goldgürtel zierte die schmale Taille der Braut. Als krönender Abschluss wurde ihr gestyltes Haar mit einer kleinen goldenen Krone geschmückt.

Die Braut sah aus wie eine Prinzessin: fremd, aber wunderschön, zart und zerbrechlich, wie ein Modell aus einem Hochzeitsmagazin. Aber ihre Augen waren traurig. Man sah, dass sie mit den Tränen kämpfte. Sie musste sich nach den Feierlichkeiten von ihren Lieben verabschieden und mit diesem alten unattraktiven Fremden mit Glatze und dickem Bauch ins Ausland reisen und fortan mit ihm leben. Mir traten beim Gedanken daran Tränen in die Augen. Aber Layla, die Mutter der Braut, schalt mich.

„Man darf bei einer Hochzeit nicht weinen, das bringt Unglück! Bei Hochzeiten muss man lachen. Und Afrah hat Glück! Dieser Mann ist sehr reich!"

Geschockt fragte ich mich, ob diese Frau denn gar kein Herz hatte. Es war, als ob sie ihr Kind einfach verkauft hätte.

„Wer hilft dir dann im Haushalt und versorgt deine Kinder? Und wird sie dir denn nicht fehlen?", fragte ich Layla.

„Schon. Aber das muss halt dann ihre 14-jährige Schwester übernehmen. Wir müssen die Mädchen verheiraten; bei uns gibt es dann eine Esserin weniger! Und für sie ist es auch besser so, denn so eine Partie bekommt sie nicht mehr!"

Afrah sollte jedes Jahr ein Baby bekommen und ihre Familie in Mukalla nicht mehr sehen, denn ihr Mann hielt sein Versprechen nicht. Sie sollte nicht einmal, wie sonst üblich, zur Geburt ihrer Kinder nach Hause kommen dürfen.

Es dauerte nach der Hochzeit nicht mehr lange, bis die ganze lebhafte Familie nach Mukalla in die Innenstadt zog und das Haus wieder frei wurde und eine Weile leer stand.

Kapitel 33

Segen oder Fluch?

Inzwischen war unser Tim zwei Jahre alt, David neun und Martin sieben. David, unser Ältester, der sich als Baby und Kleinkind immer am oberen Rand der Wachstumsskala bewegt hatte, war jetzt extrem klein. Ich hatte mir dabei bisher nichts Besonderes gedacht, aber auf einmal wurde mir bewusst, dass er wohl seit dem Zeitpunkt seiner schweren Krankheit damals vor zwei Jahren nicht mehr gewachsen war. War es Zufall, dass ich gerade in diesem Moment einen deutschen Beipackzettel des Typhusmedikamentes, dessen Wirkstoff wir damals unserem kleinen Patienten geben mussten, in die Hände bekam?

Damals hatten wir die Packungsbeilage des arabischen Medikamentes nicht lesen können. Bestürzt nahm ich nun die Warnung zur Kenntnis, dass man Kindern diese Arznei nicht verabreichen durfte, da ihr Wirkstoff wachstumshemmend war! Ich erschrak.

„Wir haben das doch nicht gewusst. Und selbst wenn es uns bewusst gewesen wäre, was hätten wir tun sollen? Wir mussten dieses Heilmittel damals unserem schwerkranken Kind geben, damit er wieder gesund wurde."

Mein Mutterherz schlug wild vor Selbstvorwürfen und Sorge. Dann besann ich mich eines Besseren. Ich las gerade ein Buch von Derek Prince über „Segen oder Fluch", in dem es darum ging, dass Worte Kraft haben und man sich bewusst für den Segen entscheiden kann. Es half schließlich nichts, sich im Nachhinein Vorwürfe oder Sorgen zu machen. Was geschehen war, war geschehen! Aber trotzdem musste ich nicht resigniert und hilflos zusehen, wie mein Kind unter den Folgen einer Entscheidung von vor zwei Jahren litt. Es gab eine Lösung: Gebet. Ich wollte bewusst darum beten, dass der „Fluch", der durch die Nebenwirkungen dieses Typhusmedikamentes entstanden war, gebrochen würde. Und ich wollte konkret darum bitten, dass mein Sohn wachsen sollte und bis zu seinem Geburtstag eine bestimmte Größe erreichte.

Zielstrebig ging ich zu meinem Mann, der gerade im Arbeitszimmer am Computer saß und einen Bericht verfasste.

„Chris, wir müssen beten, dass Gott eingreift und unseren Schatz wieder wachsen und das versäumte Wachstum nachholen lässt! Bitte, lass uns zusammen beten!", bat ich ihn.

Mein Mann war einverstanden und stand auf. Es war schon spätabends und die Kinder schliefen friedlich unter ihren hellblauen Moskitonetzen. Wir gingen zum Bett unseres ältesten Sohnes, und Chris legte seine Hand auf den Kopf des schlafenden Kindes. Dann begannen wir, den Himmel zu bestürmen und baten unseren großen himmlischen Arzt, den Fluch der Nebenwirkungen des Medikamentes zu brechen und unser Kind wieder wachsen zu lassen.

Darauf gingen wir wunderbar getröstet zu Bett. Mitten in der Nacht wachte ich auf. Jemand hatte mich sanft an der

Schulter berührt und vorsichtig geschüttelt. Schlaftrunken nahm ich meinen Ältesten wahr.

„Mama, mir tun meine Beine und meine Arme so weh!“, sagte er zu mir.

„Komm und leg dich zu uns ins große Bett, neben Papa und mich. Ich massiere dich ein bisschen und reib dich ein, dann wird es bald besser. Es sind vielleicht Wachstumsschmerzen!“

Trotzdem war ich am nächsten Morgen baff und schüttelte erstaunt den Kopf, als ich realisierte, dass David tatsächlich um annähernd eine Handbreite größer geworden war!

Wieder konnten wir alle nur staunen, wie konkret, übernatürlich und rasch unser Gebet erhört worden war. Was hatten wir für einen großartigen Gott, der wirklich für uns sorgte und dieses Wunder vollbracht hatte – ohne Wachstumshormone oder medizinisches Eingreifen!

***

Manchmal war ich selbst erstaunt, dass es mir mittlerweile nach fünf Jahren so gut ging. Ein Facharzt hatte mir damals in Deutschland, circa ein Jahr bevor wir nach Jemen auswanderten, ausdruckslos und ohne mit der Wimper zu zucken eine niederschmetternde Diagnose gestellt.

„Der Befund ist eindeutig. Sie haben Borreliose im dritten Stadium. Das heißt, dass die Bakterien, die diese Krankheit verursachen schon im ganzen Körper verstreut sind. Sie sind nicht nur im Blutkreislauf, sondern auch im Nervensystem, in der Lumbalflüssigkeit und in ihren Knochen. In diesem Stadium kann man momentan leider nicht mehr sehr viel machen, außer Langzeittherapie mit intravenösen Antibiotika stationär im Krankenhaus. Allerdings sind diese

Medikamente so aggressiv, dass sie die Venen zerstören. Sie sollten sofort abstillen, denn die Medikamente gehen über die Muttermilch auf das Kind über und würden bei dem Kind nur Schaden anrichten. Allerdings können wir auch überhaupt nicht garantieren, dass die Therapie Erfolg hat, die Forschung ist leider erst am Anfang. In ihrem fortgeschrittenen Fall liegt die Erfolgsrate bei 15 Prozent. Eine orale Antibiotikatherapie mit Tabletten hilft nicht mehr, nur in der ersten und zweiten Phase. Das ist bereits heute sicher. Leider wurde die Krankheit bei Ihnen zu spät entdeckt."

Zuerst war ich fassungslos und geschockt gewesen. Nach verschiedenen Arztbesuchen war mir klar gewesen, dass vonseiten der Schulmedizin keine Hilfe zu erwarten war. Jedes Mal, wenn ich zum Arzt gegangen war, hatte ich nur schonungslos frustrierende Mitteilungen vor den Kopf geknallt bekommen. Deprimierend. Ernüchternd. Beängstigend.

Dann hatte ich mich mit dem Krankheitsbild befasst und alles gelesen, was es darüber zu lesen gegeben hatte. Gemeinsam mit meinem Mann hatten wir beschlossen, mich nicht von dieser Krankheit beherrschen zu lassen.

Für die Ausreise hatten wir ein Gesundheitszeugnis benötigt. Damals hatte der Mediziner ohne Umschweife zu Chris gemeint: „Ihre Frau ist ziemlich krank. Wie können Sie nur daran denken, mit ihr in ein Land zu gehen, wo es keine gute medizinische Versorgung gibt?"

Dabei hatte er völlig ignoriert, dass es zu diesem Zeitpunkt auch im modernen Europa noch keine wirksame Therapie gegen diese bakterielle Zeckenbisserkrankung im fortgeschrittenen Stadium gegeben hatte.

Nachdem wir verschiedene Enttäuschungen mit Ärzten erlebt hatten, waren wir ernüchtert und desillusioniert gewesen. Wir hatten den Glauben an eine allwissende Medizin verloren. Aber nicht unseren Glauben an unseren alles vermögenden Gott! Wir hatten damals beschlossen, unsere Hoffnung auf den besten Arzt, Jesus, zu setzen und keine Chemie auszuprobieren. Und tatsächlich war es mir bald besser gegangen. Eine linksseitige Gesichtslähmung, die mich so entstellt hatte, war völlig verschwunden und ich konnte wieder fröhlich lachen.

Eines Tages hatte ich mich an einer Dose in den Finger geschnitten. Die Wunde war nicht sehr tief gewesen, jedoch hatte die Borreliose offensichtlich eine Blutgerinnungsstörung verursacht, denn die Blutung war schwierig zu stoppen. Nach zweieinhalb Stunden hatte ich den völlig durchbluteten Verband immer noch alle paar Minuten wechseln müssen; mein Kreislauf war geschwächt gewesen.

Doch zwei Jahre später, als wir bereits im Jemen waren, war bei einer Konferenz Hamish, ein Kollege, auf uns zugekommen und hatte schüchtern gesagt: „Debora, ich möchte gerne für dich beten! Ich glaube, dass Gott dich ganz gesund machen will. Bitte sag mir, was du für Beschwerden hast und dein Mann soll helfen und dir dort die Hände auflegen, wo es dir wehtut, während ich bete. Ist das für euch so okay?“

Anfangs war ich skeptisch gewesen und hatte nicht zustimmen wollen. Ich war doch zufrieden mit dem Status quo gewesen und dankbar, denn es ging mir doch schon viel besser. Früher hatte ich kaum einen Schritt machen können und war manchmal sogar bewusstlos umgefallen. Rasende Kopf und Gelenkschmerzen hatten mich geplagt.

Doch der Schotte Hamish war hartnäckig geblieben! Er hatte nicht so einfach aufgegeben, denn er war überzeugt gewesen, dass er einen himmlischen Auftrag gehabt hatte und gehorsam sein sollte.

„Ich glaube, dass Gott dich ganz wiederherstellen will! Vertraue ihm! Begnüge dich nicht mit wenig, denn er hat alles und will dir mehr geben als nur ein wenig."

Das hatte überzeugend geklungen. Ich hatte zögernd und mit wenig Glauben zugestimmt. Irgendwie war mir das alles anfangs doch ein wenig fremd gewesen. Aber ich hatte unseren glaubensvollen Freund nicht vor den Kopf stoßen und ihm eine Chance geben wollen. Während Hamish für meine Knie, Fuß-, Ellenbogen und Handgelenke, den Kopf, das ganze Nervensystem gebetet hatte, hatte Chris mir an den jeweiligen Stellen die Hand aufgelegt. Die Erde hatte nicht gewackelt, ich war nicht umgefallen, der Gottesmann hatte nicht zu Gott geschrien, sondern hatte mit einfachen schlichten Worten gebetet. Und doch hatte ich überrascht gefühlt, dass „irgendetwas geschehen war"!

Ein tiefer Friede war da gewesen. Dies war eine neue, Mut machende, Erfahrung gewesen. Ich hatte tatsächlich am eigenen Körper Gottes Heilungsmacht erlebt. Doch danach war ich erst einmal ziemlich erschöpft gewesen, obwohl ich gar nichts hatte machen müssen. Erst nach zwei Tagen hatte ich registriert, dass sich wirklich etwas verändert hatte: Ich war nicht mehr so schnell ermüdet und selbst die leichten Schmerzen, an die ich mich schon so gewöhnt hatte, dass ich sie gar nicht mehr wahrnahm, waren verschwunden! Ich war überglücklich und staunte sehr.

Damals hatte ich mir selbst eingestehen müssen, dass ich nie daran gezweifelt hatte, dass Gott andere heilen konnte. Aber dass er auch mich geheilt hatte, war für mich ein Wunder und eine ganz neue Erfahrung!

Kapitel 34

Tragödie am Strand

17. September 2004

Die neue Hebamme Helena war vor ein paar Tagen von der Sprachschule aus Taizz hierher gezogen. Sie wohnte übergangsweise im Büro, bis ihre Wohnung in unserer Nachbarschaft fertig renoviert und geputzt war. Sie sollte in das Haus ziehen, das früher von Layla und ihrer großen Familie bewohnt wurde. Endlich war nach 16 Monaten ohne ein Team wieder Verstärkung nach Mukalla gekommen. Ich bewunderte Helenas Mut, denn für alleinstehende Frauen ist das Leben in dieser Abgeschiedenheit und Kultur nicht einfach! Außerdem war vor zwei Tagen auch die neue Lernhelferin Pia eingetroffen.

Da auch wir erst von den Sommerferien in Sanaa zurückgekommen waren, wollten die Jungs heute nach der langen Reise und Abwesenheit lieber daheim sein und Playmobil spielen. Chris blieb mit ihnen zu Hause. So ging ich an diesem Freitagnachmittag nur mit den beiden Frauen zum Strand, um ein wenig miteinander zu plaudern und damit wir uns näher kennenlernen konnten.

Die Sonne strahlte vom azurblauen wolkenlosen Himmel. Als ich das Auto an der Seite des Weges zum Strand parkte, verschlug es mir wieder einmal die Sprache beim Anblick des glitzernden Meeres, in dem sich die Strahlen der Sonne spiegelten, und des endlos scheinenden menschenleeren Sandstrandes. Ein Blick auf meine beiden Begleiterinnen bestätigte mir, dass auch sie die wunderschöne Landschaft staunend bewunderten. Sie waren überwältigt von der paradiesischen Schönheit der Schöpfung Gottes! Ich lächelte. Das Meer rauschte, und eine leichte Brise bauschte unsere schwarzen bodenlangen *Baltos* auf, die wir über unseren leichten bunten Kleidern trugen, als wir den Wagen verließen. Der Wind fuhr unter die weiten Gewänder und kühlte unsere erhitzte Haut etwas ab. Die Luft schmeckte nach Salz. Hungrige Möwen kreisten über dem Meer.

Der heiße goldene Sandstrand knirschte unter unseren Flip-Flops. Ich führte meine Begleiterinnen zu einem einsamen, geschützten Plätzchen – meinem Lieblingsplatz. Eine niedrige Mauer versperrte den Blick in Richtung der selten befahrenen Straße. Auf dieser Strecke fuhren höchstens eine Handvoll Autos am Tag. Das Panorama war großartig: eine schöne 200 Meter breite Bucht, die links und rechts von ein paar dunklen Korallenriffen eingegrenzt war, die vom kilometerlangen Sandstrand aus auf beiden Seiten ins Meer hineinragten. An dieser Einbuchtung konnte man weit ins flach abfallende Meer hineingehen.

Als wir das Ziel erreicht und unsere mitgebrachte Picknickdecke ausgebreitet hatten, warfen wir alle drei unsere schwarzen Mäntel und Schleier ab. Das Meer war einladend glatt und ruhig. Nur ein paar sanfte Miniwellen plätscherten leise ans Ufer. Es war Nachmittag und die Mittagshitze schon vorbei, sodass man es hier auch länger aushalten konnte. Ich freute mich auf einen gemütlichen Nachmittag mit den Neuankömmlingen. Wir wollten uns entspannen, schwimmen und in Ruhe plaudern und das Meer genießen!

„Kommt, lasst uns eine Runde schnorcheln! Wir müssen aber unsere langen Kleider anlassen“, ermunterte ich meine Gefährtinnen.

Für Helena und Pia war es ein seltsames Gefühl, mitsamt den bodenlangen weiten Kleidern ins Meer einzutauchen. Aber die Kultur, in der wir lebten, erlaubte es uns Frauen nicht, uns im Badeanzug in der Öffentlichkeit zu zeigen. In dieser sehr strengen konservativen Gegend war es sogar anstößig, ohne Schleier von einem Mann gesehen zu werden! Im Moment war zwar weit und breit keine Menschenseele zu sehen, aber man wusste ja nicht, ob doch noch jemand auftauchen und uns entdecken würde!

Das funkelnde Meer lockte zu einer Erfrischung. Nur ein leiser Windhauch streichelte zart über unsere Haut. Wir drei Frauen liefen lachend ins Wasser hinein, bis unsere Waden vom Wasser bedeckt waren. Die nassen Kleider schmiegten sich an unsere Beine, während unsere Füße im Sand einsanken.

In diesem Moment stellten sich weitere Gäste am Strand ein. Helena entdeckte plötzlich die sechs schwarzgekleideten Frauen mit ungefähr 20 Kindern im Alter von 5 bis16 Jahren, welche gerade aus einem Lastwagen ausstiegen, der hinter der Mauer geparkt worden war. Die Frauen und Kinder kamen geradewegs zu unserem Platz. Ich ahnte schon, dass es nichts mehr mit unserem gemütlichen Plauderstündchen nur zu dritt werden würde und seufzte bedauernd.

„Wir können jetzt nicht schwimmen. Diese Beduinengruppe wird vermutlich direkt zu uns sitzen, obwohl der ganze Strand leer ist. Wir müssen zumindest unsere Haare verschleiern, es ist ein Mann dabei. Es gehört sich hier nicht, dass man seine Haarpracht zeigt. Außerdem dürfen Frauen nicht schwimmen gehen, wenn sie gesehen werden können, da die nassen Kleider am Körper kleben und zu viel offenbaren. Wir wollen uns nicht unschicklich verhalten!"

Der ältere Fahrer des Lasters blieb in respektvollem Abstand von uns badenden Frauen stehen. Doch die fröhlich schwatzenden Beduinenfrauen kamen näher. Wie ich es geahnt hatte, saßen alle schon bald plaudernd um uns herum und bestaunten uns hellhäutige Europäerinnen neugierig. Ich schluckte das Bedauern über das abrupte Ende unseres ungestörten Nachmittags hinunter. Da ich die einzige war, die den hiesigen Arabisch Dialekt sprach und sich mit den heimischen Sitten und Erwartungen auskannte, war klar, dass ich das Gespräch wohl oder übel führen musste! Die jemenitischen Kinder saßen erstaunlich still im Kreis und schauten uns fremdartige Frauen neugierig aus ihren riesigen schwarzen Augen an. Beim Lächeln blitzten ihre strahlend weißen Zähne aus ihren mokkabraunen Gesichtern. Sie fragten sich wahrscheinlich, ob wir aus dem Fernsehen waren, denn so helle Geschöpfe gab es doch nur im Film!

Die schwarz gekleideten Beduinenfrauen boten in arabischer Gastfreundschaft Kekse und gesüßten *Chai*[42] aus einer Thermoskanne an und begannen gleich damit, uns Ausländerinnen mit den hier üblichen neugierigen Fragen zu löchern.

---

42 Tee

„Wie geht es dir? Wie geht es deiner Familie? Hast du Kinder? Wie heißt du? Bist du verheiratet? Was hast du heute gekocht? Habt ihr Ziegen? Was für eine Seife benutzt du, damit deine Haut so hell wird?“

Innerlich schmunzelte ich, während ich geduldig die Fragen beantwortete. Pia und Helena wurden ungefragt in die beduinische Kultur eingeführt und kamen dabei in den Genuss der großzügigen jemenitischen Gastfreundschaft. Ich ließ mir den süßen starken Schwarztee einschenken und begann, das Gespräch mit den Beduininnen zu genießen. Dabei staunte ich: Pia, die unscheinbare, stille Abiturientin mit hellbraunem halblangem Haar und blauen Augen, die erst ihren dritten Tag in diesem Land verbrachte, war mit Feuereifer am Gespräch beteiligt, obwohl sie noch kein Wort Arabisch verstand. Ihre Augen glänzten. Ihr würde es in diesem Land gefallen, da war ich mir sicher!

Die Jungen und Mädchen rannten inzwischen barfuß mit ihren hübschen bunten Sonntagskleidern lachend und balgend über den goldenen Strand und bespritzten sich mit Wasser. Dann sprangen sie übermütig mit voller Montur in die Brandung. Die älteren Jungs wetteiferten darum, zu einem der seitlich aus dem Meer ragenden dunklen Riffe zu waten. Das Wasser ging ihnen nur bis zum Knie. Sie konnten, wie die meisten Jemeniten, nicht schwimmen und hatten großen Respekt vor dem grenzenlosen Ozean. Bald hatten sie den Felsen erreicht und kletterten geschickt und furchtlos auf den messerscharfen Kanten herum. Die Gischt der sanften Wellen spritzte die Kinder nass und sie lachten und johlten begeistert. Plötzlich ergoss sich eine Fontäne über den Felsen.

Als ein junger Beduine in karierter knielanger *Futa* von links, wo die Autos parkten, wild mit beiden Armen gestikulierend auf uns zukam, wurde ich von den spielenden Kindern abgelenkt. Wir wandten uns dem Mann zu und ich bemerkte, dass der Fahrer des Lasters, der nach wie vor dort stand, ebenfalls sehr aufgeregt zu sein schien.

„Fahren Sie Ihren Wagen weg!“, rief der junge Mann, sobald er sich in Hörweite befand.

Helena warf mir einen fragenden Blick zu.

„Ich mache das schon!“, rief sie und sprang auf, um der Aufforderung des jungen Mannes nachzukommen, während ich mit unserer neuen Lernhelferin Pia am Strand sitzen blieb. Wir sahen zu, wie Helena ihre Schuhe anzog, den Schlüssel aus der Tasche zog und gelassen über den heißen Strand zum roten Pajero stapfte. Man durfte schließlich in der arabischen Kultur nicht rennen – eine Frau schon gar nicht! Dann verschwand sie hinter der Mauer, die die Sicht zur Straße versperrte.

Als ich mich umdrehte und meinen Blick wieder dem Meer zuwandte, erschrak ich, mein Herz begann zu rasen. Die folgenden Ereignisse überschlugen sich so schnell, dass es mir den Atem verschlug. Die Kinder, die inzwischen alle auf dem Felsen standen, schrien und winkten aufgeregt.

„Etwas stimmt hier nicht! Es ist etwas passiert!“

Ich spürte intuitiv, dass uns eine Katastrophe bevorstand. Weiter draußen, wo das Meer tief war, sah ich einen dunklen Kopf auftauchen, oder waren es sogar mehrere?

Ein markerschütterndes Geheul setzte ein, in das alle Beduininnen mit einstimmten. Dieses Geheul kannte ich! Es war die Totenklage der arabischen Frauen! Auf einmal war aus der friedlichen Szene das pure Chaos geworden. Alle Frauen rannten wie auf Kommando zum Ufer hinunter, auf die entsetzt kreischenden Kinder zu, die Richtung Meer blickten.

„Wir müssen etwas tun, die meisten Jemeniten können nicht schwimmen! Da hinten scheint jemand am Ertrinken zu sein!“, rief ich Pia zu.

Mit dem Anschwellen des Todesgeheuls der Frauen erschien plötzlich eine dichte finstere Wolkendecke, die den azurblauen Himmel vom Horizont her verdunkelte, als ob sie durch ihr grauenerregendes Geschrei den bösen Geistern Raum gäben und diese sich sichtbar vom Meer her näherten – finster, mächtig und erschreckend. Die dunkle Front war so breit, dass sie den gesamten Horizont umspannte. Sie wuchs immer weiter in die Höhe. Ich hatte den Eindruck, als würde sie sich in rasendem Tempo auf uns zu bewegen. Ein tiefes Grauen packte mich, mein Blut schien zu gefrieren, sodass ich das Gefühl hatte, gleich die Kontrolle über meinen Körper zu verlieren. Das Geheul der Araberinnen schwoll an wie das Heulen eines Wolfsrudels.

Ich bekam eine Gänsehaut und fing an, entsetzlich zu frieren. Es war eine unheimliche, grauenvolle Atmosphäre.

„Jesus …“, begann ich unwillkürlich halblaut zu beten.

Zu mehr war ich im Moment nicht fähig! Ich wusste nur noch eins: Ich musste das Kind retten, das da am Ertrinken war. Ohne mir irgendwelche Gedanken über die Folgen zu machen, rannte ich so schnell ich konnte ans Meeresufer. Das Wasser schien nach wie vor unschuldig und glatt und ich stürzte mich mitsamt dem Kopftuch in die Fluten. Aus den

Augenwinkeln erkannte ich, wie Pia ebenfalls viel weiter links ins Wasser sprang. Bald schon hatte Pia mich überholt und schwamm auf eine Stelle unterhalb des Felsens zu, auf dem die Kinder immer noch standen und mit weit aufgerissenen Augen schrien. Ein gewaltiger, unsichtbarer Unterwassersog zog mich unvermittelt in einem kreisförmigen Strudel nach unten. Von der kraftvollen Saugkraft überwältigt, schluckte ich Salzwasser und hustete, während ich krampfhaft nach Halt suchte. Was war das? Das Meer war immer noch betrügerisch glatt an der Oberfläche, doch ich wurde schon wieder unter Wasser gewirbelt. Waren dies die gefährlichen Meeresströmungen, die es während der Monsunstürme gab, und vor denen uns die Einheimischen immer wieder eindringlich gewarnt hatten?

Bisher hatten wir es immer mit einem leichtsinnigen Schulterzucken abgetan und nicht ernst genommen. Jetzt spürte ich plötzlich einen heftigen Schlag an der Schläfe, vermutlich war ich mit dem Kopf gegen ein Korallenriff geschleudert worden. Dann fühlte ich nichts mehr. Es wurde dunkel um mich herum. Meine Gliedmaßen wurden schwächer, die Lungen brannten … Es erschien mir wie eine Ewigkeit, doch waren es wahrscheinlich nur Bruchteile von Sekunden. Ich öffnete die Augen. Mein dröhnender Kopf durchbrach die Oberfläche. Ich würgte und spuckte, rang keuchend und prustend nach Atem. Zuerst hatte ich keine Ahnung, wie weit ich davongetragen worden war. Ich konnte nichts hören oder sehen, nichts fühlen – außer Sand und Wasser um mich. Das Wasser ging mir bis zum Hals. Allmählich ließ der Druck nach und das Wasser, das mich umflutete, wurde seichter. Vorsichtig versuchte ich, aufzustehen – darauf achtend, den Halt nicht wieder zu verlieren. In der augenblicklich schwächeren Strömung schwankte ich vor und zurück.

Erleichtert erkannte ich fast gleichzeitig den Kopf von Pia, die weiter links schwamm, wo der Sog scheinbar nicht so stark war. Mühsam taumelte ich Richtung Strand zurück und schrie dabei verzweifelt:

„Pia, komm zurück, bitte komm zurück. Es ist gefährlich, du musst sofort umdrehen, schwimm nicht so weit raus!!!"

Doch Pia schien mich nicht zu hören. Sie schwamm ruhig und gleichmäßig und entfernte sich immer mehr. Ich rief lauter und drängte Pia zur Umkehr, dabei betete ich Sturm, dass dem jungen Mädchen nichts passieren würde. Eine lähmende Angst um unsere Lernhelferin befiel mich, denn ich fühlte mich für das Wohl der beiden Neueinsteigerinnen verantwortlich.

Das durchdringende Totengejammer der verzweifelten Beduinenfrauen schwoll an. Bis heute kann ich mich nicht erinnern, wie ich an den Strand zurückgekommen bin. Benommen und schwindelig hockte ich auf dem Sandboden und musste mich übergeben. Jetzt fühlte ich mich völlig schlapp, wie ein Luftballon, dem die Luft abgelassen wurde. Helena kam endlich zurück vom Auto und ging zielstrebig Richtung Ufer. Sie hatte schnell erfasst, dass etwas nicht stimmte.

„Bitte geh nicht ins Wasser, es ist zu gefährlich!", rief ich ihr warnend zu.

Endlich war auch Pia umgekehrt und kam völlig erschöpft zurück aus dem Wasser. Sie setzte sich benommen und nass ans Ufer, die Wellen umspielten ihre Füße. Das Kleid war zerrissen und ihr Blick ging Richtung Meer –

aber sie schien nichts von dem, was um sie herum vorging, wahrzunehmen. Ihr Haar hing ihr in Strähnen ins Gesicht und sie spielte geistesabwesend mit dem Sand.

Endlich gehorchten mir meine Glieder wieder und ich eilte stolpernd Richtung Auto. Unterwegs schnappte ich mir den Schlüssel, dann nahm ich ein älteres, verzweifelt schreiendes Mädchen an der Hand und rief ihr zu:

„Komm mit, du musst mitkommen. Wir müssen Hilfe von den Fischern holen, wir können vom Strand aus nichts tun!"

„Mein Bruder, mein Cousin, meine Nichte, sie sterben, sie ertrinken!", weinte das Mädchen hysterisch und machte sich steif.

„Gott wird ihnen helfen! Er ist da! Sie werden nicht tiefer fallen als in Gottes Hand!", versuchte ich das arme, erschütterte Mädchen zu beruhigen.

Ich glaubte fest daran, dass Gott hier eingreifen würde!

„Aber wir müssen jetzt Hilfe holen. Komm endlich!"

Endlich löste sich Wafa (deren Namen ich erst später erfuhr) aus ihrer Verkrampfung und stolperte mit zum weit entfernt geparkten Auto. Sie weinte und schrie noch immer unaufhörlich. So schnell ich konnte, raste ich mit unserem roten Wagen über die Sandpiste zum nächsten Fischerdorf Halla. Die Männer hockten faul vor sich hindösend und *Qat* kauend am Strand im Schatten ihrer ans Ufer gezogenen Fischerboote.

„*Yella, bi Suraa!*[43] Dort hinten ertrinken Kinder!", rief ich verzweifelt.

---

43 Schnell! Auf geht`s!

Doch die Männer waren vom Anblick der ausländischen Frau, die mit zerrissenen nassen Kleidern und aufgelösten blonden Haaren am Steuer eines roten Autos saß und wild gestikulierend schrie, wie betäubt. Sie reagierten nicht. Ob sie wohl träumten? Oder hatten sie doch zu viel *Qat* konsumiert? War dieser ungewöhnliche Anblick vielleicht ihrer Phantasie entsprungen?

Schlagartig wurde mir bewusst, dass ich meinen Schleier im Meer verloren hatte. Für diese einfachen arabischen Männer, die womöglich nicht einmal einen Fernseher besaßen, bot ich wohl gerade einen ungewohnten und unanständigen Anblick!

Beschämt, frustriert und wütend wendete ich das Auto. Wafa neben mir weinte und schrie wie wahnsinnig. Um das Gänsehaut erweckende Geschrei zu übertönen, hatte ich nur eine Lösung: Laut den Namen Jesus anrufen, während ich den Geländewagen in halsbrecherischem Tempo über Stock, Stein und Sanddünen zurückpeitschte. Mir war es in diesem Moment egal, wenn die Reifen platzten oder das Gefährt auseinanderfliegen sollte.

Anscheinend hatten die Männer nun doch etwas von der Dringlichkeit verstanden, denn bei unserer Rückkehr an den Ort des Unglücks jagten schon ein paar Motorboote aus dem Fischerdorf Halla kommend an den Unglücksort. Von der Hauptstraße fuhren Neugierige an den Strand. Schaulustige Einheimische standen herum. Erst jetzt merkte ich, dass ich meine Schuhe verloren oder vergessen hatte, meine blutig zerschrammten Füße waren voller Dornen. Aber in diesem Moment nahm ich den Schmerz nicht wahr. Schockiert und ungläubig sahen wir eine Kinderleiche am Ufer liegen. Helena hatte den etwa zehnjährigen Jungen tapfer aus dem

Wasser gezogen. Aber anscheinend waren noch mehr Kinder im Wasser! Ich sah einen Kopf auftauchen und zog energisch ein wunderschönes Mädchen mit langen schwarzen Haaren und kalkweißem Gesicht aus den Fluten. Sie hustete und erbrach sich.

„Schnell, sie lebt noch, sie muss ins Krankenhaus!"

Mit letzter Kraft versuchte ich, das vom Wasser schwere ungefähr 13-jährige Mädchen auf den Arm zu nehmen und zum Auto zu schleppen.

„So helft mir doch bitte!", rief ich den umstehenden Neugierigen zu.

Hilfesuchend sah ich mich um. Ein paar Meter entfernt saß Pia völlig teilnahmslos. Von ihr war keine Hilfe zu erwarten.

„Pia, ich kann mich jetzt nicht um dich kümmern. Ruh dich aus! Ich muss dieses Mädchen ins Krankenhaus bringen und komme bald zurück!", rief ich ihr zu, bevor ich mich zum Auto wandte.

Eine ältere Frau stand da und schrie völlig hysterisch. Leise sprach ich sie an und bat sie, mir doch zu helfen. Doch die verstörte Beduinenfrau stand offensichtlich unter Schock. Sie schaute durch mich hindurch und schrie, komplett außer sich, immer weiter. Erst einige Tage später sollte ich erfahren, dass Umm Mustafa heute den Tod einer ihrer Töchter, dreier Enkelkinder und vier Nachbarskinder miterlebt hatte! Auch die herumstehenden Männer schauten mich, eine hilfesuchende Ausländerin nur verständnislos und kopfschüttelnd an: Ich, die inzwischen schon fast fünf Jahre bei diesen Menschen lebte, musste noch viel lernen! Wusste ich denn immer noch nicht, dass ein Mann kein fremdes Mädchen berühren durfte!? Und dass ich als Frau doch nicht mit einer Fremden allein ins Krankenhaus gehen konnte! Sie musste von einem männlichen Verwandten begleitet werden!

Inzwischen war unser Auto zugeparkt und mir wurde klar, dass ich gar nicht mit unserem Auto wegfahren konnte, ohne im holperigen, tiefen *Wadi* stecken zu bleiben.

Mit letzter Kraft legte ich das Mädchen auf den vordersten weißen Pick-up und suchte den Fahrer. Wer von den herumstehenden Schaulustigen hatte den Schlüssel für dieses Auto?

Endlich hatte sich der ältere Chauffeur der Beduinenfrauen – Abu Mustafa, wie sich später herausstellte – aus seiner Erstarrung gelöst. Er begriff plötzlich, dass es für seine Enkeltochter um Leben oder Tod ging und bat den Fahrer des vordersten Pick-ups, seine Enkelin zum Krankenhaus zu fahren. Er konnte momentan mit seinem Lastwagen auch nichts ausrichten, da die Schaulustigen ihre Autos einfach kreuz und quer in den Weg gestellt hatten und die Durchfahrt blockierten.

Völlig erledigt und am ganzen Körper zitternd ging ich zurück zur Unfallstelle. Die traumatisierten Beduinenfrauen hatten jetzt aufgehört zu schreien. Sie waren völlig am Ende ihrer Kraft. Der Schock saß zu tief. Zwei weitere Leichen von einem siebenjährigen und einem achtjährigen Jungen lagen unterdessen am Strand. Es war eine traurige Szene, als sich die Gruppe der Überlebenden von panischem Schrecken ergriffen auf den Weg zu ihren Geländewagen machte, um wie vorgeschrieben, vor dem Sonnenuntergangsgebet nach Hause zu fahren.

Die überlebenden Mädchen und Jungs und die Beduinenfrauen stiegen, noch sichtlich unter Schock, in den Lastwagen. Ein elfjähriger Junge stand verstört und mit traurigen Augen und leerem Blick wie erstarrt neben dem Transporter. Er wollte auf seinen Zwillingsbruder warten, den das Meer verschlungen hatte. Sie konnten doch nicht einfach ohne ihn wegfahren! Sein „Ebenbild" würde ihn sonst suchen. Er würde ihn brauchen. Sie hatten bisher immer alles zusammen gemacht! Wie sollte er jetzt ohne ihn weiterexistieren? Sein Blick war so traurig Richtung Meer gerichtet, dass mein Herz vor Mitleid fast brach. Diese Kinder waren im selben Alter wie meine eigenen Kinder!

Zärtlich streichelte ich Fremde dem kalkweißen Jungen übers Haar und legte ihm vorsichtig den Arm um die Schultern. Hamza schaute überrascht auf. Das war er seit seinem 3. Lebensjahr nicht mehr gewöhnt, der Umgangston in seiner Familie war rau. Zärtlichkeit bekamen nur die Jüngsten und Kleinsten. Obwohl er wusste, dass Berührungen zwischen den Geschlechtern unter Fremden *haraam*[44] waren, erschien ein kaum merkliches Lächeln auf seinem Gesicht. Er verstand! Ein merkwürdiges, mit Worten nicht zu beschreibendes Band war zwischen mir, der mütterlichen Weißen, und dem traumatisierten Beduinenjungen entstanden. Dann nickten wir einander schweigend und traurig zu, der Junge stieg mechanisch ein und das vollgeladene Fuhrwerk entfernte sich.

Jetzt wurde es eigenartig still. Totenstill. Die schreienden Frauen und die verstörten Kinder waren fort. Nur ein paar Fischer tauchten noch, um nach weiteren Kindern zu suchen. Wir drei ausländische Frauen waren tief betroffen und

---

44 verboten, unzüchtig

fassungslos. Vier vor Leben sprühende Kinder! Sie waren doch noch kurz zuvor um uns herum gesessen und hatten uns neugierig angestarrt und bestaunt. Wir saßen da und blickten aufs Meer hinaus. Wir waren zu bestürzt, um uns zu bewegen. Dieser aufrüttelnde Anblick musste erst verkraftet werden. Es dämmerte schon und die komplette Dunkelheit würde schnell hereinbrechen. Endlich überwanden wir uns und packten die überall verstreuten Sachen zusammen.

Als wir gerade zum Auto gehen wollten, kam Bewegung in die Gruppe der nach den noch Vermissten suchenden Fischer. Sie hatten ein ungefähr 14-jähriges Mädchen gefunden. Das tote Mädchen sah mit den langen nassen Haaren und porzellanfarbiger Haut wunderschön aus. Sie sah friedlich aus, als ob sie schlafen würde. Ein Auto kam heran und der Fahrer half dabei, den leblosen Mädchenkörper in sein Auto zu laden. Er würde die Leiche zum Krankenhaus bringen, um dort den Totenschein ausfüllen zu lassen.

Jetzt konnten wir nicht länger an diesem grauenvollen Ort bleiben und eilten zum Auto. Langsam fuhr ich los. Helena wirkte ruhig und gefasst. Pia schwieg immer noch verstört. Zwischendurch murmelte sie:

„Es tut mir leid, ich habe dein Kleid zerrissen."

Sie stand offensichtlich unter Schock.

„Wie geht es dir?", fragte ich Helena.

Jetzt brach auch sie zusammen und weinte. Tränen schossen mir in die Augen und ein plötzliches Schwächegefühl überkam mich, sodass ich am Straßenrand der wenig befahrenen Hauptstraße anhielt. Wir weinten. Kein Wort kam über unsere Lippen, aber die Tränen flossen in einem unaufhörlichen Strom. Unsere Trauer war nicht mehr in Worte zu fassen.

Es war unbegreiflich, warum wir ausgerechnet zu jenem Zeitpunkt an diesem Ort des Schreckens gewesen sein mussten. Es kam uns vor, als wären wir Spielfiguren in einem schrecklichen Film, den man irgendwie nicht abschalten konnte, gewesen.

***

Ungewöhnlich spät kamen wir bei völliger Dunkelheit nach Hause. Während Tim fröhlich plapperte und die schweigsame Spannung ignorierte, merkten Chris und meine beiden großen Jungs, David und Martin, schnell, dass etwas nicht stimmte.

„Was ist los? Ihr seid so still! Warum sagt ihr nichts?"

Nach dem Abendessen, in dem meine Freundinnen und ich nur herumstocherten, setzten wir uns auf unser Flachdach. Es tat gut, zusammen zu sein. Die Anwesenheit der Gefährtinnen war tröstlich. Dieses Erlebnis hatte uns wie mit einem unsichtbaren Band verbunden. Es bedurfte keiner Worte. Wir alle hatten uns von einem Moment zum anderen verändert. Alles hatte sich verändert. Nichts war mehr so, wie zuvor. Vermutlich würde auch nichts je wieder so sein. Und doch drehte sich, zu unsrer Verblüffung, die Welt einfach weiter! Später kam Chris herauf und fragte teilnehmend, was geschehen war. Nur mühsam und stockend konnten wir bruchstückhaft erzählen. Chris bekam eine diffuse Vorstellung von dem, was nachmittags am Strand geschehen sein musste. Er schwieg entsetzt.

Am nächsten Tag fuhr Chris auf dem Weg zum Projektgebiet auf der Hauptstraße an der Stelle vorbei, wo die

Katastrophe passiert war. Die Küstenwache war zur Stelle und suchte noch immer nach den Verunglückten. Unser roter Pajero war bekannt, selbst an den Checkpoints und im weit entfernten Projektgebiet wurde mein Mann angesprochen. Die „tapferen" deutschen Frauen, die versucht hatten, die Kinder zu retten, waren in aller Munde. In der Zeitung konnte man die Namen und Altersangaben der ertrunkenen Kinder lesen. Erschüttert registrierten wir drei „Heldinnen", die wir uns selbst jedoch als Versagerinnen fühlten, dass insgesamt acht Kinder aus zwei Familien ertrunken waren. Das war unfassbar!

Selbstvorwürfe setzten uns zu. Wir fragten uns, warum wir überlebt hatten und von diesen unschuldigen Kindern im Alter zwischen sechs und sechzehn Jahren acht Kinder im Meer versunken waren!

In der Zeitung stand ebenfalls, dass zwei Kilometer weiter Richtung Mukalla zwei einheimische, erwachsene Männer am gleichen Tag beim Baden tödlich verunglückt waren.

Pia ging es schlecht. Sie sprach kaum. Erst später erzählte sie uns, dass sie bereits eines der Mädchen erreicht und ihre Hand gefasst hatte. Das ertrinkende Mädchen hatte sich jedoch so fest an sie geklammert, dass sie beinahe beide ertrunken wären. Plötzlich wurde die Strömung so stark, dass Pia eine schwere Entscheidung treffen musste, wie sie es im DLRG-Lebensretter Kurs gelernt hatte: sie musste loslassen, da ihr klar war, dass sie nicht sich selbst und das Kind retten konnte.

Pia brauchte in den nächsten Tagen viel Ermutigung und Zuspruch.

Ich fühlte mich verantwortlich für unsere neuen Mitarbeiterinnen und bedauerte, dass die Neuankömmlinge einen so grauenvollen Start gehabt hatten. So merkte ich zunächst nicht, wie sehr mir das alles selbst zugesetzt und wie mich dieses traumatische Erlebnis mitgenommen hatte! Ich konnte nicht mehr einschlafen, denn sobald ich die Augen zumachte, sah ich das Erlebte wieder vor mir. Wenn ich dann doch endlich gegen Morgen einschlief, hatte ich furchtbare Albträume, in denen die ertrunkenen Kinder plötzlich die Gesichter von unseren eigenen Kindern hatten!

Ein paar Tage nach dem Unglück kam unangemeldet Besuch aus der Hauptstadt, um uns Frauen zu helfen. In dieser Situation war es für mich sehr schwierig, einen fremden, sehr dominanten Gast im Haus zu haben, die mir – zwar in bester Absicht – nun auch noch die Routinearbeiten wegnehmen wollte. Die alltäglichen Arbeiten wie Kochen, Waschen und Saubermachen gaben mir Sicherheit und das „Funktionieren-müssen" hätte mich davor bewahrt, in ein abgrundtiefes Loch zu fallen. Privatsphäre gab es nun auch keine mehr, denn bei den Mahlzeiten und sonst im Haus waren außer unserer Familie und dem Gast auch noch Helena und Pia. Chris wurde es schnell zu viel mit all den Frauen im Haus. Er stürzte sich noch mehr als sonst in die Arbeit und verbarrikadierte sich. Es kamen noch mehr Gäste, die mit den alleinstehenden Frauen sprechen wollten, die neu in Mukalla angefangen und gleich so Schlimmes erlebt hatten. Ich litt still, fühlte mich leer und einsam. Die Gespräche mit Helena und Pia fehlten mir. Dafür war ich Gastgeberin und musste für das leibliche Wohl der Gäste sorgen. Doch niemand fragte mich, wie es mir ging.

Diese Krise war eine große Herausforderung, auch für meine Familie. Unsere Kinder hatten ihre Mama noch nie so traurig und freudlos erlebt. Ich fiel in ein Loch, konnte nicht mehr schlafen und essen. Bohrende Fragen quälten mich.

„Warum mussten diese Kinder sterben? Warum konnten wir ihnen nicht helfen? Warum haben wir Ausländer überlebt? Weshalb waren wir überhaupt dort in diesem Moment? Warum hat Gott nicht eingegriffen? Es wäre doch für ihn möglich gewesen!"

Zum ersten Mal im Leben hatte ich Zweifel an Gott. Nicht an seiner Existenz, aber mein jahrelanger Glaube, dass Gott gut ist, wurde auf einmal stark in Frage gestellt.

Der tragische Tod der Beduinenkinder hatte mich verändert. Mein Leben war auf den Kopf gestellt worden. Nach allem, was wir durchgemacht hatten, fragte ich mich, wie ich diesen weiteren Schmerz nur aushalten sollte.

Wie konnte ich verhindern, dass es mir immer wieder neu das Herz brach? Ich dachte oft an das wunderschöne Mädchen, das ich zum Auto getragen hatte. Ständig fragte ich mich, ob es überlebt hatte. Und wenn ja, ob der Sauerstoffmangel einen Hirnschaden verursacht hatte. Wenn ich an die verzweifelten Augen der überlebenden Kinder dachte, die in ähnlichem Alter waren wie meine eigenen Söhne, hätte ich jedes Mal losweinen können. Andererseits weigerte ich mich, gegen das Elend und das Leid abzustumpfen. In diesem Moment nahm ich mir fest vor, meine Gefühle zu stählen, ohne dass ich dabei hart wurde. Doch das war alles andere als einfach!

Daher bat ich meinen Mann, als wir allein waren: „Bitte sag mir, wenn ich kühl und hart wirke. Ich habe das Gefühl, dass ich mich schützen muss, um alles zu verkraften und nicht zugrunde zu gehen. Warum fragt mich eigentlich niemand, wie es mir geht?"

„Du wirkst so stark und ruhig. Du bist eine starke Frau!", meinte Chris und schaute mich dabei mit bewundernden Augen an.

„Aber ich möchte nicht stark oder hart sein müssen und mein Herz verschließen. Ich möchte ein weiches Herz behalten, will aber auch nicht an allem, was wir erlebt haben, zerbrechen. Bitte hilf mir und sage mir, falls ich hart werde!"

Eifrig stürzte ich mich in die Arbeit, denn die pausenlose Beschäftigung lenkte mich ab, sodass ich nicht immer wieder über alles nachgrübeln musste.

Doch sobald es Nacht wurde, fehlte plötzlich dieses Schutzschild der emsigen Aktivität. Die Bilder und Albträume des traumatischen Geschehens standen wieder vor mir. Jedes Mal, wenn ich die Augen schloss, kamen die Erlebnisse wieder hoch und ich warf mich im Bett hin und her. Dann durchlebte ich die schrecklichen Stunden am Strand immer wieder: die unerträgliche Frustration, die schmerzliche Hilflosigkeit und herzbrechende Verzweiflung. Ich sah die schreckgeweiteten Augen der Kinder, hörte das markerschütternde Geschrei der Frauen und bemühte mich vergeblich, wieder alles zu vergessen und aus meinem Kopf zu verbannen. Doch Verdrängung eignete sich für mich leider nicht als Bewältigungsstrategie.

Wenn die Unruhe nachts unerträglich wurde, stand ich auf, damit mein armer Mann nicht durch meine Rastlosigkeit gestört wurde. Verzweifelt versuchte ich mich abzulenken und etwas zu lesen oder Lobpreismusik zu hören. Oft ging ich auf unserem Flachdach hin und her, diskutierte währenddessen mit meinem Papa im Himmel und betrachtete den klaren Sternenhimmel, der sich über unserem Haus wie ein schwarzes Seidentuch mit goldenen Punkten spannte. Wenn ich dann müde war, legte ich mich wieder ins Bett. Ich versuchte, zu entspannen und sagte mir, dass es bereits gut tat, wenn der Körper ruhig lag. Auf keinen Fall durfte ich auf die Uhr schauen oder mich aufregen, dass ich nicht schlafen konnte, denn sonst wurde alles nur schlimmer.

Wenn wir übermäßig mit Leid und Schicksalsschlägen konfrontiert werden, ist die emotionale Reaktion unvorhersehbar. Jeder reagiert anders. Äußerlich blieb ich eine ganze Weile erstaunlich ruhig und distanziert. Doch ich ahnte, dass irgendwann ohne Vorwarnung der Augenblick kommen würde, wo alles eskalieren und der Damm brechen würde. Der Auslöser für die emotionale Flutwelle konnte in solchen Fällen etwas Banales sein. Da ich einige Jahre zuvor eine Seelsorgeausbildung gemacht hatte, konnte ich mich gut einschätzen und wusste, wie es um mich stand. Trotzdem hatte ich keine Lösung, wie ich aus diesem explosiven Minenfeld wieder allein herausfinden sollte.

Mir war völlig klar, dass ich nicht erwarten konnte, dass andere Menschen mich verstanden; daher zog ich mich immer mehr zurück und kapselte mich ab. Letztendlich musste ich die finsteren Täler allein durchwandern – wie das meistens der Fall ist. Ich wusste auch, dass man durch Krisen entweder stärker wird oder zerbricht. Doch ich entschloss mich, mich nicht „unterkriegen" zu lassen. Ich würde mich an meinen Papa im Himmel klammern! Manchmal konnte ich innerlich nur noch Psalmen stammeln und Gott um Hilfe bitten.

Elf Tage waren inzwischen verstrichen. Jeden Tag hatten wir drei Frauen uns fest vorgenommen, die Trauerfamilien zu besuchen. Wir wollten uns entschuldigen, dass wir den Kindern nicht mehr helfen konnten. Doch wir hatten es seither noch nicht geschafft. Nachdem wir wieder etwas Kraft hatten, nahmen wir unseren ganzen Mut zusammen und machten uns auf den Weg, um die Hinterbliebenen zu besuchen. Die Adresse hatten wir aus der Zeitung. Familie Baad Bayaan und ihre Nachbarn, Familie Ataas, wohnte in einem anderen Stadtviertel Richtung Fuwah. Wieder saß ich am Steuer. Ich hatte Magenkrämpfe, war angespannt und nervös! Was würden die Angehörigen sagen? Wohl hatten wir versucht, die Kinder zu retten, aber wir hatten versagt! In den schlaflosen Nächten hatte ich mir ausgemalt, was ich wohl sagen wollte. Eine Trauerfloskel hatte ich auswendig gelernt und mit den anderen Frauen geübt.

Neben dem unverputzten Haus stellte ich das Auto ab, dann stiegen wir zögernd und mit klopfenden Herzen aus.

„Geh du voran, Debora, du wohnst schon fünf Jahre hier und weißt, wie man sich verhält.“, bat Helena. Da war ich mir aber gar nicht so sicher!

Die Tür wurde geöffnet. Wir waren plötzlich von einem Pulk Frauen und Kinder umgeben. Sie blickten uns stumm an. Mir blieben die auswendig gelernten Worte im Hals stecken! Tränen des Erbarmens rollten über mein Gesicht. Plötzlich lagen wir Frauen weinend in den Armen der trauernden Beduinenfrauen. Wir wurden in den Raum der Frauen geführt, saßen auf dem Boden und weinten leise mit ihnen. Worte waren überflüssig. Eigenartig, wir fühlten uns so verbunden, als ob wir uns schon lange kennen würden, obwohl wir uns am Unglückstag zum ersten Mal gesehen hatten. Das gemeinsame Erleben hatte uns zusammengeschweißt.

Genau genommen war die erlaubte Trauerzeit von zehn Tagen am Tag zuvor abgelaufen. Heute mussten sie eigentlich *Ilhamdulillah* sagen, denn man durfte auf keinen Fall durch Tränen der Trauer die Allmacht und Souveränität Allahs in Frage stellen!

Nach einer Weile betrat der Hausherr, Abu Mustafa, das Zimmer und überreichte mir ganz feierlich das gewaschene und gebügelte Tuch mit der Silberstickerei, das ich an jenem Unglückstag beim Rettungsversuch im Meer verloren hatte! Es war der ältere Fahrer des Transporters, der sich jetzt überschwänglich bei uns für unsere „Hilfe" bedankte.

„Ihr seid jetzt ein Teil meiner Familie!"

Wir Frauen waren bewegt und sprachlos. Noch nie zuvor hatte ich es hier erlebt, dass ein Mann das Zimmer der Frauen betrat, geschweige denn, dass ein Mann meine Hand berührte oder gar direkt mit mir sprach. Das war in dieser strengen islamischen Kultur nicht üblich. Aber in diesem Fall waren wir eben als Familienmitglieder aufgenommen worden, dadurch wurde die strenge Trennungslinie zwischen Mann und Frau aufgehoben. Abu Mustafa entschuldigte sich nun verlegen und pflichtschuldig, dass seine schwache Frau, seine Töchter, und die Schwiegertöchter weinten. Man konnte ihm jedoch ansehen, dass er seinen tiefen Schmerz selbst nur mühsam hinter der versteinerten Fassade versteckte. Ich war bewegt von dem uns entgegengebrachten Respekt und der freundlichen Aufnahme in diese Familie. Nun musste ich aber meinem Herzen Luft machen und den männlichen Angehörigen erklären, was sie hören sollten:

„Gott hat besonders den Frauen die Tränen geschenkt, als Ventil und Reinigung für ihre Seelen. Wenn man nicht weinen darf, wird der Körper krank!“

Erstaunlicherweise akzeptierte Abu Mustafa dies von mir, der Fremden. Er machte sogar Zugeständnisse und „erlaubte“ den Frauen, künftig zu weinen, aber nur, wenn keine Nachbarinnen dabei waren! Er selbst durfte sich diesen Luxus aber nicht leisten, wurde bald darauf depressiv und bekam massive Herzprobleme.

Beim Abschied baten die Beduinen uns, doch bald wiederzukommen. Dann kamen die ganzen Nachbarn und Verwandte und winkten uns noch lange nach. Die dreckige Straße war voller Menschen, Alt und Jung, Groß und Klein. Viele von ihnen rannten uns nach und begleiteten unser Gefährt. Es war wie ein Feierzug.

Von diesem Tag an begann der Heilungsprozess. Mit den Beduinen dieses Stammes entstand eine enge Freundschaft. Wir besuchten uns gegenseitig oft und gerne. Besonders für meine alleinstehenden Kolleginnen bedeutete diese Familienzugehörigkeit sehr viel. Wir alle waren überwältigt, mit wie viel Liebe, Dankbarkeit und Respekt uns die ganze Verwandtschaft entgegenkam.

Nächtelang lag ich weiterhin wach. Dann begann ich, einen Psalm zu schreiben:

Herr, wo bist du denn nur gewesen?

Warum hast du dies alles zugelassen?

Warum waren wir ausgerechnet zu jenem Zeitpunkt an diesem Ort?

Du siehst mich und du verstehst mich. Auch da, wo kein Mensch mich versteht. Selbst ich verstehe mich nicht mehr und bin ganz durcheinander. Ich fühle mich einsam und elend. Die Menschen wollen mir erklären, mich analysieren. Mir Lösungen geben. Sagen mir, dass alles gut ist. Aber nichts ist gut und nichts wird je wieder so sein, wie es war.

Ich kann nicht mehr weinen, ich bin leer und doch weint es in mir Tag und Nacht.

Niemand versteht mich. Meine Kinder fragen: „Warum trauerst du? Wir sind doch am Leben!"

Mein Mann fragt mich: „Warum trauerst du? Du musst doch als Krankenschwester immer mit dem unberechenbaren Tod rechnen. Außerdem waren es doch für dich völlig fremde Kinder."

Vielleicht willst du den Verlust um die Verlorenen teilen? Mit mir?! Kann es sein, dass du dich auch nach einem Menschen sehnst, der einfach nur da ist, dir zuhört, es aushält ohne Worte? Kein gutgemeinter Rat oder Trost, kein Analysieren! Kann es sein, dass du eine tiefe Freundschaft willst?

Ich fühle mich geadelt! Noch kann ich es nicht fassen, Worte sind zu schwach, um auszudrücken, was ich empfinde. Hast du etwa mich erwählt, um deine tiefsten Gefühle, die du nicht mit jedem teilen willst oder kannst, mit mir zu teilen? Wow! Ich beginne zu begreifen, dass ich wohl auser-

wählt bin und eine besondere Beziehung mit dir habe und eine Freundin für dich sein durfte in diesem Moment. Das ist unübertrefflich! Non plus ultra! Auf eigenartige Weise bin ich getröstet.

Du rufst den Verlorenen zu: „Bitte, bitte kehr doch um! Pass auf! Das Verderben ist ein starker Sog! Es wird dich hinunterziehen!" Doch trotz aller Warnung, allem Winken und Rufen, allem Werben und Bitten rennen die Menschen in ihr Verderben. Es schmerzt so sehr, zuschauen zu müssen, wie sie verschlungen werden.

Wie oft war ich gleichgültig oder waren mir andere Dinge wichtiger, und ich habe eine Gelegenheit verstreichen lassen, ohne deine Botschaft weiterzusagen. Auch diese Kinder werden jetzt nie mehr die Möglichkeit haben, etwas von dir zu hören.

***

Beim ersten Besuch bei den Beduinen fiel mir ein wunderschönes Mädchen mit großen ausdrucksvollen Mandelaugen auf. Diese schwarzen Augen schauten mich unablässig an und hielten mich fest; ich war wie hypnotisiert von diesem liebreizenden Mädchen. Ihre Haut auf den hohen Wangenknochen war makellos goldbraun, heller, als die der anderen Kinder. Prächtige dunkle lange Zöpfe lugten unter dem Kopftuch hervor.

"*Aysch ismik?*"[45], sprach ich das anmutige Mädchen an.

Das Mädchen, das nur wenig älter war als David, also vielleicht zwölf oder dreizehn, lächelte jetzt scheu, aber sie sprach kein Wort. Da versuchte ich es noch einmal, ich fühlte mich besonders zu dieser orientalischen Schönheit hingezo-

45 „Wie heißt du?"

gen und konnte mich ihrem bezaubernden Charme nicht entziehen. Nach einer Weile wurde die Mutter des Teenagers aufmerksam auf unsere einseitige Kommunikation.

„Das ist Jawaahir. Ihr Name bedeutet ‚Edelsteine'. Du hast ihr doch das Leben gerettet und sie damals zum Auto getragen.“, klärte sie mich auf.

Zuerst war ich sprachlos. Ich hatte befürchtet, dass das Mädchen damals nicht überlebt hatte. Und nun saß es direkt vor mir und beobachtete mich unablässig. Es war zwar traumatisiert und brauchte Hilfe, doch es lebte! Wie dankbar und froh war ich nun! Und doch fühlte ich mich auch für dieses zarte Mädchen verantwortlich.

In den kommenden Monaten konnte ich eine Beziehung zu dem schweigsamen Teenager aufbauen. Doch erst viele Wochen später erzählte mir Jawaahir:

„Meine Seele ist damals im Meer ertrunken. Deshalb kann ich jetzt nicht mehr zur Schule gehen.“

Jamiila, ihre Mutter, sah die Sache gelassen.

„So ist das halt. Sie war einmal die Klassenbeste und ging sehr gerne zur Schule. Sie hatte große Pläne. Seit ihre Brüder gestorben sind, ist sie verändert. Aber in unseren Kreisen ist Schulbildung sowieso nicht wichtig. Sie hilft mir sehr viel im Haushalt und mit ihren jüngeren Geschwistern und wird eine gute Hausfrau und Mutter. Dazu braucht man nicht in die Schule zu gehen. Wir werden einen hohen Brautpreis für sie bekommen, weil sie so hellhäutig ist.“

Ich schluckte und wusste, dass ich jetzt besser schweigen musste. Man musste versuchen, das andere Denken in dieser Kultur zu verstehen und zu akzeptieren. Aber dieses

Mädchen wuchs mir sehr ans Herz und ich betete viel für Jawaahir. Zwischen uns entstand sehr langsam eine freundschaftliche Beziehung. Es freute mich sehr, als das erste zaghafte Lächeln auf Jawaahirs lieblichem Gesicht erschien. Irgendwann konnte ich ihr erzählen, dass es eine Zukunft und Hoffnung für sie gab.

Kapitel 35

Narben

Meine Freundin Joy, die bei einer ausländischen Firma in Saudi-Arabien arbeitete, hatte noch einen Flug-Gutschein, der innerhalb eines Jahres eingelöst werden musste. Sie hatte wegen eines Autounfalls ihren geplanten Flug nach Dubai absagen müssen, weil damals das Taxi zum Flughafen einen schweren Unfall hatte, den Joys Mitfahrerin nicht überlebt hatte. Diesen Schock hatte Joy inzwischen einigermaßen verarbeitet, und sie wollte gerne ein paar Tage Abstand von ihrer aufreibenden Arbeit als Hebamme haben und mit einer Freundin shoppen und relaxen.

Joy, die damals bei Tims Geburt bei uns war, rief mich nach dem Trauma am Strand mehrmals an und tröstete mich verständnisvoll. Sie half mir durch ihre empathische und doch nüchterne Art, das tragische Geschehen etwas unter die Füße zu bekommen.

Zudem wurde sie nicht müde, mich immer wieder einzuladen. Sie überredete mich geduldig, mich mit ihr in Dubai zu treffen. Anfangs konnte ich mir jedoch überhaupt nicht vorstellen, meine Familie zurückzulassen und alleine zu verreisen. Doch Chris ermutigte mich liebevoll, die Urlaubsreise anzutreten. „Vielleicht wird dir der Abstand vom Alltag guttun!"

So ließ ich mich schließlich doch darauf ein.

Wir Freundinnen aus der Schulzeit waren in einem teuren Hotel mitten in Scharja untergebracht. Von dort aus konnten wir zu Fuß zu den Restaurants und verschiedenen Shopping Malls gehen. Freunde, die ich von einem früheren Besuch her kannte, nahmen uns mit zu einem Indischen Gottesdienst.

Die herzliche Aufnahme und das liebevolle Interesse der Inder würden wir beide wohl nicht mehr vergessen. Eine alte Freundin, Saschi, stellte uns den anderen Gläubigen vor und erzählte ihnen, woher wir beide kamen.

Besonders der indische Prediger Keith hinterließ einen unauslöschlichen Eindruck bei mir. Während ich gebannt seinen Worten über Schmerz lauschte, konnte ich meinen Blick nicht von ihm wenden. Seine Augen strahlten einen tiefen Frieden aus und man spürte seinen Worten ab, dass er aus persönlicher Erfahrung sprach. Gleichzeitig verbarg sein langärmeliges, weißes Hemd nur notdürftig die großen dunkelroten Narben, die seine Hände und Arme und sogar Teile seiner rechten Wange bedeckten. Diese wulstigen Wundmale, die, wie ich stark vermutete, von einer Verbrennung herrührten, erschienen mir auf den ersten Blick hässlich und abstoßend. Doch je länger ich ihm zuhörte, desto mehr veränderte sich meine Einstellung. Mir wurde plötzlich klar, dass dieser Mann die Male seiner schrecklichen Verletzung würdevoll trug und dass ihn dies nicht entstellte, sondern sogar unglaublich kostbar und einmalig machte. Schlagartig erschienen sie mir sogar auf eigenartige Weise schön zu sein.

Dann hatte ich das Gefühl, eine leise Stimme in mir zu hören.

„Dieser Mann hat Schlimmes erlebt, die Narben werden wohl sein ganzes Leben lang sichtbar bleiben. Er kann sie nicht verstecken; aber diese Zeichen hinterlassen einen bleibenden Eindruck und machen ihn kostbar: Er hat etwas Erschütterndes ausgehalten und erduldet.

Auch du, mein Kind, hast etwas erlebt, was von nun an Narben in deinem Leben hinterlässt. Diese gehören jetzt zu deinem Leben. Sie sind zwar auf den ersten Blick hässlich, aber sie machen dich schön und wertvoll. Du kannst diese Narben nicht auslöschen oder wegdiskutieren. Nach einer tiefen Wunde kann man die Narbenbildung nicht komplett verhindern, selbst wenn man durch eine gute Wundversorgung während der Wundheilung die Funktionalität und das Aussehen der Haut positiv beeinflussen kann. Du musst sie auch nicht verstecken, aber die verheilte Wunde wird mit der Zeit nicht mehr so schmerzlich wehtun."

Diese neue Erkenntnis berührte mich tief und ich spürte, wie etwas in mir langsam wieder heil wurde.

Joy und ich genossen die gemeinsamen Tage. Es tat mir wirklich gut, mit meiner Freundin vieles durchzusprechen, auch wenn ich meine Familie in diesen fünf Tagen sehr vermisste.

Kapitel 36

Die Tochter des Scheichs

An einem der nächsten Projektgebietstage saßen meine Kollegin Helena und ich durchgeschüttelt, aber erwartungsvoll im Pajero, der von unserem Fahrer Raschid gesteuert wurde. Wir waren auf dem Weg in unsere Projektdörfer. Obwohl ich um meinen Auftrag „Bete um Heilung und überlass den Rest mir!" wusste, waren zur Sicherheit Medikamente und Verbandsmaterial im Auto verstaut. „Man kann ja nie wissen!", dachte ich mir.

Kurz wanderten meine Gedanken zu Chris, der bei den Kindern geblieben war und Büroarbeiten erledigen wollte. Ob er wirklich das erledigen konnte, was er sich vorgenommen hatte? Oder würden ihn die Kinder beschäftigen und in Atem halten, wie es bei mir auch so oft der Fall war?

Ich war dankbar, dass Chris mir diesen Projekttag ermöglichte. Er liebte ja selbst die Ausflüge in die Dörfer und kehrte immer sehr fröhlich und erfüllt zurück, wenn er mit seinen Beduinen Zeit verbringen konnte. Chris blühte dabei immer richtig auf und liebte es, ihren Erzählungen zu lauschen oder selbst Geschichten zu erzählen. Mein sonst eher wortkarger, stiller Mann konnte dann auf einmal gar nicht mehr aufhören zu erzählen. Daraus resultierte, dass das anfängliche Misstrauen der Einheimischen uns Ausländern gegenüber fast ganz gewichen war und sogar viele Freundschaften entstanden waren!

Besonders die Frauen von Scherj waren zunächst sehr scheu gewesen. Neugierig hatten sie von weitem herübergespäht und uns Fremdlinge mit der hellen Hautfarbe argwöhnisch beobachtet. Die wenigstens Frauen hier hatten jemals ihr Dorf verlassen. Es gab keinen Strom, sodass sie auch kein Fernsehen kannten. Alles, was von ihrer eigenen schokoladenbraunen Hautfarbe abwich, war sehr aufsehenerregend. Als Sklaven aus Afrika vor Jahrhunderten hergebracht, lebten sie hier als die Ärmsten der Armen und die Verschmähten unter den Verachteten ihrer Landsleute. Doch sie hatten gelernt, mit den Gegebenheiten der tristen Einöde zurechtzukommen.

Ohne zu jammern, schleppten diese Frauen mehrmals täglich das Wasser – in tönernen Gefäßen auf dem Kopf balancierend – vom Fluss heran. Jeder Weg bedeutete einen strammen Fußmarsch von mehreren Kilometern in glühender Hitze. Das Leben der Frauen hier draußen war beschwerlich, arbeitsreich und mühsam. Dass viele der Frauen wegen der hohen Kindersterblichkeit mindestens ein Kind verloren hatten, bedrückte mich.

Unser Fahrer Raschid kurvte uns sicher durch die Wüste von Dorf zu Dorf. Er fuhr die ganze Zeit schweigend am Steuer des hellbraunen Land Cruisers, beobachtete aber heimlich im Rückspiegel uns eifrig schwatzenden Frauen auf der Rückbank. Dabei achteten wir natürlich alle peinlich darauf, Blickkontakte zu vermeiden, denn das wäre sonst absolut *haraam* gewesen!

Als wir am frühen Nachmittag im letzten und bestimmt staubigsten Dorf Scherj ankamen, sahen wir zunächst einzelne verstreute Lehmhütten mit Wellblechdächern sowie ein paar schmutzige Sandgassen mit allerlei Unrat und Ziegenkot übersät. Eine imposante, auffallend weiß getünchte Moschee mit meterhohem grünem Minarett ragte aus dem sonst sandfarbigen Dorfzentrum heraus. Doch auch hier sah man bei genauem Hinsehen bereits die Spuren des Verfalls: die Moschee passte sich langsam, aber sicher der vorherrschenden Wüstenfarbe an. Halbnackte Kinder, notdürftig mit ein paar zerlumpten Fetzen bedeckt, wuselten barfuß herum und spielten mit Stöcken oder kaputten Autoreifen. Viele von ihnen hatten rötlich-braunes verfilztes Kraushaar, dick aufgeblähte Hungerbäuche und dünne Arme und Beine. Stolz zeigten sie uns ein aus Dosen zusammengebasteltes Fahrzeug.

„Wie kreativ und glücklich diese Kinder doch wirken!", staunte ich wieder einmal.

Schon bald waren wir umringt von den sonst überaus scheuen weiblichen Bewohnern des Dorfes, die wild gestikulierend auf uns einredeten.

„***Daktoora***[46], komm schnell, Safia, die Tochter des Scheichs ist krank!", rief man uns zu.

Ein ganzer Schwarm Frauen machte sich mit uns beiden auf den Weg zu der Patientin. Natürlich drängten sich alle Begleiterinnen mit in den finsteren, fensterlosen Raum, in der das schwerstkranke, bleiche Mädchen teilnahmslos mit geschlossenen Augen auf einer dünnen Matte am Boden lag. Erschrocken betrachteten wir die völlig abgemagerte,

46 Wertschätzende Anrede für medizinisches Personal, ähnlich wie „Frau Doktor"

dahinsiechende Safia. Der hübsche, vor Leben sprühende Teenager war nicht wiederzuerkennen! Sie wirkte apathisch und schon vom Tode gezeichnet! Weihrauchduft erfüllte die stickige Kammer und ich hielt den Atem an. Einige Frauen saßen um das Krankenlager und rezitierten Koranverse, andere schwatzten aufgeregt durcheinander.

„Bitte hilf ihr doch!“, drängte die Mutter des mehrmals operierten Teenagers.

Sie berichtete stockend und unzusammenhängend die tragische Geschichte von Safia: „Eigentlich hatten wir gar kein Geld, aber als sie tagelang nicht aufhörte zu erbrechen und immer gelber wurde, brachten wir sie nach Ibn Sina ins Hospital. Sie wurde operiert, aber danach ging es ihr noch schlechter. Sie wurde immer elender. Dann haben die Ärzte sie noch einmal aufgeschnitten. Wir hatten kein Geld mehr, die letzte Ziege haben wir dem Krankenhaus als Bezahlung gebracht. Jetzt kann ihr niemand mehr helfen.“

Tränen liefen plötzlich wie Sturzbäche über die eingefallenen Wangen der gequälten Mutter und sie sah jämmerlich aus.

„Bitte, könnt ihr denn nichts tun, um meinem Kind zu helfen?“, flehte sie noch einmal eindringlich.

Dann schwieg sie erschöpft und schaute resigniert auf den Boden, überwältigt von der Unmöglichkeit ihres Wunsches. Sie hatte schon acht Kinder verloren, drei von ihnen im Mutterleib, die anderen fünf waren im ersten Lebensjahr gestorben. Safia war ihre älteste Tochter, die ihr auch schon viel Arbeit im Haushalt abnehmen konnte. Sie beide waren ein gutes Team; ihre Tochter und Weggefährtin hatte immer so viel Energie gehabt, wenn sie selbst durch die vielen Schwangerschaften, die schwere körperliche Arbeit, das karge Essen, die Armut und die Hilflosigkeit, mit der sie den Verlust ihrer Kinder hatte hinnehmen müssen, bereits erschöpft war.

Nachdem Safias leidgeprüfte Mutter uns die Krankengeschichte ihrer Tochter berichtet hatte, sahen Helena und ich uns bestürzt an. Wir besprachen uns auf Englisch miteinander, damit uns die Umstehenden nicht verstehen konnten. Die dunkelhäutigen Frauen hier waren alle Analphabeten und beherrschten keine Fremdsprache. Wir mussten trotzdem aufpassen, denn wir wussten, dass sie dafür Mimik und Gestik lesen konnten, wie niemand aus Europa es je könnte.

Es hörte sich an, als wäre das Mädchen an Hepatitis erkrankt gewesen. Eine Operation hätte dann überhaupt nichts gebracht. Hatte man im Krankenhaus die Infektionskrankheit nicht erkannt und sie deshalb operiert? Oder war die Fehlbehandlung sogar Absicht gewesen? Wurden dem kranken Mädchen unter Umständen illegal Organe entnommen, um sie zu verkaufen? Leider gab es in diesem armen und korrupten Land öfters Berichte von solch kriminellen Tragödien. Es gab keine Möglichkeit, dagegen vorzugehen! Obwohl Helena und ich Englisch miteinander sprachen, kam dieser grauenvolle Verdacht nur geflüstert aus Helenas Mund.

Die gequälte Patientin war nach der verheerenden Operation bis auf die Knochen abgemagert und entsetzlich kraftlos. Aber sie wehrte sich mit letzter Kraft und wollte nicht, dass wir ausländischen „Medizinfrauen“ ihre mit schmutzigem Verbandszeug bedeckte Wunde untersuchten oder sie überhaupt anfassten. Sie wollte nur noch eins: Ihre Ruhe haben und sterben. Seit Tagen verweigerte sie jegliche Nahrungszufuhr. Es sah nicht gut aus. Mit einem bedeutungsvollen Blick sahen wir uns hilflos und desillusioniert an:

„Hier ist nichts mehr zu machen, lass uns schnell verschwinden!“, beschwor mich unsere Hebamme Helena.

Würde das Mädchen sterben, nachdem wir sie irgendwie behandelten, könnten wir leicht in Verruf geraten oder als Mörder verdächtigt werden! Ich schüttelte den Kopf! So schnell würde ich nicht klein beigeben, nicht nach dem, was ich in letzter Zeit an Wundern erlebt hatte. Ich hatte den Auftrag zu beten. Das wusste ich.

Ganz undiplomatisch und „unarabisch“ direkt, sagte ich der bettelnden Mutter die Wahrheit.

„Leider können wir deiner schwerkranken Tochter nicht helfen. Kein Mensch könnte hier noch etwas tun. Aber ich kenne jemand, der deine Tochter liebt. Willst du, dass ich für dein Kind bete?“

Beinahe war ich erschrocken von meinem Mut. Diese deutsche Direktheit war im Orient völlig befremdend, man wollte keine schlechten Nachrichten überbringen. Es war angenehmer, eine Lüge zu hören. Lügen sind im Islam sogar durchaus legal – vor allem, wenn man andere schonen will.

Es herrschte Schweigen in dem stickigen, nach Krankheit und Tod riechenden Raum voller mitfühlender Menschen. Viele Nachbarinnen und Verwandte saßen dicht zusammengedrängt in der Dunkelheit. Jetzt war es unnatürlich still. Durch die Tür wehte nur selten eine ganz leichte Brise. Alle schauten gespannt und neugierig auf uns weiße Frauen. Helena schüttelte unmerklich den Kopf. Aber die Mutter der Kranken dachte nicht lange nach. Flehentlich sah sie mich an.

„Bitte, tu das! Bete, *Daktoora*! So mach doch endlich!"

Ehrlich gesagt nahm ich an, dass das 15-jährige Mädchen bald sterben würde und der Mut hatte mich fast verlassen. Aber ich wollte trotzdem meinen Auftrag tun! Schließlich hatte ich selbst mehrmals erlebt, wie mächtig unser Gott war. Ich schloss meine Augen und betete mit leiser Stimme um Gottes sichtbares Eingreifen für die Sterbende, um Beistand und dass die Familie seinen Frieden spüren würde.

Ein wenig schüchtern betete ich auch um Heilung für das schwerstkranke Mädchen. Aber ich gestand mir im Stillen ehrlich ein, dass ich selbst nicht wirklich daran glauben konnte, dass dieser besorgniserregende Zustand sich zum Positiven verändern könnte! In meinem Herzen sprach ich mit unserem Papa im Himmel über meine Zweifel:

„Wenn sie nicht gesund wird, könnte es durchaus sein, dass uns das ganze Dorf das Vertrauen entzieht, das wir so mühsam aufgebaut haben. Aber es ist deine Sache, ich lege es dir hin. Nur du kannst etwas tun. Wie weiß ich zwar nicht, aber ich überlasse es dir."

Bevor wir das ärmliche Haus verließen, bot man uns noch ein süßes Getränk an, das wir aus Höflichkeit auf keinen Fall hätten ablehnen können. Das wäre für die Gastgeber sehr verletzend gewesen. Endlich waren wir an der frischen Luft: im nicht überdachten Innenhof, um den kreisförmig die Küche, der Raum für die Ziegen und die beiden kleinen fensterlosen Zimmer angeordnet waren. Gerade kam Scheich Faisal, der Vater von Safia, von der Moschee. Bei der Begegnung im Innenhof, geschützt vor den Augen der neugierigen Nachbarn, begrüßte der Dorfchef uns herzlich.

„Wie geht es meinem Freund Chris und wie geht es meiner Tochter?“, fragte er freundlich.

Man spürte den Respekt, den er meinem Ehemann entgegenbrachte.

Ich konnte und wollte Scheich Faisal nicht belügen, deshalb erwiderte ich undiplomatisch: „Safia ist sehr schwer krank und wird vermutlich sterben! Nur einer kann sie retten. Du musst beten!“

Von dieser ungewohnten Direktheit überrumpelt, entgegnete das Dorf- und Stammesoberhaupt: „Aber ich bete ja, schau doch!“ und zeigte uns ein zerknittertes kopiertes Blatt Papier mit Koranversen.

Ernst erwiderte ich: „O nein, Scheich! Das ist das Falsche und wird ihr nichts nützen. Du musst zu *Isa al Masiah* beten! Sonst wirst du deine Tochter verlieren! Wirf dieses Papier bitte weg.“

Mit offenem Mund blieb der Scheich stehen und ich fühlte, wie er mir nachstarrte, während ich mich mit einem freundlichen Kopfnicken entschlossen zum Gehen wandte. Ich fühlte mich schrecklich müde und ausgelaugt. Jetzt wollte ich nur noch heim. Doch so schnell gab es kein Entrinnen. Noch weitere Frauen wollten uns in ihre einfachen Hütten einladen und führten uns zu den anderen kranken Frauen, die froh waren, dass die *Daktooras* in ihr Dorf kamen, denn es gab weit und breit keine Apotheke oder Krankenstationen. Es wäre unhöflich gewesen, abzulehnen. Ein Besuch bedeutet hierzulande eine Ehre. So überwanden wir unsere Müdigkeit und folgten den dunkelhäutigen, in farbenfrohe Gewänder und bunte Kopftücher gehüllten Beduinenfrauen in ihre einfachen Behausungen, obwohl wir sehr viel lieber draußen an der frischen Luft geblieben wären. Dort setzten wir uns mit ihnen auf den nackten Lehmfußboden oder auf den Sand, um ein wenig zu plaudern oder nach den Kranken zu sehen.

***

„Was hast du gemacht?“, tadelte mein Mann besorgt, als ich ihm am Abend von meinen Erlebnissen erzählte. „Faisal ist nicht nur der Dorfchef und Bürgermeister, sondern auch der Imam der Moschee und ein guter Freund. Wie konntest du nur so direkt mit ihm reden? Wenn er uns seine Freundschaft kündigt, dann können wir unsere Projekte in diesem Dorf nicht fertigstellen!“

Ich schluckte betroffen. Natürlich wusste ich, dass mein Mann Recht hatte. Aber ich wusste auch, dass ich nichts gesagt hatte, dessen ich mich schämen musste. Ich betete, dass Gott alles zum Besten nutzen würde und meine möglichen Fehler in Ordnung brachte.

“Chris, mach dir nicht so viele Sorgen!“, erwiderte ich meinem Mann, „du weißt doch, dass das Wort einer Frau in dieser Kultur ohnehin nicht viel gilt. Deshalb ist er mir auch nicht böse! Er schätzt dich sehr und weiß auch, dass es ein großer Verlust wäre, wenn du nicht mehr ins Dorf kommen würdest. Und was würde sonst aus der Schule, dem Wasserprojekt und der Zementfabrik werden?“

Chris Ärger verschwand, und er nahm mich lächelnd in den Arm.

„Ach Liebes“, flüsterte er in mein Ohr, „dich schätzt er auch! Wir wollen uns keine Sorgen machen und vertrauen, dass unser himmlischer Papa daraus Gutes entstehen lässt!“

Beim nächsten Besuch im Dorf, ungefähr zwei Wochen später, schlenderte ich mit ein paar Frauen plaudernd durchs Dorf. Auf einmal registrierte ich ein junges Mädchen, das am Türrahmen eines Hauses lehnte und mich anstrahlte und freundlich winkte. Ich nickte ihr lächelnd zu.

Latifa, eine der Frauen vom Dorf, die mich begleitete schaute mich verwundert an.

„Erkennst du sie denn nicht? Das ist Safia, die Tochter von Scheich Faisal!"

Tatsächlich, das Mädchen war nicht wiederzuerkennen! Sie sah gesund aus, hatte zugenommen und strahlte fröhlich übers ganze Gesicht. Als sie näher kam, fasste ich mich von der ersten Überraschung und merkte jetzt erst, dass dies wirklich das Haus des Scheichs war! Offensichtlich hatte ich das Anwesen nicht gleich erkannt, weil wir diesmal von einer anderen Seite gekommen waren. Ich staunte und lachte. Am liebsten hätte ich getanzt! Ich begrüßte das Mädchen mit den Arabischen Begrüßungsfloskeln und fragte sie dann:

„Weißt du eigentlich, wer dich gesund gemacht hat?"

Das Mädchen nickte schüchtern und ehrfurchtsvoll.

„Ja, Jesus, der Messias, der Mann auf den Bildern!"

Überwältigt nickte ich und strahlte. Safia erinnerte sich tatsächlich an die Flanellbilder, das „tragbare Kino", das wir oft dabeihatten, um den Frauen und Kindern Geschichten aus dem Wort Gottes anschaulich zu erzählen. Oft kamen die Mütter und Großmütter, Teenager und die Jüngeren herbeigelaufen. Niemand wollte sich die Gratis-Open-Air-Veranstaltung entgehen lassen. Sie alle liebten diese wunderschönen Flanellbilder und bettelten, ob sie eines der Bilder haben durften. In diesem Dorf gab es zu diesem Zeitpunkt noch keinen Strom und daher kein Fernsehen, die meisten kamen hier auch nur heraus, wenn sie ins Krankenhaus mussten. Nur die Männer beobachteten respektvoll und neugierig aus der Ferne, was da vor sich ging. Sie bedauerten, dass sie nicht teilnehmen durften, das hätte der Etikette widersprochen. Männer dürfen hierzulande nur mit Männern sprechen. Doch dann dürfen die Frauen nicht dabei sein und umgekehrt.

Zu meiner großen Erleichterung stellte ich bald fest, dass es keine negativen Nachwirkungen wegen dieser übernatürlichen Heilung gegeben hatte. Im Gegenteil, es war ein Türöffner in diesem abgelegenen Dorf und die vorher so zurückhaltenden Frauen kamen künftig schnell zum Auto, sobald sie sahen, dass wir kamen.

***

Helena und ich waren soeben auf dem Rückweg zum Fahrzeug, wo unser Chauffeur Raschid bereits im Schatten einer Hütte auf uns wartete. Eine alte Großmutter mit gütigem, von vielen Falten durchzogenem Gesicht, nahm mich wortlos bei der Hand und führte mich geradewegs zum Dorfplatz zurück, der sich in der Mitte der Ansiedlung befand. Dort saß ein hochbetagter Mann mit schlohweißem Haar und ebenso faltigem Gesicht wie die Greisin. Ohne Umschweife zeigte er mir seinen Finger und fragte, seine müden Augen eindringlich auf mich gerichtet:

„Bitte, kannst du den gesund machen?"

Betreten sah ich auf den abgestorbenen Finger. Die Haut war bereits schwarz und pergamentartig, gezeichnet von den Spuren einer nicht verheilten schmutzigen Entzündung. Vorsichtig und scheu berührte ich die Hand des alten Mannes und hoffte darauf, dass es nicht gegen die strengen Gesetze des Islam verstoßen würde, diesen gepeinigten Patriarchen anzufassen. Aber eine *Daktoora* durfte dies offensichtlich. Oder vielleicht waren die Beduinen auch nicht genauso streng-fundamentalistisch wie die Städter? Erwartungsvoll schauten alle umstehenden Frauen mich an; in den Blicken dieser einfachen Menschen spürte ich vertrauensvolle Neugier.

„Ich bin kein Arzt und kann dich nicht operieren. Eigentlich musst du ins Krankenhaus und dort müsste dir die abgestorbene Haut abgetrennt werden. Leider kann ich nicht operieren!", bedauerte ich, frustriert über mein Unvermögen.

Doch der alte Mann gab sich nicht so schnell geschlagen.

„Ich bin alt und kann nicht mehr arbeiten. Ich habe kein Geld für das Krankenhaus, das sowieso zu weit entfernt ist. Ich habe auch keine Kraft mehr, mich dorthin auf den Weg zu machen. Und eine Fahrkarte für den Bus kann ich mir nicht leisten. Aber du kannst doch zu deinem Gott beten, der kann heilen!"

Überwältigt von seinem schlichten Glauben schloss ich folgsam die Augen und betete mit wenigen einfachen arabischen Worten um Heilung. Auch diesmal schlichen sich Zweifel ein: Was, wenn nichts geschehen würde? Würde dieser geachtete Beduinenpatriarch mit Namen Salmiin die Arbeit boykottieren? Wären wir dann weiterhin in der Lage, in dieses Dorf zu kommen, wo es so lange gebraucht hatte, bis das Vertrauen gewachsen war?

Nein, es ging mich nichts an, ob und wie Gott den Armen begegnete! Ich musste nur vertrauensvoll meinem Auftrag gehorchen und für die Kranken beten.

Lächelnd verabschiedete ich mich mit einem Kopfnicken von den mir ans Herz gewachsenen Menschen im Dorf, die uns inzwischen so viel Vertrauen entgegenbrachten, dass ich völlig überwältigt war. Dann fuhren wir nachdenklich schweigend mit unserem jungen Fahrer nach Hause.

***

Einige Wochen später bekamen wir Besuch von einem befreundeten Arzt, Dr. Payo, der mit seiner Frau Elischa, seinen beiden Mädchen Grace und Joy und ihrem Sohn Samuel in Taizz, einer Stadt weiter nördlich, wohnte und dort im Krankenhaus eine Kinderstation aufgebaut hatte. Er besuchte mit Chris die abgelegenen Projektdörfer, um die schwierigsten Fälle zu untersuchen und zu behandeln.

„Bitte schaut nach Salmiin. Vielleicht kann Dr. Payo ihm helfen?“, bat ich, bevor die beiden Männer sich nach dem Frühstück auf den Weg machten.

Erwartungsvoll stand ich an der Haustür, als Chris mit dem Arzt spätabends von ihren Besuchen im Projektgebiet zurückkam.

„Habt ihr auch Salmiin gesehen? Wie geht es seinem Finger?“, bestürmte ich während des Abendessens ungeduldig unseren Freund.

Staunend hörte ich zu, als sie erzählten:

„Nachdem wir einige Kranke besucht und behandelt hatten, fuhren wir auch ins Dorf von Salmiin und ich untersuchte den Alten. Ich konnte an dem Mittelfinger der rechten

Hand nur eine etwas dünnere und hellere Haut feststellen als an den übrigen Fingern. Gott hat wunderbarerweise diesen alten Mann ohne Operation wieder komplett hergestellt!“

Kapitel 37

Ramadan und das verschwundene Kind

Während des Ramadans war es um die Vormittagszeit ungewöhnlich ruhig. Hitze lag über der Stadt, und die Fliegen summten um mich herum, als ich gerade den Haushalt machte und die Wäsche in die Waschmaschine stopfte. Ich wischte mir den Schweiß von der Stirn. Die meisten Nachbarn schliefen jetzt, zumindest die Männer. Auch die Frauen waren müde, sie konnten sich jedoch noch nicht von den nächtlichen Exzessen ausruhen, da die Kinder versorgt und die zeitaufwändigen Mahlzeiten für die nächste Nacht vorbereitet werden mussten. Während dieser Fastenzeit im Monat Ramadan machten Muslime die Nacht zum Tag. Tagsüber wurde offiziell kein Krumen Brot verzehrt und kein Tropfen getrunken, daher haushalteten die Menschen sparsam mit ihrer Energie und waren trotzdem bald schon erschöpft. Sie wirkten manchmal auf uns deshalb auch ein wenig aggressiv.

Sobald die Sonne untergegangen war und die Dämmerung hereinbrach, rief der Muezzin aus knackenden Lautsprechern „*Allahu akbar*! Kommt zum Gebet!" und das Fastenbrechen begann: Fünf Datteln wurden in den Mund gesteckt und damit der erste Hunger gestillt. Nach der leckeren *Schurba*[47] kamen die schwereren Hauptspeisen, wie fettreiches Fleisch mit Reis, an denen man sich satt aß, bis die Kräfte zurückkamen und die Mägen sich füllten. Schließlich wurde das Festessen mit Pudding und anderen zuckersüßen Desserts sowie kalorienreichem Gebäck abgerundet. Anschließend gab es Mokka und Kuchen. Kurz vor Sonnenaufgang musste jeder noch das *Ftur*[48] in sich hineinstopfen, damit man sich mit vollem Bauch frühmorgens zur Ruhe begeben konnte. Das fett- und kalorienreiche Essen in der Nacht forderte seinen Tribut. Tagsüber überbrückten dann die meisten Männer die Fastenstunden mit einem ausführlichen Schläfchen. So blieb dann ihre Arbeit mehr oder weniger liegen. In dieser Zeit des Fastens fand man oft schlafende Bürokraten hinter oder unter ihren Bürotischen auf den Ämtern der Stadt vor.

Für die alten und schwachen Menschen war der Fastenmonat Ramadan besonders schwer zu verkraften. Es schien, dass es in diesem heiligen Monat besonders viele Todesfälle gab.

„Zumindest ist mit dem Ramadan das Problem der Alten gelöst! Wer alt und schwach geworden ist, überlebt vielleicht den Ramadan nicht“, dachte ich traurig.

In den Augen frommer Muslime war es gotteslästerlich, die gehäuften Todesfälle während des Ramadans zu kritisieren. Sie glaubten sogar, dass es ein besonderer Segen Allahs sei, während des Ramadans zu sterben! Wie gerne wollten wir den Menschen in diesem Land vermitteln, dass das Herz unseres Gottes viel weiter ist, als man es sich vorstellen kann.

---

47 sättigende Haferflockensuppe

48 Frühstück

An diesem Montagmorgen gegen 9.30 Uhr waren die Schulkinder in der Schule, die sich im unteren Stockwerk unseres Hauses befand. Die Ramadan-Tage gingen schon bald zu Ende. Gerade jetzt war es besonders ruhig. Selbst die Vögel sangen verhaltener und es schien, als hielte der Wind den Atem an, um die Ruhe nicht zu stören. Oder war es nur die trügerische Ruhe vor dem Sturm?

Plötzlich klopfte es ungeduldig und laut an der Hoftür. Da ich nicht wollte, dass die Kinder, die von unserer Lernhelferin unterrichtet wurden, gestört und abgelenkt wurden, legte ich schnell den Schlauch nieder, mit dem ich gerade die Waschmaschine hatte füllen wollen. Der Wasserdruck reichte nicht aus für eine automatische Füllung. Also drehte ich den Wasserhahn zu und hastete flink die Treppen hinunter, indem ich, wie immer, zwei Stufen auf einmal nahm. Neugierig öffnete ich das schwere Tor und lugte hinaus. War es wieder ein Bettler, der da, wie so oft während des Ramadans, vor der Tür stand? Oder wollte eine meiner Nachbarinnen etwas ausborgen oder einen Besuch machen?

Firouz stand vor der Tür, das hübsche fünfjährige Nachbarsmädchen vom gelben Haus gegenüber.

„Ist Hamoudi bei euch? Mein Bruder ist seit Stunden spurlos verschwunden und Mama macht sich solche Sorgen und weint“, fragte das kleine Mädchen ängstlich.

Die Familie war erst vor kurzem hierhergezogen. Ich hatte mich schon öfters gefragt, ob die Hausherrin Fatima wohl die Mutter der Kinder oder eher die Tante oder Großmutter war. Die freundlich aufgeschlossene Beduinenfrau war sehr hager und verhärmt, sie erschien älter und verbrauchter als sie in Wirklichkeit war. Nur wenn ihr wunderschönes Lächeln ihr schmales Gesicht erleuchtete, sah sie jünger und recht hübsch aus. Bisher hatte sie sich uns Nachbarinnen nur mit verschleiertem Kopf gezeigt. Draußen auf der Straße traf man sie sowieso nie ohne Komplettverschleierung an, die selbst die Augen verdeckte!

Bedauernd verneinte ich und lächelte dem kleinen Mädchen freundlich zu.

„Ich habe deinen Bruder heute noch nicht gesehen und unsere Kinder haben Schule."

Die Kleine sah so unglücklich und verzweifelt aus. Gestern erst hatte ich Gerüchte gehört, dass während des Ramadans Männer mit einem Kleinbus durch die Straßen fuhren und Kinder entführten. Den Kindern wurden illegal Organe entfernt. Deswegen bot ich besorgt an, mit unserem Auto bei der Suche nach dem vermissten Hamoudi zu helfen. Das Meer war ja schließlich auch nicht weit und lockte, wie alles Verbotene, die Lausebengel wie mit Sirenenstimmen an. Als Mutter bangte ich mit der angsterfüllten Nachbarin mit. Schnellstmöglich zog ich die schwarze *Abaya* und ein Kopftuch über und ging ins Schulzimmer, um mich bei David, Martin und der Lernhelferin abzumelden. Natürlich wollten sich die beiden Jungs dieses Abenteuer und die Ablenkung von der öden Schule nicht entgehen lassen und bedrängten mich:

„Bitte, Mama, lass uns mit! Wir wollen dir helfen, unseren Freund zu suchen! Viele Augen sehen schließlich mehr, und du kannst dich dann ganz aufs Autofahren konzentrieren. Wir suchen die rechte und linke Straßenseite ab. Bitte, bitte, Mama!"

Ich wollte mich jetzt nicht auf Diskussionen einlassen, denn die Zeit drängte. Vielleicht war es tatsächlich besser, wenn ich nicht allein suchen musste, denn ich machte mir jetzt immer mehr Sorgen um den Vermissten. So stimmte ich also zu und im Nu saßen alle, einschließlich der Lernhelferin und einiger anderer aufgeregter Nachbarskinder im Wagen. Schnell öffnete ich das Tor und fuhr auf die Straße, während ich überlegte, wo wir am besten mit der Suche anfangen sollten. Zum Glück war ich es gewohnt, mit dem Geländewagen auf den Sandstraßen zu fahren, ohne stecken zu bleiben. Es war ähnlich wie das Fahren auf Eis, man musste in einen niedrigen Gang schalten und durfte nicht zu stark Gas geben oder bremsen. Langsam fuhr ich Richtung Ozean, der heute besonders furchteinflößend brauste. Unterwegs suchten die Mitfahrenden sorgfältig den nahegelegenen, von dichtem Gebüsch umwachsenen Tümpel ab, der beim letzten Regen entstanden und mit stinkendem Brackwasser gefüllt war. Mein Herz klopfte wild, das aufgeregte Gezeter der Kinder steigerte meine innere Anspannung nur noch. Ich betete um Weisheit. Wo nur war der Kleine? Wo sollten wir denn suchen? Es war eigentlich aussichtslos, als ob man eine Stecknadel im Heuhaufen finden müsste. Die Straßen waren leergefegt, nirgends konnte man fragen, ob jemand ein Kind gesehen hatte. Die Kinder auf der Rückbank plapperten aufgeregt durcheinander, während sie eifrig die Umgebung mit den Augen absuchten. Langsam fuhr ich den Wagen erst in die eine Richtung. Als wir dort nichts fanden, kehrte ich um und fuhr die andere Richtung ab, bevor ich wieder umdrehte. Vielleicht sollte ich systematisch die Gässchen und Straßen um das gelbe Wohnhaus entlang abfahren? Vielleicht war Hamoudi aber in der Zwischenzeit schon wieder zu Hause angekommen? Möglicherweise sollte ich auch meine Freundin und Kollegin Helena zur Unterstützung holen, die mich medizinisch unterstützen konnte, falls wir den Kleinen verletzt auffinden würden?

„Ich muss die Kinder beruhigen, damit ich mich aufs Autofahren konzentrieren kann!“, dachte ich.

Als wir um die nächste Häuserecke bogen, war die Moschee zu sehen, auf den steinernen Eingangsstufen lag ein schwarzes Bündel. Die Kinder deuteten mit den Fingern darauf und riefen durcheinander:

„Was ist das da vorn?“

Als wir näher heranfuhren, bewegte sich das Knäuel und hob den Kopf. Es war Fatima. Verzweifelt und angsterfüllt hatte sie nach ihrem Sohn gesucht. Vermutlich wegen der Hitze und dem langen Fasten war sie auf den Stufen vor der Moschee zusammengebrochen. Meine Nachbarin lag da zusammengekauert, wie ein Häufchen Elend, Tränen und Schmutz im blassen Gesicht. Schnell stiegen David und ich aus und halfen der Verzweifelten ins Auto, um sie heimzubringen. Während wir die geschwächte Nachbarin in ihre Wohnung hinaufbegleiteten, schickte ich Martin zu Helena, die schräg gegenüber wohnte.

„Martin, sag Helena, sie soll schnell kommen und ihren Koffer mitbringen!“, bat ich meinen Sohn, der gehorsam seinen Auftrag ausführte.

Fatima schrie nun hysterisch. Sie zitterte am ganzen Körper und weinte verzweifelt. Ich bemerkte, dass ihr Herz unregelmäßig stolperte. Mühsam versuchte ich, die fast Wahnsinnige zu beruhigen und ihr etwas zu trinken einzuflößen. Endlich kam Helena und brachte zum Glück das Blutdruckgerät mit. Sie befürchtete nach einer kurzen Untersuchung einen drohenden Herzinfarkt. Wir beschlossen, die verzagte und erschöpfte Fatima ins Krankenhaus zu bringen. Es war jedoch gar nicht so einfach, die angsterfüllte Mutter zu überzeugen!

Plötzlich stand Samir in der Tür. Er hielt Hamoudi am Kragen, der im harten Griff des erwachsenen Bruders zappelte. Schließlich hatte der Kleine sich befreit und blickte beschämt zu Boden. Es war ihm unangenehm, von so vielen Frauen angestarrt zu werden. Samir berichtete, dass er den kleinen Vermissten am Kiosk gefunden hatte, wo er in der Hitze des Tages unter dem Tisch eingeschlafen war. Uns allen fiel ein Stein vom Herzen.

Ein Blick auf unsere Nachbarin Fatima zeigte jedoch, dass diese plötzliche Wendung ihr den Rest gegeben hatte. Sie schwankte zwischen Erleichterung und Wut. Ihr Blutdruck war instabil. Daher mahnte ich zum Aufbruch und legte Fatimas *Abaya* auffordernd vor die Patientin, zog mein Kopftuch fest und strich meinen Übermantel glatt. „Ob du willst oder nicht, wir gehen jetzt", sollte die Geste bedeuten. Doch erst, als wir beiden Ausländerinnen den jungen Samir überzeugt hatten, dass die Frau ins Krankenhaus musste und er es ihr befahl, gab sie ihren Widerstand auf. Ihre Lippen waren inzwischen blau und sie hyperventilierte. Samir half, die Geschwächte hinunterzubringen und verfrachtete sie energisch ins Auto. Er versprach, nach den Kleinen zu schauen. Schnell organisierte ich währenddessen, dass meine eigenen Kinder wieder ins Schulzimmer gingen.

„Ins Krankenhaus will ich euch nicht mitnehmen, denn die Warterei dort könnte lange dauern."

Es brauchte nicht viele Überredungskünste, David und Martin mochten Krankenhäuser nicht.

„Wir waren ja schon oft genug im Hospital. Da gehen wir doch lieber wieder in die Schule, sonst müssen wir mittags so viele Hausaufgaben machen!“, antworteten sie sehr vernünftig.

Sie verknüpften unangenehme Erinnerungen mit der Klinik und waren froh, dass dieses Mal keiner von ihnen selbst Patient war.

Wir machten uns gleich auf den Weg, wurden aber am Hospitaltor erst einmal von Soldaten abgefangen und durchsucht. Im Regierungskrankenhaus Baschrahiil wurden Kranke zu einem Minimalpreis behandelt, dafür war die vorherige strenge Kontrolle obligatorisch.

Doch auch hier genossen wir Ausländerinnen Sonderrechte (was ich in diesem Fall gerne in Anspruch nahm)! So wurde Fatima ohne die sonst übliche stundenlange Wartezeit schnell in ein durchdringend nach Desinfektionsmitteln riechendes Behandlungszimmer gebracht. Es war ein großer Saal, und die wenig einladenden Liegen waren mit Blut verschmiert und auf beiden Seiten nur mit dünnen Vorhängen notdürftig voneinander abgetrennt. Fatima war inzwischen sehr geschwächt und kaum mehr ansprechbar. Ihr machte es offensichtlich nichts aus, dass die hygienischen Bedingungen nicht dem deutschen Standard entsprachen. Rasch reinigte Helena den gröbsten Schmutz mit einem Taschentuch, bevor wir der Leidenden auf die Liege halfen. Sie brauchte dringend Sauerstoff.

Ich wollte den Vorhang rechts zuziehen, der den Blick zur nächsten Liege abtrennte, damit die kranke Fatima sich etwas beruhigen konnte. Da stockte mir der Atem: Auf der Liege nebenan lag sonderbar verkrümmt eine junge schwangere

Frau, die nicht mehr atmete. Ihr braunes Gesicht war aschfahl und steif.

Daneben stand ein älterer Mann mit einem Kleinkind auf dem Arm und einem ca. Dreijährigen an der Hand, dem ungehindert die Tränen übers Gesicht liefen. Das Leid dieser kleinen Familie traf mich wie ein Fausthieb in die Magengrube. Ich wünschte, irgendwie den dumpfen Schmerz dieser Familie lindern zu können. Doch hier kam jede Hilfe für die Mutter zu spät! Das tatenlose, ohnmächtige Warten schien mir plötzlich unerträglich!

Als endlich eine Krankenschwester kam, um Fatima Sauerstoff zu verabreichen und eine Infusion anzuhängen, war ich erleichtert. Ich ertappte mich dabei, wie ich mit einem Ohr auf die Geräusche nebenan lauschte, froh, dass ich nicht mit ansehen musste, wie die Tote entfernt wurde. Fatima durfte sich nicht aufregen. So erzählte ich auch Helena nichts von dem, was nebenan vor sich ging.

In Momenten wie diesen schien mir meine sensible Wahrnehmungsgabe wie eine Last. Wie erleichternd wäre es doch, Dinge wie diese gar nicht erst zu bemerken, sie einfach ausblenden zu können. Stattdessen gruben sich die Leidensgeschichten, die ich so intensiv miterlebte, tief in meine Seele ein. Auch dies würde für immer unvergessen bleiben.

„Schütze mich, Herr, dass ich solche Dinge nicht mehr wahrnehme, das Leid der Menschen erdrückt mich, und ich kann nicht helfen", betete ich still.

Nach einer Weile kam wieder etwas Farbe in Fatimas Gesicht. Sie war wieder ansprechbar. Helena und ich entschieden:

„Du bist hier gut aufgehoben, und wir können momentan nichts für dich tun. Ruh dich aus. Wir gehen heim und kochen was für die Kinder. Aber später werden wir noch einmal vorbeikommen und dir was zu essen mitbringen. Vielleicht darfst du dann schon nach Hause.“

Kapitel 38

Hauptfrau und Nebenfrau

Eines Abends rief unsere Hebamme Helena an, als ich gerade vor dem Schlafengehen die Zähne putzte.

„Bei unserer Nachbarin Jamila haben die Wehen eingesetzt, ihr Mann rief gerade an. Ich wollte dich fragen, ob du mitkommst? Es sind zwar nur dreihundert Meter, aber ich will nachts nicht allein durch die Dunkelheit laufen. Du weißt ja, wie finster es in unserer Gegend ist, ohne Straßenlaternen!"

„Natürlich komme ich mit, ich lass dich doch nicht allein! Ich bin in zwei Minuten unten und hol dich an deiner Haustüre ab!" versprach ich, während ich mir schnell mein farbenfrohes, leichtes Kleid wieder über den Kopf streifte und ein passendes Kopftuch und meine *Abaya* suchte.

„Ich darf bei der Geburt von Jamilas Baby dabei sein, warte lieber nicht auf mich", informierte ich Chris, während ich meine *Abaya* überzog und eilig aus der Wohnung stürmte.

„Warte, ich bringe euch hin!", rief Chris und war schon neben mir und begleitete uns bis zur Haustür der Entbindenden, die hinter unserem Haus wohnte, kehrte anschließend jedoch gleich wieder nach Hause zurück.

„Ruf an, wenn ich dich abholen soll!“, rief er, bevor die Tür zuklappte.

Die Wohnung hatte zwei Zimmer. Links von der Treppe, im Wohnzimmer, saß Abdallah, der Ehemann und Vater mit ein paar anderen Männern zum *Qat* kauen und Fernsehen. Rechts vom Flur war ein karg eingerichteter Raum, der als Küche, Wohn- und Schlafraum für die Frauen und Kinder benutzt wurde. Es war ein großes, quadratisches Zimmer mit wenig Inventar auf dem grauen, rauen Estrich. Zwei Truhen an der linken Seite beinhalteten Kleider, Schmuck und Schminkzeug der beiden Ehefrauen von Abdallah.

An einer der Tür gegenüberliegenden Wand, stand auf dem Boden ein kleiner Gaskocher, ein paar Töpfe und Geschirr, ein kleiner Kühlschrank und einige andere Utensilien, die man fürs Kochen und Essen braucht. Trotz fehlender Schränke oder Regale war alles sauber und ordentlich.

Rechts von der Tür waren unter einem blickdichten Holzfenster ein paar dünne Schaumstoffmatratzen aufeinandergestapelt, die nachts wohl zum Schlafen benutzt wurden. Ein altersschwacher Deckenventilator verbreitete quietschend ein wenig heiß-schwüle Luft. Die vier Kinder der älteren Frau, Hudda, spielten geräuschvoll auf dem Boden Murmeln.

Das grelle Neonlicht beleuchtete erbarmungslos die beiden hochschwangeren nass geschwitzten Frauen, die wartend auf dem nackten Boden des ärmlichen Zimmers saßen. Jamila würde vermutlich heute Nacht noch ihr erstes Kind entbinden, während Hudda noch einige Tage warten musste, bis ihr fünftes Kind zur Welt kam. Beide Frauen waren in lange fließende Gewänder gehüllt, das Haar bedeckte jeweils eine bunte *Nuqba*. Sie begrüßten uns respektvoll und freundlich, Helena hatte sie schon öfter besucht.

Obwohl wir rasch unsere *Baltos* mitsamt den Kopfschleiern ablegten, waren auch wir innerhalb einer Minute klatschnass geschwitzt; der Ventilator brachte keine Erleichterung, weil er nur die schwülheiße Luft verteilte.

Die beiden Frauen bestanden darauf, ihren Kopf bedeckt zu halten, da die Geburt eines Kindes etwas Heiliges sei.

„*Aadi!*[49]", sagten beide, als wir sie fragten, ob es ohne warmen Schleier nicht angenehmer wäre.

Fasziniert beobachtete ich in den kommenden Stunden, wie liebevoll sich Hudda um ihre Leidensgenossin Jamila kümmerte, die einige Jahre jünger, groß und schlank und sehr hübsch war. Als die Wehen schlimmer wurden und die junge Frau sich wand, litt ihre Weggefährtin sichtbar mit ihr und tröstete sie so liebevoll, wie man das sonst vielleicht von einer Mutter erwartet hätte. Ich fragte mich erstaunt, wie das möglich sein konnte. Sie mussten sich die Liebe und Aufmerksamkeit eines Mannes teilen und vielleicht sogar dabei sein, wenn er mit der „Konkurrentin" schlief. Mit meinem westlichen Denken und Verstehen war dies schwer zu begreifen. Die beiden Frauen standen sich offensichtlich sehr nahe und waren zusammengewachsen, wie Schwestern. Im Lauf der Stunden schliefen die Kinder nacheinander im Sitzen oder auf dem Boden gekauert ein und wir legten sie wie die Orgelpfeifen dicht nebeneinander auf die bereitliegenden Matten. Als das Baby nach einer schwierigen Geburt

49 Das ist normal / wir sind daran gewöhnt

endlich da war, half Hudda liebevoll, das kleine Mädchen an Jamilas Brust anzulegen. Es berührte mich, wie liebevoll die beiden miteinander umgingen!

Ein paar Tage später wurden wir ins gleiche Haus gerufen und durften Hudda bei der Geburt ihres fünften Kindes helfen. Diesmal half Jamila liebevoll der ersten Frau ihres Mannes, aber es war nicht zu übersehen, dass sie irgendetwas belastete. Sie war sehr nervös und sah krank und verstört aus. Auch ihr Baby schien abgenommen zu haben.

Kurze Zeit später, als wir die beiden Frauen zur Nachkontrolle besuchen wollten, erfuhren wir entsetzt, dass Jamila nicht mehr da war. Zuerst bekamen wir auf unser Nachfragen nur ausweichende Antworten, bis Hudda uns dann traurig, aber fast teilnahmslos erzählte, dass Abdallah seine Zweitfrau fortgeschickt hatte, weil sie ihm nicht mehr gefiel. Sie habe „wegen der Hormonumstellung“ Pickel im Gesicht bekommen. Da sie ja sowieso nur ein Mädchen entbunden hatte, war sie zu ihren Eltern zurückgeschickt worden. Das Baby musste dableiben. Hudda stillte beide Säuglinge und musste nun allein sechs Kinder und einen Mann, der ihr nicht half, versorgen.

Als ich das hörte, blutete mein Herz und ich klopfte resolut an der gegenüberliegenden Tür, wo Abdallah residierte. Der Hausherr war heute nicht zu Hause, aber ich konnte einen Blick in das mit schönen Teppichen und Sitzkissen und sogar einer Klimaanlage ausgestattete Zimmer werfen. In den folgenden Tagen suchte ich immer wieder ein Gespräch, aber es war vergeblich. Ich wurde nicht vorgelassen! Leider hatte ich keine Möglichkeit, ihm meine Meinung zu sagen und ihn zu fragen, warum seine Frauen (und Kinder) nicht einmal während der Geburt in den Genuss der Klimaanlage kamen. Ich wollte ihm so gerne mitteilen, dass er sich nicht wundern müsse, wenn seine Frauen oder Kinder Hitzepickel bekämen.

„Gott sei Dank sind nicht alle jemenitischen Männer wie dieser!“, sagte ich zu Helena.

Kapitel 39

Der Anschlag

17. September 2005 – Feueralarm (Fortsetzung)

„Chris!? Wo bist du?“, hallte mein verzweifelter Schrei über die Dächer der orientalischen Stadt, als ich befürchtete, er sei bewusstlos auf die Hupe des lodernden Autos gefallen und hätte dadurch das andauernde Hupen des brennenden Pajeros ausgelöst. Immer noch hatte ich das Gefühl, in einem Albtraum gefangen zu sein.

Dann hörte ich plötzlich Chris unten warnend den klopfenden Nachbarn vor der Hoftür zubrüllen:

„***Intabihu-Dirubalkum!***[50] Das Auto rollt auf die Hoftür zu!“

Die Wucht des Aufpralls eines drei Tonnen schweren Autos würde die Hoftür aufsprengen und die hilfsbereiten Nachbarn überrollen. Immer noch entsetzt beobachtete ich diesen sonderbaren Spuk von oben.

Mein Herz raste unregelmäßig, aber ich atmete etwas auf, weil ich Chris‘ Stimme hörte. Nun wusste ich, dass er nicht

50 Achtung, passt auf!

in diesem hell lodernden Wagen saß. In diesem Augenblick registrierte ich im Unterbewusstsein entsetzt eine brennende Spur, die von der Hoftür bis zum Auto führte.

„Was ist das? Doch nicht etwa …?"

Schnell verdrängte ich aber dann wieder den schrecklichen Verdacht, der sich mir aufzwang. Ich musste mich in diesem Moment auf Wichtigeres konzentrieren und würde mir später Gedanken machen können!

Unten im Hof kam das langsam rückwärtsfahrende, brennende Gefährt plötzlich in der Mitte des Hofes zum Stehen – genau in sicherem Abstand zu den leichtentzündlichen Baumgruppen und dem Haus. Genau dort, wo das immer noch schwelende Gefährt keinen großen Schaden mehr anrichten konnte.

All dies passierte in Sekundenschnelle. Inzwischen gelang es Chris, die Tür für die hilfsbereiten Nachbarn zu öffnen. Als sie Zeugen dieses seltsamen Spuks wurden, riefen sie:

„Allah, Allah – welch Wunder! Allah ist mit euch!"

Für uns war es jedenfalls tröstlich, dass wir uns in dieser Situation nicht allein fühlten. Denn wir warteten ja immer noch vergebens auf die Feuerwehr!

Nach fast zwei Stunden ununterbrochener Löschaktion war das Feuer endlich unter Kontrolle. Die Nachbarn halfen dabei, das verkohlte Gefährt auf die Straße hinauszuschieben – vorsichtshalber weit weg von Bäumen und Haus, falls es doch nochmals aufflackern würde.

„Danke fürs Helfen!", verabschiedete sich Chris müde von seinen Helfern.

Wir tapferen „Feuerwehrleute“ gingen völlig erschöpft und dankbar ins Bett, um wenigstens noch ein bisschen wohlverdienten Schlaf abzubekommen, bevor der Muezzin zum Sonnenaufgang gegen 5.00 Uhr alle wieder aus dem Schlaf reißen würde, um zum *Fajir* zu rufen.

★★★

Am nächsten Morgen wollte Chris früh los zum Büro bei der Universität, weil ein Treffen anstand. Doch seine Pläne sollten wieder einmal durchkreuzt werden.

Die Nachbarn – auch die, welche vom nächtlichen Inferno nichts mitbekommen hatten – standen entsetzt bei dem mitten auf der Sandstraße abgestellten verbrannten Autowrack. Alle redeten gleichzeitig wild gestikulierend durcheinander.

„Was ist passiert? Wie konnte das geschehen?“

Gleichzeitig, während Chris draußen mit den Nachbarn diskutierte, fand David einen weißen Schnellhefter mit einer sonderbaren Botschaft in unserem Hof.

„Mama, schau doch mal, da hat jemand etwas über unsere Mauer geworfen, es sieht aus wie ein Schulheft!“, rief er, als ich gerade oben auf der Terrasse stand.

Schnell rannte ich zu ihm hinunter, nahm den weißen Hefter aus seiner Hand, öffnete ihn neugierig und erstarrte, während mein Sohn mich erwartungsvoll anschaute. Ich wusste sofort instinktiv, dass dies kein Scherz eines Mitschülers war, was da in arabischer Handschrift in meiner Hand lag und sich anfühlte, als ob es mir ein Loch ins Herz brannte. Ich ahnte Schlimmes, als ich las, was da geschrieben stand und drängte meinen Sohn:

„David, sei so gut und bring das Papa. Sag ihm, er soll rasch nochmals kommen, bevor er zur Arbeit geht!“

Eilig nahm David die anonyme Kritzelei aus meiner zittrigen Hand und stürmte hinaus, um Chris am Wegfahren zu hindern.

„Papa, Papa bitte schau, was ich gefunden habe!“, rief er und streckte ihm auffordernd den Zettel hin.

Dann beobachtete er, wie sein Papa blass wurde, denn Chris erfasste in Sekundenschnelle, dass es ein handgeschriebener anonymer Drohbrief war. Er las halblaut vor sich hin, was handschriftlich auf einer ausgerissenen Heftseite stand:

„Im Namen Allahs und Mohammed, seines Propheten – gepriesen sei sein Name.

Chris, du brauchst gar nicht mehr von Sicherheit zu träumen. Seit du eingeladen hast zur Christianisierung und Muslime zum Christentum verführst!

Heute haben wir dein Auto verbrannt und einen Teil deines Hauses, aber morgen werden wir gewiss dich und deine Familie verbrennen, wenn du nicht sofort aufhörst, zum Christentum einzuladen, in unserem Land des Islam. Und wenn du nicht sofort das Land verlässt.

Wir geben dir zehn Tage Zeit – bis Ramadan –, das Land des Islam zu verlassen und deine Organisation zu schließen.

Wenn du das nicht tust, werden wir dich und deine Familie schlachten.

Der Eiferer für seine Religion

P.S.: Verlass dich nicht auf irgendwelche Sicherheitskräfte oder auf die Regierung.“

Plötzlich stand Basaam neben Chris. Dieser Nachbar, der nur drei Häuser weiter vorn wohnte, arbeitete im Erziehungsministerium. Er wurde bleich und wirkte sehr beunruhigt, als sein Blick auf das anonyme Schriftstück fiel. Offensichtlich war er sehr besorgt um uns, seine deutschen Nachbarn aus der gleichen Straße, denn er schätzte und respektierte Chris. Die beiden waren inzwischen durch gegenseitige Besuche zu Freunden geworden. Geistesgegenwärtig und in weiser Voraussicht fotografierte Chris aber noch schnell das bedrohliche Dokument, bevor Basaam es an sich nahm, um es später der Polizei zu übergeben. Mein kluger Mann ahnte nämlich bereits, dass dieser Drohbrief in der Polizeimühle verlorengehen könnte.

Ungeduldig und etwas unsanft bugsierte Basaam Chris schnell ins Auto.

„Komm, wir fahren gleich zum Polizeipräsidium! Wir müssen Anzeige gegen den unbekannten Täter erstatten.“, drängte er Chris.

An diesem Tag sollte es für Chris keine Zeit für Frühstück oder Mittagessen geben. Die Kinder und ich mussten ohne Papa und Ehemann mit dem Schreck und den Aufräumarbeiten fertig werden, denn er war mit wichtigeren Dingen beschäftigt. Er musste bei den höchsten Entscheidungsträgern vorsprechen, beispielsweise beim obersten Polizeichef und beim militärischen Sicherheits- und Geheimdienstchef von ganz Ost-Jemen und sogar beim Ministerpräsidenten persönlich. Jeder von ihnen wusste, welche Gefahr sich hinter dem Anschlag verbarg und wie dies auch für die Regierung gefährlich werden könnte. Die ganze Angelegenheit wurde nicht auf die leichte Schulter genommen, sondern sogar als eine Art internationale Krise betrachtet, weil wir

Ausländer sehr angesehen waren. Chris musste bei jeder Obrigkeitsstelle immer wieder dasselbe erzählen. Immer wieder wimmelte es inzwischen – zu meinem Verdruss – in unserem Hof von ermittelnden Beamten.

„Warum sind den ganzen Tag so viele Polizisten hier?“, wollte ich von meinem Mann wissen, als ich ihn endlich allein erwischte, weil er kurz aufs WC musste.

„Es sind verschiedene Instanzen, anscheinend arbeiten auch hier die Behörden nicht so optimal zusammen. Zuerst kamen die Beamten von der Geheimpolizei, dann von der Fremdenpolizei. Später fragten mich die Leute von der Kriminalpolizei und die Sicherheitsbeamten der Sicherheitsabteilung nacheinander fast dieselben Fragen.“

Die ermittelnde Polizei stellte dann bei den Nachforschungen erstaunt ein rätselhaftes Phänomen fest: Das Auto war rückwärts gefahren, obwohl der Vorwärtsgang eingelegt war!

„Du musst alles so lassen, wie es ist – auch die Scherben und Splitter von den geplatzten Fensterscheiben, bis die Spurensicherung und alle Ermittlungen abgeschlossen sind!“, wies Chris mich an.

Das würde mir allerdings schwer fallen, denn ich wollte schnellstmöglich wieder alles normal haben.

Heute konnten die Kinder nicht barfuß draußen spielen und alles ging an diesem Tag nicht seinen gewohnten Gang. Natürlich waren die Jungs äußerst enttäuscht, dass sie das Spektakel verpasst hatten.

„Warum habt ihr uns nicht geweckt? Wir hätten doch helfen können! Ihr seid gemein! Endlich ist mal was los und wir verschlafen es. Wir gehen nie wieder ins Bett!“, beklagten sie sich.

Während ich versuchte, meine Kinder zu beruhigen und zu beschäftigen, mussten die Genossen in Uniform nebenher mit Limonade, Cola und Süßigkeiten im Wohnzimmer versorgt werden.

***

„Wie geht es nun weiter? Werden wir auf das Ultimatum reagieren, das im Drohbrief gestellt war? Und wenn ja, wie?“, fragte ich Chris nach zwei Tagen.

Für Chris war es sofort klar: „Das ist ernst! Wir müssen noch vor dem Beginn des Ramadans in einer Woche von Mukalla weg!“

Aber wir wollten auch nicht einfach aus Angst weglaufen.

Chris fragte den Ministerpräsident vom Bundesland Hadramaut, ein Schwiegersohn des Präsidenten: „Was raten Sie uns? Wir möchten nicht eigenmächtig handeln, denn wir respektieren Sie als unsere Obrigkeit.“

Saaid Ahmed antwortete: „Es besteht große Gefahr. Wir können Ihre Sicherheit nicht mehr gewähren. Es sind Al Kaida-Extremisten und die haben wir nicht im Griff. Sie wollen Sie töten. Leider können wir momentan nichts gegen die Extremisten machen. Sie müssen mit Ihrer Familie von hier weg.“

„Bitte bedenken Sie: wenn wir jetzt gehen, wer hat dann sein Ziel erreicht? Sie als Ordnungsmacht oder doch die Terroristen? Entscheiden Sie und wir werden Ihre Anweisungen befolgen. Aber ich wünsche Ihnen, dass Sie als Vertreter der

Regierung die Vorherrschaft behalten, denn sonst bricht hier das Chaos aus.“, entgegnete Chris.

„Sie haben Recht, aber ich möchte vorerst Sie und Ihre Familie aus der Schusslinie heraushaben. Gehen Sie bitte über Ramadan nach Taizz zu Ihren anderen Projekten. In der Zwischenzeit werden wir hier die notwendigen Untersuchungen durchführen.“

Chris teilte mir später das Ergebnis der Unterredungen mit. Gleichzeitig eröffnete er mir beiläufig, nüchtern und sachlich, dass ich die Koffer packen solle.

Ich weinte, weil ich mich überfordert fühlte. Genau vor einem Jahr hatten wir miterlebt, wie die Kinder ertrunken waren.

Seit dem Anschlag hatte ich meinen Mann kaum gesehen und zudem wuchs mir gerade die Arbeit über den Kopf, die wir nach der Rückkehr hatten.

„Aber es ist doch noch gar nichts eingeräumt! Alles liegt oder hängt auf dem Flachdach in der Sonne. Über den Sommer haben sich überall in den Schränken, Regalen, im Teppichboden, in den Matratzen, selbst in den Büchern Termiten eingenistet. Diese unsichtbaren Biester verursachen üble Stiche, ähnlich wie Flohbisse, die sich tagelang verschlimmern und Juckreiz verursachen. Du bist ja am ganzen Körper übersät und auch unser dreijähriger Tim hat überall die roten Pusteln, die diese gemeinen Mini-Bestien verursachen.“

Seit Tagen räumte ich alles aus und trug es aufs Dach, damit die Sonne die befallenen Bücher, Regale usw. „desinfizierte“. Anschließend mussten die befallenen Schränke und Regale mit einer Salz-Ölmischung eingepinselt werden.

Das sollte bewirken, dass die abgelegten Eier erstickten. Die Einheimischen benutzten stattdessen Kerosin, aber das stank bestialisch und war ungesund!

Erst nachdem alles behandelt wurde, konnte alles wieder eingeräumt werden. Andernfalls würden die Kleider, Stoffe und Bücher weiterhin angefressen werden und hätten lauter Löcher.

„Ist dir nicht aufgefallen, dass die Regalbretter weg sind und alle Schränke leer?"

Er nickte zerstreut. „Hm, ja, doch!"

„Und außerdem, das Schulmaterial ist noch nicht einmal aus Deutschland angekommen!", jammerte ich.

Doch alle Argumente nützten nichts. Es war viel zu organisieren, zu überlegen, zu tun. Immer wieder wollten die Arbeitsberge mich erdrücken. Tröstend nahm mein Chris mich erst einmal in die Arme. Er war am Lernen, dass er nicht immer auf alle Fragen eine fertige Antwort haben musste, sondern dass es für mich meistens hilfreicher war, in seinen Armen Trost zu finden. Wenn er es aushielt, mir zuzuhören, und mir dabei sanft über die Haare oder meinen Rücken streichelte, und mir die Möglichkeit gab, mich einmal auszuweinen, dann ging es mir schnell wieder besser. Dann fühlte ich mich geliebt und verstanden und konnte mich nach kurzer Zeit wieder fröhlich ans Werk machen und ihn unterstützen.

Natürlich war mir klar, dass mein armer Mann selbst kaum zur Ruhe kam. Er funktionierte wie ein Motor. Eigentlich konnte und durfte ich nichts von ihm erwarten. Er musste in den wenigen freien Augenblicken Schlösser und Glühbirnen bzw. Neonlampen austauschen oder neu installieren, um während unserer bevorstehenden Abwesenheit Einbrechern das Handwerk zu erschweren. Außerdem waren die im Sommer verkalkten und verstopften Wasserleitungen zu reparieren und vieles andere mehr.

Enrico, der athletische junge Fußballspieler und Lehrer in spe, der gleichzeitig mit uns angekommen war, hatte einen intensiven, arbeitsreichen und hektischen Neustart. Doch er half, so gut er konnte bei den Reparaturen, auch wenn er sich die Finger beim Auswechseln einer Glühbirne verbrannte. An Schulbeginn war überhaupt nicht zu denken. Wir mussten flexibel sein, es gab jetzt Wichtigeres zu tun.

Inzwischen rief ich verschiedene Freunde an, die in anderen Städten wohnten.

„Bitte, wisst ihr eine Möglichkeit, wo unsere Familie eine günstige Unterkunft hier im Land findet oder können wir bei euch einige Wochen unterkommen?“, bat ich am Telefon.

Aber manchen Kollegen erschien es zu gefährlich, mit uns momentan auch nur zu telefonieren, denn die Buschtrommeln hatten Gerüchte verbreitet. Sie behaupteten, wir würden Muslime zu „Abtrünnigen“ machen. Die Telefone wurden abgehört. Die existentielle Frage „Wie geht es weiter?“ schien unbeantwortet zu bleiben.

„Geht nach Deutschland!“, empfahlen Kollegen aus der Hauptstadt.

Frustriert seufzte ich.

„Aber nein, dann haben wir ein unbewältigtes Trauma und wissen nicht, ob wir dann je wieder in unsere Wahlheimat zurückkommen. Das müsste uns schon unser himmlischer Chef selbst zeigen, wenn wir nach Deutschland sollen! Wo sollen wir denn außerdem hin? Wir haben doch keine Heimat mehr und immer bei Verwandten oder Freunden zu wohnen und anderen zur Last fallen, haben wir die letzten drei Monate bis zum Überdruss erlebt."

Wir hatten nach den Sommermonaten das Vagabundenleben gründlich satt.

Nach vielen vergeblichen Versuchen und Gesprächen mit Kollegen im In- und Ausland, manchen schlaflosen Nächten und viel Gebet, zeichnete sich nach einer Woche endlich eine Lösung ab.

„Morgen brechen wir nach Westjemen auf! Familie K. ist momentan in Kanada. Sie werden ihre Wohnung in den Bergen von Taizz für einen Monat an uns untervermieten.", sagte Chris.

Schweren Herzens nahmen wir Abschied von unserem Haus, der Katze und den Nachbarn.

„Wie lange werden wir fort müssen? Wann dürfen wir wieder heim?", fragten die Kinder.

„Sicher nicht so lange", versuchte Papa seine Kinder zu trösten.

„Werden wir unser geliebtes Zuhause überhaupt je wieder sehen?", fragte ich mich unterdessen im Stillen skeptisch, während ich mühsam die Tränen zurückdrängte und versuchte, stark zu sein.

Der Land Cruiser rollte vollbepackt bis unters Dach in eine ungewisse Zukunft. Die sonst so lebhaften Kinder, bei denen das Mundwerk in der Regel kaum stillstand, waren ungewöhnlich still. Nur der Jüngste, Tim, plapperte munter drauflos. Er war – wie immer – glücklich, wenn wir alle miteinander einen Ausflug machten!

Kapitel 40

Exil

Es war inzwischen kurz vor Ramadan, der deutsche Kalender zeigte den 25. September 2005. Seit dem Anschlag waren acht turbulente, hektische Tage vergangen. Erschöpft erreichten wir spätabends mit unseren drei Jungs sowie unserem neuen Lernhelfer Enrico die wunderschöne Stadt Taizz im Schatten der Dreitausender im Südwesten des Bergjemen.

„Wir sind endlich da!", meinte David zu seinen beiden Brüdern. „Ich will das größte Zimmer, denn ich bin ja der Älteste!"

Ich schmunzelte: „Das Leben geht weiter!"

Wir waren dankbar und erleichtert, dass wir nach dieser Ungewissheit und Zeit der höchsten Anspannung endlich einen Unterschlupf gefunden hatten, der zwar durch das lange Leerstehen verstaubt war, uns aber ein Gefühl der Sicherheit vermittelte. Die Wohnung war mitten in der Stadt gelegen. So konnten wir schnell das Nötigste besorgen, um nach der 16-stündigen Fahrt durch Wüste und Berge die hungrigen und durstigen Mäuler zu stopfen.

Zu müde, um uns darüber aufzuregen, dass die Wasserleitungen verstopft waren, bei unserer Ankunft Stromausfall herrschte und in den Schränken weder Geschirr, Besteck oder Bettwäsche zu finden war, steckten wir die Jungs heute ungewaschen ins Bett.

Um die Kakerlaken und den Staub konnten wir uns dann morgen kümmern. Unsere lieben Freunde und Kollegen aus Taizz halfen mit Geschirr, Töpfen, Bettwäsche und Handtüchern aus und standen uns mit Rat und Tat zur Seite. In der Wohnung darüber wohnte eine nette einheimische Familie mit einem kranken Kind und der Großmutter. Schnell freundeten wir uns mit ihnen an. Ich sollte noch Gelegenheit bekommen für die Mutter und ihr Kind zu beten.

Das Klima in den Bergen war sehr angenehm, selbst im Winter hatte es ca. 25 Grad und Sonne. Jetzt im September, nach der Regenzeit, war alles grün und fruchtbar. Dieser krasse Gegensatz zur öden Wüste in Mukalla, wo wir uns vor fast sechs Jahren niedergelassen hatten und uns zu Hause fühlten, war eine Wohltat für unsere Augen.

Trotzdem taten wir uns alle, einschließlich des neuen Lernhelfers Enrico, mit der Umstellung auf diesen ungewohnten Aufenthaltsort schwer. Wir konnten uns nicht heimisch fühlen. Vielleicht war auch alles einfach zu schnell gegangen und unsere Seelen waren in Mukalla zurückgeblieben? Ob sie irgendwann noch nachkämen?

Beim Schulstart war in diesem Jahr der Wurm drin. Beeinträchtigt durch Unsicherheiten und Spannungen war es zusätzlich verdrießend, als wir beispielsweise merkten, dass das Material von der deutschsprachigen Fernschule unvollständig und teilweise für das übernächste Jahr geschickt worden war.

„Wo ist meine Schere und der Uhu? Mama, warum hast du meinen Füller nicht mitgebracht?", wollte David wissen.

„Der kommt schon noch raus, lasst uns jetzt erst mal alles aufräumen."

Vom Aus- und Einräumen, vom Putzen und Packen in den vergangenen Tagen und Wochen hatte ich eigentlich genug! Ich fühlte mich so ausgelaugt. Zum Essen war mir nicht viel Zeit geblieben, sodass ich sehr schmal und blass geworden war.

Mein Mann Chris musste zwischendurch immer wieder in die Hauptstadt Sanaa, um dort mit den Ministerien zu verhandeln. Er war dann oft tagelang weg, manchmal verzögerte sich seine Rückkehr wegen des Fastenmonats Ramadan und den anschließenden Feiertagen noch zusätzlich. Immer wieder war er frustriert von den Ämtergängen, dem „*Inschallah bukra!*". Er vermisste seine Familie und umgekehrt.

„Wo ist Papa?", fragten die Kinder oft.

Aus der gewohnten Umgebung evakuiert, erlebten wir wieder einmal einen Kulturschock. (Wir ahnten damals noch nicht, dass nur kurze Zeit später viele Menschen aus der arabischen Welt unfreiwillig ihre Heimat verlassen müssten, auf der Flucht sein und somit den Boden unter den Füssen verlieren würden!)

***

Das Leben in Taizz hatte Vorzüge, beispielsweise konnte man in den Supermärkten und auf den Märkten von Taizz viel mehr westliche Produkte – wie Cappuccino, Hartkäse,

Wurst und vieles mehr – erhalten. Die Auswahl war größer als in Mukalla.

Außerdem studierten in Taizz viele Kollegen Arabisch; die Gemeinschaft mit ihnen tat uns gut. Allerdings gingen wir nach dem Verlust unseres Zuhauses durch eine emotionale Krise, daher zog ich mich sehr zurück.

Unsere Freunde konnten nicht verstehen, warum die Stimmung bei der sonst fröhlichen Familie Berger dermaßen gedrückt war, als ob eine finstere Decke unsichtbar über uns schweben würde. Wir litten alle sehr an Heimweh. Es bedrückte uns, dass keiner wusste, ob wir unsere Wahlheimat Mukalla je wiedersehen würden. Oft musste vor allem ich mich mit den unglücklichen und traurigen Kindern auseinandersetzen. Es versetzte mir jedes Mal einen schmerzlichen Stich, wenn ich ihnen auf ihre verzweifelten Fragen eine Antwort schuldig blieb.

„Mama, ich will heim. Ich vermisse meine Freunde, unsere Tiere und unser Haus, auch unsere Reifen zum Spielen, die Krebse. Hier ist alles blöd! Wann gehen wir denn wieder nach Hause?“

Auch wir Eltern fragten uns das immer wieder.

„Ist das nun ein Hindernis, das uns zum Weiterkämpfen herausfordert oder ist es dieses Mal das Ende? Wie soll es nun weitergehen? Was will Gott von uns? Sollen wir unsere Energie für das Überleben hier und das Warten auf die Rückkehr einsetzen? Oder uns nach Arbeitsmöglichkeiten in Deutschland umschauen?“

Für beides hatten wir momentan keine Kraft, denn die quälende Grübelei raubte uns so viel Energie.

Eines Tages bekamen wir die unerwartete Nachricht, dass die Hausbesitzer unseres Asylplatzes überraschend früher aus Kanada zurückkehren würden. Unsere entwurzelte Familie musste also bald aus diesem Haus ausziehen, welches uns trotz allem Sicherheit und Geborgenheit gewährt hatte.

„Die Regierung gibt aus Sicherheitsgründen noch kein grünes Licht zur Rückkehr nach Mukalla! Was machen wir jetzt?"

Wieder standen wir vor existentiellen, quälenden Fragen. Doch schon bald löste sich der Nebel und die Sonne schien wieder strahlend hell und warm. Wir erfuhren von lieben Freunden, dass Familie S. vorhatte, demnächst zur Geburt ihres Kindes in ihr Herkunftsland zu fliegen. Sie wollten uns gern ihr Haus untervermieten und waren froh, jemanden im Haus zu haben, um Einbrüche zu verhindern. Nur wenige Tage mussten wir überbrücken und noch anderswo Zwischenstation machen, bevor wir in die andere Wohnung ziehen konnten.

Chris hatte eine Überraschung für uns bereit:

„Wir werden nach Aden ans Meer fahren und im Elefant Beach Hotel Ferien machen. Die Unterkunft dort ist günstiger als in Taizz."

Wir machten vor Freude einen Luftsprung und packten schnell, damit es endlich losgehen konnte! Richtig wohlgefühlt hatten wir uns in diesem Asyl mit den giftgrünen Matratzen am Boden des Wohnzimmers, den nicht dazu passenden grasgrünen Vorhängen und dem fleckigen Teppich mit undefinierbarer Farbe, den dauernd tropfenden oder verstopften Wasserhähnen und der nicht funktionierender Klospülung sowieso nie.

Kapitel 41

Korallenriff und Schlangengeschichte

In Aden genossen wir zusammen mit unserem Lernhelfer Enrico die ersten Tage mit Schwimmen, Schnorcheln, Stadtbummeln und zwischendurch ein wenig „Schule“ am Strand.

Während dieser Zeit trafen wir uns auch mit einem in Aden lebenden christlichen Psychologen-Ehepaar, die bei einer Ölgesellschaft angestellt waren. Wir mussten die zurückliegenden traumatischen Erlebnisse aufarbeiten. Sie halfen uns sehr, auch einen klaren Blick auf unsere unsichere Zukunft, die noch völlig im Dunkeln lag und mit vielen Risiken verbunden war, zu bekommen. Wir mussten den Tatsachen ins Auge sehen und durften nicht blind das Unangenehme verdrängen! Gott schickte uns immer wieder zur richtigen Zeit seine Engel – auch in liebevollen Menschen – und zeigte uns seine väterliche Liebe und Fürsorge. Er ließ uns nie im Stich, besonders nicht in Zeiten von innerem Zerbruch.

Doch gleich am dritten Tag kurz vor dem Mittagessen, als Tim schlief und Chris und ich im Schatten lasen, passierte etwas.

Enrico war mit unseren beiden Großen weit draußen auf den Klippen auf Erkundungstour. David, der barfuß unterwegs war, stürzte plötzlich auf den rutschigen Felsen und verletzte sich an einer scharfkantigen Koralle am Fuß. Als ich gerade von meinem Buch aufsah, beobachtete ich, wie Enrico den verletzten David schnappte und mit unserem blutenden Kind auf dem Arm schnellstens zurück zu uns rannte. Das Blut sah man schon von weitem laufen und ich rief Chris zu:

„Schnell, wir müssen die Wunde desinfizieren und die Blutung so schnell wie möglich stoppen! Wo ist das Verbandszeug? Chris, hol bitte sofort die Ärztin vom Nachbarzimmer!"

Als die beiden keuchend an unserem Platz ankamen und wir David auf eine Liege gelegt hatten, sahen wir, dass die quer über die Fußsohle verlaufende Wunde ziemlich tief und ausgefranst war.

„Das muss zügig im Krankenhaus genäht werden; die Blutung lässt sich nicht stillen!", verordnete die herbeigeeilte amerikanische Ärztin.

Da ich aber aus Erfahrung um die mangelnden hygienischen Zustände wusste, widerstrebte mir der Gedanke, ins Hospital zu gehen.

„Muss denn das wirklich sein, hier im Jemen?", erkundigte ich mich besorgt.

„Ja, es muss leider sein, es heilt am Fuß sonst nicht ab, und man kann so ein aktives Kind ja nicht festbinden. Leider kann ich es nicht selbst nähen, da ich kein Nähmaterial habe!“, antwortete die Ärztin bedauernd.

Ich seufzte resigniert. Am liebsten hätte ich mich jetzt fortgebeamt in ein anderes Land.

Chris hatte die Situation unter Kontrolle und war ruhig und besonnen, wie meistens in Krisensituationen. Dankbar spürte ich, wie seine Ruhe mir wieder Kraft gab.

„Bitte kannst du mit Tim und Martin hierbleiben und sie beruhigen? Im Kühlschrank hat es noch kaltes Hühnchen!“, bat ich Enrico.

Unser elfjähriger David war ausnehmend tapfer, obwohl er sehr viel Blut verloren hatte, bis er im Krankenhaus ankam. Eine junge einheimische Ärztin mit schwarzer Gesichtsmaske und schwarzer *Abaya* versorgte seine Verletzung. Das Einzige, was sie als Medizinerin auswies, war das weiße Kopftuch und eine weiße Schürze über dem schwarzen Mantel. Aber sie trug einen schwarzen Gesichtsschleier, der nur einen Schlitz an den Augen frei ließ und schwarze Handschuhe.

David bekam mit einer besonders dicken Nadel die örtliche Betäubung. Die jemenitische Ärztin begann erbarmungslos und ungeduldig sofort mit dem Nähen, bevor die Wirkung des Narkosemittels eingesetzt hatte. Am liebsten hätte ich ihr die Nadel aus der Hand gerissen, aber Chris hielt mich mit seinem Hypnoseblick zurück.

Nun war es leider für David vorbei mit Schwimmen und auch beim Laufen auf dem Sand war Kreativität gefragt, um zu vermeiden, dass die Wunde sich entzündete oder aufplatzte. David musste Socken und Schuhe anziehen. Manchmal trugen ihn Enrico oder sein Papa auf den Schultern zum Essen ins Restaurant. Seine beiden Brüder vermissten ihn natürlich beim Toben und Spielen.

Unser tapferer Held David zog sich nach sieben Tagen ohne mit der Wimper zu zucken selbst alle achtzehn Fäden – vor den weit aufgerissenen Augen seiner bewundernden Brüder und seiner hilfsbereiten Mutter. Er wollte auf keinen Fall mehr ins Krankenhaus.

„Das tut überhaupt nicht weh“, verkündete er stolz. „So kann ich schon mal üben, wenn ich dann später Arzt werde. Aber ich werde das dann behutsamer machen. Und ins Krankenhaus gehe ich als Patient nie wieder!“

***

Die Zeit in Aden ging viel zu schnell vorbei. Die Gespräche bei den ausgebildeten Therapeuten hatten uns wieder neue Kraft und Orientierung gegeben. Mit gemischten Gefühlen machten wir uns dann erneut auf den Weg zurück nach Taizz. Wir waren ein wenig traurig, dass wir schon wieder weg mussten, freuten uns aber auch auf den neuen Zufluchtsort, eine schöne kleine Wohnung mitten in der Stadt auf einem kleinen Hügel.

Diesmal kamen wir in eine saubere Wohnung und mussten nicht zuerst putzen und Geschirr usw. besorgen, denn alles war liebevoll vorbereitet. Aus der großen Fensterfront im Wohnzimmer hatte man einen wunderschönen Blick auf die einzigartige Stadt. Gleich nebenan war das *Qasr*[51] von Taizz, von dem jetzt, während des Fastenmonats Ramadan, Kanonenschüsse abgefeuert wurden. So wurde den gläubi-

51 Burg, Festung

gen Muslimen bei Sonnenuntergang das *Fastenbrechen*, also das Ende des Fastens, angekündigt. Als wir nach der ermüdenden Reise auf staubigen Straßen das Zimmer mit der großen Fensterfront betraten, war der Himmel im Westen wunderschön verfärbt. Die untergehende Sonne hatte den Horizont in brillantes Orangerot verfärbt. Einzelne tiefdunkelblaue Wolken bildeten einen stimmungsvollen Kontrast zu dem glühenden Himmel und den schwarzen Bergen.

Wir waren so dankbar, dass wir hier vorübergehend wohnen konnten. Wieder einmal musste Chris nach ein paar Tagen für unbestimmte Zeit nach Sanaa. Ich versuchte zusammen mit Enrico, einen möglichst normalen Schulalltag zu gestalten. Unser junger Lehrer wohnte bei Freunden und kam tagsüber für ein paar Stunden, um die Jungs zu unterrichten und zu den gemeinsamen Mahlzeiten. Oft saßen wir alle zum Unterricht auf der Terrasse, da es in der Wohnung ohne Klimaanlage und Ventilator schwül und stickig war. Natürlich wurden wir auch abgelenkt.

„Schau mal, da ist eine Schlange! Sie ist gerade unter den Teppich im Kinderzimmer gekrochen!“, rief plötzlich Martin.

„Wo ist sie denn? Du willst ja bloß wieder vom Unterricht ablenken.“, verdächtigte Enrico seinen Schüler.

„Nein, schau doch: sie ist unter dem Bett, da bewegt sich doch was!“, beteuerte unser Martin mit den Pilotenaugen.

Augenblicklich begann eine wilde Jagd auf das ungebetene Kriechtier, das aber wie vom Erdboden verschwunden schien. Enrico spielte das Spiel mit, glaubte aber immer noch nicht an das Ammenmärchen. Aber er wollte den Jungs den

Spaß nicht verderben. Er war heute zerstreut und hatte bei der Hitze selbst Mühe mit der Konzentration.

Nachher wusste niemand mehr so recht, wie – doch plötzlich hatte David das heimtückische Reptil mit einer kleinen Schaufel eingefangen. Die Jungs wollten das Tier leben lassen.

Mutig schlug Enrico auf den Kopf des Tieres, das hin und her zuckte. Unsere Jungs schrien aufgeregt durcheinander, der dreijährige Jüngste mitten drin. Endlich lag die Giftschlange leblos unter dem Tisch, doch an Lernen war an diesem Tag natürlich nicht mehr zu denken.

***

Ein Highlight in dieser Zeit war die erste Begegnung mit dem immer gut gelaunten Joe. Er tauchte aus heiterem Himmel auf, mit dem Auftrag, an der Uni in Mukalla die Englische Fakultät aufzubauen und einheimische Studenten in Englisch zu unterrichten!

„Meine Universität in Kanada hat mir vor ein paar Wochen gesagt, dass ich nach Mukalla soll. Ich wusste gar nicht, in welchem Land das ist und musste erst rausfinden, wo das liegt. Dann habe ich meinen Flug nach Sanaa gebucht und bin hergeflogen. Kollegen in der Hauptstadt haben mir von euch erzählt und mich zu euch geschickt. Voila, hier bin ich!"

Da unsere schöne Küstenstadt zu jener Zeit wegen des Anschlags von allen Ausländern gemieden wurde, war diese erste Begegnung mit dem jungen Mann eine große Ermutigung für uns Flüchtlinge.

Endlich, am Ende des Ramadans, kam die heiß ersehnte Nachricht über den deutschen Botschafter, dass wir nach wochenlangem Warten schließlich zurückkehren durften. Herr M. hatte sich beim Innenminister für uns eingesetzt.

„Ich bin dafür, dass Herr Berger mit seiner Familie wieder zurückkehrt, denn sie leisten wirklich gute, nachhaltige Entwicklungsarbeit. Falls Sie von der Jemenitischen Regierung das nicht so sehen, dann sagen Sie es ihnen bitte selbst!"

Der Botschafter, hatte sich erst wenige Wochen vor dem Anschlag bei einem mehrtägigen Besuch im Projektgebiet von der guten Qualität unserer Arbeit überzeugt. Er war sehr beeindruckt davon gewesen und hatte schnell die Herzen der Beduinen erobert, als er mit ihnen im Sand sitzend Mühle spielte.

Wir beschlossen, dass Chris für fünf Tage allein nach Mukalla fliegen würde, um vor Ort die Lage zu prüfen.

„Papa, warum dürfen wir nicht mit? Wir wollen auch nach Hause!", beschwerten sich die Kinder.

„Nein, das ist zu gefährlich, ich muss erst mit der Polizei und den Nachbarn sprechen, ob sie überhaupt wollen, dass wir wiederkommen. Und ich muss vor Ort sehen, ob es dran ist, zurückzugehen."

„Aber Papa! Wenn es für uns gefährlich ist, dann ist das doch auch für dich riskant!", erwiderte unser schlauer Martin besorgt.

Papa bestand jedoch darauf: „Ihr bleibt hier. Ihr habt auch eine wichtige Aufgabe: Ihr müsst nämlich für mich beten und auf Mama und Tim aufpassen! Und macht euch keine Sorgen, Gott lässt mich nicht im Stich!"

Chris musste auch auf Anraten der Sicherheitspolizei allein reisen, bevor wir als ganze Familie zurückkehren durften.

Leider bekam ich während seiner Abwesenheit gesundheitliche Probleme. Herzrhythmusstörungen und Schmerzen in der Brust irritierten mich. Unser Freund, Doktor Payo, überwies mich ins Hospital nach Jibla zu verschiedenen Untersuchungen.

Im Baptist Hospital wollte man mich zu gründlicheren Checks aufnehmen. Aber ich weigerte mich, im Krankenhaus zu bleiben. Ich wollte nur noch eins: zurück nach Hadramaut, nach Hause! Unmöglich konnte ich zudem unsere Kinder jetzt alleine in Taizz lassen, während ihr Papa so weit weg war und sie sowieso unter Heimweh litten! Außerdem wusste ich instinktiv, dass es mir wieder besser gehen würde, sobald die Ungewissheit und der Stress des Exillebens vorbei wären.

***

Mein Mann kam nach einer Woche begeistert von seiner Erkundungstour zurück.

„Viele freuen sich und können unsere Rückkehr kaum erwarten!“, erzählte er fröhlich.

„Und was sagt die Polizei?“, fragte ich besorgt.

Natürlich wollte ich alles ganz exakt wissen, obwohl ich gleichzeitig schon wie auf Kohlen saß, weil ich es kaum erwarten konnte, zurückzufahren nach Mukalla.

„Der Sicherheitschef Abd al Hakiim empfing mich ganz herzlich am Flughafen, umarmte mich und sagte, dass wir hoffentlich bald zurückkommen nach Mukalla.“

„Und die Nachbarn?“

Warum nur musste ich meinem wortkargen Mann alles aus der Nase ziehen? Chris überlegte, wie er mir die Tatsachen schonend beibringen konnte.

„Manche von ihnen hatten während unseres Wegseins ein paar Probleme und wurden verhört. Das hat sie sehr verletzt, aber sie freuen sich auf uns. Am besten, du telefonierst mit deiner Freundin Chatija.“

Die Kinder hüpften laut jubelnd durch die fremde Wohnung, Chris umarmte mich strahlend und alle waren außer Rand und Band: Nun stand also unserer Rückkehr nichts mehr im Wege und die Freude war groß.

Sogleich rief ich meiner Nachbarin Chatija an – und spürte eine sonderbare Reserviertheit am Ende der Leitung.

„Seltsam, Chatija freute sich doch sonst immer sehr über einen Anruf. War es nur ein ungünstiger Zeitpunkt oder war sie immer noch irritiert? Oder gab es sonst Gründe?“, fragte ich Chris.

Aber er zerstreute sofort meine Bedenken und Zweifel.

„Nein, das bildest du dir ein. Sie war bestimmt ganz normal und du interpretierst irgendetwas!“

Und er hatte noch einen Trumpf parat.

„Als besondere Auszeichnung, vielleicht auch als eine Art der Wiedergutmachung, soll die internationale Entwicklungshilfe-Konferenz mit Presse und Regierungsmitgliedern aus Sanaa diesmal in die südöstliche Küstenstadt Mukalla, unserem Zuhause, verlegt werden. Ich bin als Ehrengast und Redner dort eingeladen! Und zwar schon in drei Tagen!“

Ich war beeindruckt! Normalerweise waren Entwicklungshilfevereine (NGOs) nicht einmal eingeladen – und jetzt durfte Chris sogar referieren!

Auf einmal hatte unsere quälende Wartezeit tatsächlich ein Ende. David und Martin hatten täglich mehrmals gefragt:

„Wann gehen wir denn endlich wieder nach Hause?"

Diesmal bekamen sie eine eindeutige Antwort:

„Erst müssen wir unsere gesamten Sachen verpacken und das Haus sauber machen, dann kann es schließlich losgehen, zurück nach Hause. Los, wenn wir alle zusammen helfen, geht es schneller!"

Kapitel 42

Heimkehr nach Mukalla

Wir waren alle total aufgedreht, als wir nach fast zwei Monaten endlich wieder zurück in Mukalla ankamen. Zu Hause! Die drei Kinder rannten aufgeregt in allen Zimmern herum und nahmen unser Haus wieder neu in Besitz. Zuerst kam natürlich das Kinderzimmer dran, in dem sie alle drei schliefen und wo ihre Kleiderschränke, Spielkisten und Bücherregale standen. Dann folgte die große Halle, unser Familienwohnzimmer, wo unser gemütlicher Samt-*Mafratsch* die Ecke beim Balkon schmückte.

Aus diesen quadratischen Matratzen konnte man so wunderbar Höhlen und Verstecke zaubern. Unsere wunderschönen bunten Love Birds in ihrem Hängekäfig zwitscherten freudig zur Begrüßung um die Wette. Diese kleine Papageienart war unkompliziert und gut zu halten. Unsere drei Jungs rannten rufend und lachend hinunter ins Spielzimmer und überprüften, ob noch alle Spielsachen da waren. Es war alles ein wenig durcheinander in Spielkisten eingeräumt. Schariifa hatte alles sauber gehalten und aufgeräumt, so gut sie es eben konnte. Für sie waren Legos, Kuscheltiere und Playmobil alles dasselbe. Für die lebendigen Tiere hatte sie jedenfalls gut gesorgt. Diesmal hatte niemand versucht, bei uns einzubrechen. Alles schien auf den ersten Blick in Ordnung zu sein! Dass die Wasserleitungen durch die salzhaltige Luft Rost angesetzt hatten und dadurch verstopft waren, merkten wir erst später. Als ich aus dem Fenster hinunter in den Hof schaute, staunte ich, weil die Bananenstauden, die pinkfarbenen Bougainvilleabüsche und Oleandersträucher wieder gewachsen waren und wunderschön blühten! Diesmal waren sie offensichtlich regelmäßig gegossen worden. Auch ich war so glücklich wie unsere Kinder, wir alle jauchzten überschwänglich und sangen fröhlich um die Wette. Vor lauter Begeisterung war die ganze Familie völlig aus dem Häuschen. Obwohl wir von der langen Fahrt müde und ausgelaugt waren, war an Schlaf erst einmal nicht zu denken!

Chris begann emsig, die Koffer und Kisten aus dem Auto auszuräumen, das voll bepackt war bis unters Dach. Wie viel hatte sich wieder angesammelt während unserer langen Abwesenheit! Tim hatte ein schwarzes Häschen bekommen, und David und Martin drückten ihre buntgescheckten Kaninchen an sich, die ihnen ihr Papa vom Tiermarkt in Taizz mitgebracht hatte. Er hatte durch diesen Kauf nicht nur den Kindern eine große Freude gemacht, sondern gleichzeitig eine gute Tat vollbracht und den Tieren das Leben gerettet! Die drei Jungs suchten nun einen geeigneten Platz für ihre neuen Hausgenossen und rannten hin und her.

„Mama, dürfen wir ihnen auf dem Wohnzimmerbalkon ein Häuschen bauen? Da sind sie doch sicher vor den Katzen und den Raubvögeln."

„Ja, das ist eine gute Idee. Für heute Nacht holt ihr unten für eure Tiere einen Karton. Legt bitte Zeitungen auf dem

Boden aus, damit es keine so große Sauerei gibt. Morgen könnt ihr ihnen dann ein richtiges Gehege bauen."

***

Erst am nächsten Morgen erfuhren wir, dass doch nicht alles ganz so rosig war, wie es uns im ersten Moment erschienen war! Die schöne weiße Hauswand auf der türabgewandten Seite war verschmiert mit schwarzem Gekritzel, das die Rückkehr unserer Familie mit hässlichen Worten kommentierte. Nicht alle waren uns also freundlich gesonnen! Bald erfuhren wir dann auch, warum! Mohammed aus dem Nachbarhaus war es schließlich, der mit der Nachricht herausrückte, nachdem er uns zuerst immer ausgewichen war.

„Die Polizei nahm etliche aus der Nachbarschaft fest und verhörte sie! Sie wurden verdächtigt, den Brandanschlag gegen euch verübt zu haben! Einige sind deswegen sauer auf euch! Sogar meine Frau musste einige Stunden auf dem Polizeirevier bleiben und sich verhören lassen! Das war schlimm für sie! Die ganze Nachbarschaft hat über sie geredet! Aber die Verhaftungen waren sowieso nur zum Schein. Natürlich wird niemals herauskommen, wer wirklich hinter dem Anschlag steckte!"

Bei Chris hinterließ das Ganze seine Spuren. Er hatte Angst um seine Familie, besonders ich durfte die ersten Tage nicht mehr allein auf die Straße treten! Da er einen neuen Anschlag befürchtete, forderte er uns auf, dass wir in den unten gelegenen Schulräumen immer die Fenster fest verschlossen hielten.

Jedoch hielt ich das wegen der Hitze nicht lange aus und protestierte.

„Gott hat uns doch klar hierhergestellt und wird auch auf uns achtgeben! Wir können nicht hierbleiben, wenn wir ständig von Angst beherrscht werden!“

„Ja, du hast Recht! Komm, lass uns miteinander unsere Sorgen und Ängste dem himmlischen Vater anvertrauen!“

Wir wurden wieder ruhiger.

Auch unsere Nachbarn staunten in den nächsten Tagen, dass wir Ausländer so unbeschwert und gelassen waren. Schon bald spielten unsere Kinder und die arabischen Nachbarskinder wieder fröhlich und unbekümmert mit ihren Autoreifen auf der Sandstraße oder spielten Verstecken wie zuvor. So geriet der Anschlag schon bald mehr und mehr in Vergessenheit.

Nach unserer Heimkehr waren wir alle sehr froh. Zum Glück hatten sich keine weiteren Termiten angesiedelt und die unerwünschten, lästigen Insekten schienen ausgerottet. Also hatte sich meine mühsame Arbeit vor unserer überstürzten Abreise doch gelohnt! So langsam kehrte auch endlich wieder etwas Ruhe und Routine in unseren Alltag ein.

Gleich nach der Rückkehr hatte die internationale Entwicklungshilfe-Konferenz begonnen, bei der Chris als einer der Hauptredner referierte. Später berichtete er mir ganz beschwingt von seinen Erlebnissen dieses bedeutsamen Tages:

„Der Ministerpräsident erwähnte in seiner Eröffnungsrede ausdrücklich den vergangenen Anschlag und würdigte die ‚beeindruckende Arbeit‘ von uns Ausländern in Mukalla!“

Abends wurden wir zusammen als Ehrengäste zum Staatsdinner eingeladen, zur Eröffnungsfeier der internationalen Entwicklungshilfe-Konferenz.

„Sie findet diesmal zum allerersten Mal außerhalb der Hauptstadt in unserem Bundesland statt! Es ist eine große Ehre, dass wir so ausgezeichnet werden!“, beteuerte Chris.

Bei diesem großen Staatsdinner an den langen, reich gedeckten Tafeln bei Kerzenlicht um den Swimmingpool des wunderschön geschmückten Hotels Hadramaut wurden wir beide zu meiner Verlegenheit feierlich zu unserem Ehrenplatz am Kopfende der Festtafel geleitet. Wir nahmen zwischen dem jemenitischem Ministerpräsident und dem deutschen Botschafter und seiner Frau Platz! Die Blicke der jemenitischen Regierungsbeteiligten und internationalen Diplomaten folgten uns neugierig. Unwillkürlich mussten wir an Psalm 23 denken, denn die Verheißung wurde in diesem Moment ganz konkret für uns erfahrbar: *„Du bereitest vor mir einen Tisch im Angesicht meiner Feinde!“*[52] Dieser Psalm hatte uns von Anfang an besonders begleitet, auch schon vor der Ausreise, als uns viele davor gewarnt hatten, dass wir im finsteren Tal eventuell viel Mangel erleben würden. Aber gleichzeitig war da sein Versprechen, dass er im Schatten oder im Tal des Todes bei uns sein und sein Stecken und Stab uns trösten würde!

„Bitte nehmen Sie unsere Entschuldigung an für das, was Ihnen passiert ist und seien Sie herzlich wieder bei uns willkommen. Wir sind dankbar für alles, was Sie für unser Land leisten!“, wandte sich der jemenitische Ministerpräsident entschuldigend an uns.

Frauen blieben hier eher im Hintergrund. Deswegen war mir diese offensichtliche Ehre peinlich! Heimlich wünschte ich mich weit weg. Gleichzeitig konnte ich es aber kaum fassen, wie Gott gerade offensichtlich dabei war, unsere Wür-

52 Psalm 23,5

de vor den Einheimischen und sogar den ganzen Staats-und Regierungsoffiziellen wieder herzustellen!

Nach dem leckeren Abendessen beugte sich der Ministerpräsident noch einmal herüber und fragte mich in vertraulichem Ton, was er denn nur tun könne, um das Geschehene wiedergutzumachen.

„Sie könnten eine Straßenlampe in unserer Straße anbringen lassen, damit unser Haus nachts beleuchtet ist, denn es ist sehr finster in unserem Stadtviertel!", antwortete ich schlagfertig.

Darauf antwortete er ausweichend und mit einem undefinierbaren Lächeln, sprach über belanglose Themen, bevor er sich dann jemand anderem zuwandte. Ich vermutete, dass er mich nicht verstanden hatte oder aber überrascht war über meine Direktheit.

Nun versuchte ich, den Abend zu genießen. Irgendwie hatte ich es verlernt, mich mit fremden, noch dazu arabischen Männern, ungezwungen zu unterhalten oder gar am vornehmen Tisch mit ihnen zu speisen!

Als Chris und ich dann spätabends heimkamen und uns unserem Hause näherten, scherzten wir fröhlich.

„Schau, wenn man aus der hellerleuchteten Stadt kommt, fällt es einem auf, wie besonders dunkel es immer bei uns im Viertel hier ist!"

Doch da ging plötzlich, wie auf Kommando, ein hell leuchtendes Flutlicht an. Alles war plötzlich im grellen Rampenlicht: Unser Haus, unser Garten, unsere vorher so dunkle Straße, und der ganze Unrat, der darauf verteilt war! Man sah jetzt auch die Wasserleitung, die beim Umbau kaputt gegangen war und die sich jetzt oberhalb des unbefestigten Fahrweges befand, weil sie noch nicht wieder eingegraben worden war.

„Es waren wohl Mainzelmännchen am Werk und haben in so kurzer Zeit und dazu noch am freien Wochenende in nächtlichen Überstunden, Scheinwerfer und Straßenlampen installiert und angeschlossen. Das ist rekordverdächtig, besonders bei den sonst eher gemächlich arbeitenden Einheimischen!", schmunzelte Chris.

Erst jetzt merkten wir, wie dunkel es zuvor gewesen war. In Küche, Bad und Schlafzimmer brauchten wir abends fortan kein Licht mehr und auch unser Flachdach war hell erleuchtet.

„Man muss eben nur die richtigen Beziehungen haben! Das ist ja eine tolle Überraschung!", strahlte ich überglücklich.

Nur ein paar Tage später wurde die mehrspurige Straße am Strand entlang fertig und wurde nun ebenfalls nachts mit hellen Straßenlampen erhellt. Das Licht leuchtete aus der Ferne bis zu unserer Straße. Wo in den Jahren zuvor absolute Finsternis geherrscht hatte, war es jetzt hell erleuchtet. War dies nicht auch ein schönes Sinnbild für die vielen positiven Veränderungen im Bundesland Hadramaut?

Joe, der junger Englisch-Lehrer, eröffnete an der Universität eine Englisch-Fakultät, was auch anderen westlichen Englisch-Lehrern eine Aufenthaltsgenehmigung verschaffte. Zwei weitere gläubige Paare stießen schon bald zu uns und vergrößerten das Team. Das war sehr ermutigend, denn wir waren fest überzeugt, dass jedes „Licht" dazu beiträgt, die Finsternis zu erhellen!

Wir empfanden es als Privileg, miterleben zu dürfen, wie die Sonne tatsächlich immer wieder aufgeht – selbst im Tal des Todes!

Kapitel 43

Veränderungen

Obwohl die Rückkehr nach Mukalla für unsere ganze Familie ein Freudenfest war und wir liebevoll von Nachbarn, Freunden und Behörden empfangen wurden, spürten wir doch, dass bald eine Veränderung bevorstand. Es lag eine ahnungsvolle Spannung in der Luft. Wir konnten die Gewitterstimmung einfach nicht ignorieren! Alles wies darauf hin, dass sich die bisher geöffnete Tür langsam, aber sicher, verschloss!

Sollte dies der Anfang vom Ende sein? Wir liebten doch diese Menschen, unsere Arbeit unter den Ärmsten der Armen, unser Zuhause, unsere Freunde und Mitarbeiter. Wir waren immer noch fasziniert von der kargen Wüste mit ihren bizarren Felsformationen, der Weite des Meeres, der stabilen Wetterlage.

Bei der Ausreise damals hatten wir uns kein Limit für unsere Arbeit und unser Leben hier im Hadramaut gesetzt. Schließlich fühlten wir uns doch klar hierher berufen!

Aber die Fragen nagten an uns. Sie tauchten immer wieder ungebeten auf. Waren wir schon zu einem Wechsel bereit? Wollten wir denn überhaupt etwas Neues? Die Veränderungen waren kräfteraubend, spannend, und oft nicht so genau planbar. Jede Änderung bot andererseits aber auch neue Chancen. Wir konnten uns jedoch nicht immer gleich darüber freuen, vor allem wenn der Wandel ungewollt eintrat und unsere Planung völlig zunichtemachte. Damit das Leben weitergehen konnte, mussten wir nach vorn blicken und uns dem Neuen öffnen. Dazu gehörte auch, das Altgewohnte loszulassen. Es war für uns alle eine individuelle Herausforderung, auf Veränderungen, die wir uns nicht selbst ausgesucht hatten, so zu reagieren, dass sie uns weiterbrachten und nicht lahmlegten.

Trotz meiner Spontanität und Kontaktfreudigkeit tat ich mich doch recht schwer mit Umwandlungen. Ich hatte sogar fürchterliche Angst davor!

Schließlich hatte ich mich nach fast neun Jahren in der arabischen Welt trotz vieler Entmutigungen und Herausforderungen, nach Hochs und Tiefs inzwischen an alles gewöhnt. Diese Gewohnheit hatte mir und meiner Familie Sicherheit gegeben.

„Etwas Vertrautes hinter sich zu lassen, an das man sich festgeklammert hat, kann auch freimachen: für sich selbst und für neue Ziele.“, sagte ein Freund.

Ich fragte mich betroffen: Habe ich mich festgeklammert? War ich dadurch unfrei geworden für das, was Gott für uns geplant hatte? Oder hat er etwa seine Meinung geändert? Ich war verwirrt. Viele Fragen schwirrten in meinem Kopf.

„Die Dinge sind nie so, wie sie sind, sie sind immer das, was man daraus macht.“ Dieses Zitat hatte ich irgendwo gelesen. Ich wollte das Beste daraus machen – für meinen

Mann, für unsere Kinder und für mich selbst. Das war aber gar nicht so einfach, denn jeder von uns ging unterschiedlich mit den drohenden Verlusten um!

Während wir uns innerlich schon mit einer potentiellen Veränderung auseinandersetzen mussten, war es gleichzeitig wichtig, uns auch noch hier und jetzt voll und ganz einzubringen! Wir wollten gerne das hier angefangene „gute Werk" zu einem erfolgreichen Abschluss bringen. Wir wollten dafür sorgen, dass es unabhängig von uns weiterging! Schließlich sollte doch nicht alles, wofür wir hier gelebt und teilweise gekämpft hatten, vergeblich gewesen sein!

Es war wirklich eine große Herausforderung, nicht aufzugeben, sondern das Beste daraus zu machen und die individuelle Geschichte bestmöglich weiterzuschreiben. Aber wie würde *unsere* Geschichte denn weitergehen? Würden wir irgendwann wieder in diese Gegend, in der wir uns daheim fühlten, zurückkehren? Oder würden wir in einem anderen Land eine ganz neue Arbeit anfangen?

Von den Behörden wurde uns in dieser Zeit mitgeteilt, dass wir ab jetzt dazu verpflichtet waren, immer mindestens einen Wächter vor dem Haus zu haben. Das bedeutete für uns: Vollverpflegung der Uniformierten, Bezahlung ihres Lohnes und Bau eines Wächterhauses.

Seit unserer Rückkehr hatte man uns bereits Soldaten als Wache vor dem Haus abgestellt, die dann allerdings spätabends unbemerkt verschwanden oder auf der Straße laute Partys veranstalteten. Chris vermutete, dass diese bewaffneten Männer uns nicht beschützen, sondern kontrollieren sollten!

Als noch einige andere dubiose Beschränkungen hinzukamen, wurde langsam klar, dass dies ein Wink mit dem

Zaunpfahl war und eigentlich bedeutete, dass unsere Zeit hier abgelaufen war!

Kurz nachdem wir wieder nach Mukalla zurückgekehrt waren, kam dann per Email die Aufforderung von unserem Arbeitgeber direkt aus Deutschland:

„Nehmt ein Sabbatjahr! Ihr seid traumatisiert und braucht Hilfe."

Kurz und knapp. Und doch sehr einschneidend! Wenn das nur so einfach gewesen wäre!

Viele Fragen mussten geklärt werden. „Wo sollen wir denn hin? Es ist jedes Mal schwer, eine Bleibe zu finden, selbst für einen kurzen Aufenthalt! Und wenn wir länger bleiben, benötigen die Kinder eine Schule. Unsere Erfahrungen vor knapp zwei Jahren mit öffentlichen Schulen waren jedoch nicht rosig für unsere Quereinsteiger."

***

Wir waren wirklich dankbar, dass wir noch einmal nach Mukalla hatten zurückkehren können. Wir konnten unsere Freunde und Arbeitskollegen besuchen, uns und unsere Kinder darauf vorbereiten, dass dieses Kapitel unseres Lebens bald beendet sein würde. Es verblieben uns noch ein paar Monate, um die Arbeit vor Ort abzuschließen und unseren Nachfolger einzuweisen. Diese Zwischenzeit war manchmal emotional schwer zu verkraften.

***

Erst später wurde mir klar, was dieser Abschiedsschmerz für ein Privileg war und wie schwierig es für Menschen sein muss, wenn sie Hals über Kopf fliehen und vertraute Menschen und ihren Besitz zurücklassen müssen, ohne Möglichkeiten um Abschied zu nehmen!

„Oft sieht man nicht die offenen Türen, die sich aufgetan haben, weil man nur auf die eine Tür starrt, die ins Schloss gefallen ist.", las ich irgendwo in jener Zeit und fühlte mich angesprochen. „Wir sind so auf das Negative fixiert, dass wir gar nicht mehr sehen, was wir auch an Segensspuren erleben dürfen." Und es gab wirklich viele schöne Erlebnisse, die es zuvor noch nicht gegeben hatte. Beispielsweise kamen Einheimische nach so langer Durststrecke und baten um ein Bibelstudium. Oder jemand wollte unbedingt getauft werden. Was jahrelang mühsam gepflanzt und begossen worden war, schien jetzt auf einmal reif zu werden. Chris bemühte sich, die Einheimischen als Lehrer zu trainieren. Er versuchte, ihnen beizubringen, wie man als Christ lebt und von den Fesseln der traditionellen Gebundenheit frei wird.

Mein Anliegen war es, Familien zu zeigen, wie sie ihren neuen Glauben praktisch einüben konnten. Doch bisher gab es fast ausschließlich entweder gläubige Männer, deren Frauen Jesus noch nicht erkannt hatten, oder wenige Frauen, deren Männer noch nicht gläubig waren. Chris nutzte fast jede Minute seiner freien Zeit, um zwischen einheimischen Gläubigen Vertrauen aufzubauen, damit sie sich gegenseitig auch stärken und trösten konnten, wenn wir nicht mehr da wären.

***

Es wurde Zeit für uns, das Erntefeld in einheimische Hände zu übergeben, und jetzt gab es diese potentiellen Leiter endlich. Mein vorausschauender Mann wollte die jemenitischen Gläubigen so gut wie möglich ausrüsten, ihnen das erforderliche Handwerkszeug geben, damit sie in Zukunft bestehen konnten. Wir mussten vertrauen, dass Gott eine Zukunft und Hoffnung für jeden unserer jemenitischen Freunde und auch für uns als Familie haben würde.

Zu unserer großen Freude durften wir noch persönlich miterleben, wie sich kurz vor unserer Abreise einheimische Gläubige im ganzen Land über Stammes- und Bundeslandgrenzen hinweg zusammenschlossen und die erste einheimische Kirche der arabischen Halbinsel gründeten. Unsere Freunde waren also nicht mehr allein, weil der Herr seine Kirche baute und versprach, auf sie achtzugeben.

Während dieser Abschiedsphase war vieles ungewiss und unsicher. Unsere Kinder stellten viele Fragen, die wir nicht beantworten konnten.

In einem Lied von Whitney Houston entdeckte ich eine Textstelle, die mich sehr berührte und mir half, freizugeben und auch frei zu werden: „*If I would stay, I would only be in your way… I will always love you.* – Wenn ich bleiben würde, wäre ich dir nur im Weg. Aber ich werde dich immer lieben."

Epilog

Im Jemen hat sich in den letzten Monaten durch den verheerenden Krieg viel verändert. In diesem ärmsten Land der arabischen Halbinsel, wo schon vor dem Konflikt fast 50 Prozent der Einheimischen unter der Armutsgrenze lebten, verschlimmerte sich der Zustand drastisch. Im Dezember 2015, nach nur 9 Monaten Krieg, hungerten bereits weit über 80 Prozent der Jemeniten und brauchten humanitäre Hilfe (mehr als 21 Mio. Menschen). Millionen haben ihre Wohnungen verloren und müssen innerhalb des Landes fliehen, Hunderttausende verlassen ihr Land. Weltkulturerbe wurde systematisch zerstört. Bedauerlicherweise ignoriert die Weltpresse jedoch diesen armen Staat. Ist es die Wiege der arabischen Kultur und das Land der Königin von Saba nicht wert, mehr Beachtung zu finden? Die Römer nannten dieses südarabische Land mit seinen freundlichen Menschen *glückliches Arabien.* Wir müssen diesen liebenswerten, vergessenen Jemeniten eine Stimme geben!

Wir trauern um unsere Freunde, die wegen des Konflikts bereits ihr Leben lassen mussten.

Wir bedauern, dass einige Häuser, in denen wir leben durften, völlig zerbombt wurden und Freunde ihr Zuhause verloren haben.

Schariifas Mann Sultan wurde inzwischen ermordet.

Maliik, ein leidenschaftlicher Nachfolger Jesu, der uns damals sehnsüchtig erwartet hatte, erzählte vielen von dem, der ihn so begeisterte. Er wusste immer, dass sein Tun nicht ungefährlich war! Im Herbst 2015 lauerten ihm Islamisten vor seiner Haustür auf und ermordeten ihn. Er wurde ein Märtyrer für seinen geliebten Jesus und seine Frau blieb als junge Witwe mit vier kleinen Kindern zurück.

Trotz allem Leiden wächst die Gemeinde im Lande der Königin von Saba weiter.

Sie und viele andere sind uns ein großes Vorbild für ihren Glauben und bleiben immer in unseren Herzen!

Worterklärungen

(Umgangssprachliche Lautschrift, kann lokal variieren!)

Aadi!	Das ist normal/wir sind daran gewöhnt
Abaya	Schwarzer Übermantel für Frauen
Aisch ilmuschkila?	Was ist (eigentlich) das Problem?
Ajnabi	Ausländer
Ajnabiyyas	Ausländerinnen
Allahu akbar	Allah ist größer!
Bakschisch	Trinkgeld
Balto	(vgl. Abaya) schwarzer langer Übermantel
Chai	Tee
Daktoora	Frau Doktor (repektvolle Anrede für medizinisches Personal)
Dir balkum	Passt auf!
Djambya	Jemenitischer Dolch
Duhur	Mittagsgebet
Fajir	Frühgebet
Ftur	Frühstück
Futa	Feingewebte Wickelröcke (für Männer) mit schönen Mustern
Fus'ha	Arabische Schriftsprache
Hadith	Überlieferung der Handlungen und Sprüche des Propheten Mohammed
Hadramis	Bewohner des Hadramaut
haraam	Verboten, unzüchtig
Hurma bitsuuq	Eine Frau fährt
sayaara	Auto
Iisa al Masiah	Jesus, der Messias
Ilhamdulillah	Gott sei Dank!
Inschallah	So Allah will! Vielleicht

Injil / Indschil	Neues Testament auf Arabisch
Inschallah bukra	Hoffentlich morgen!
Intabih(u)	Achtung!
Keif haalik?	Wie geht es dir?
Lithma	Gesichtsschleier, der auch aufgeklappt werden kann (Augenschlitz)
Mafratsch	Niedrige Sitzecke aus Matratzen ohne Füße (wie Sofa) meist als Männerwohnzimmer genutzt
Madrassa	Schule
Marib	Abendgebet / Sonnenuntergangsgebet
Miin maai	Wer ist da?
Misch Muschkila!	Kein Problem!
Nuqba	Kopftuch, das die Haare bis zur Brust verhüllt
Qasr	Burg, Festung
Qat	Kaudroge / einheimische Drogenart
Qauzz	Wüstenwind
Salaam aleykum	(wörtlich: Friede auf/mit Euch) Guten Tag!
Sabra	Schwarze Farbe um Tatoos auf die Hände und Füsse zu malen
Schaitaan	Satan, Teufel
Schurba	Sättigende Haferflockensuppe
Shisha	Wasserpfeife
uskutuu	Seid doch mal leise!
Wadi	Flusstal
Waqiil	Makler, Vermieter, Vermittler
Ya Allah	O Gott!
Yella, bi Suraa!	Schnell! Auf geht`s!

Dank

Mein Dank gilt vor allem Jesus, der der eigentliche Autor unserer Geschichte ist und uns nie im Stich gelassen hat!

Mein Papa hat immer daran geglaubt, dass meine Geschichte wert sei, aufgeschrieben zu werden und auch an meine Fähigkeit, zu schreiben. Er hat mich ermutigt. Am Totenbett las ich ihm noch aus dem Manuskript vor und er lächelte glücklich. Mein Mann ist der Held dieser Geschichte und mit seiner treuen Liebe und Ermutigung wirklich mein Held und meine große Liebe! Danke für alle praktische Hilfe und deinen Zuspruch! Ohne dich wäre dieses Buch nicht so geworden oder entstanden!

Dankbar bin ich auch unseren drei wunderbaren Söhnen, die durch dick und dünn mit uns gingen. Sie wurden damals nicht gefragt, sondern mehr oder weniger mitgeschleppt. Manchmal haben sie unsere Entscheidungen nicht verstanden. Unser Lebensstil hat ihnen einige Opfer abverlangt. Ich rechne es jedem von euch hoch an, dass wir als Familie zusammenhalten! Danke, ich bin stolz auf euch!

Meinem ältesten Sohn “David“ bin ich sehr dankbar für verschiedene Entwürfe des Covers. Er hat Talent und Liebe fürs Detail bewiesen.

Unser Jüngster, „Tim“ musste besonders viel Geduld mit mir haben während der Zeit der intensiven Arbeit an diesem Buchprojekt. Seine beiden großen Brüder waren in dieser Zeit im Ausland, sein Papa ist viel unterwegs. Aber er hat mir immer Zuspruch gegeben und mich ermutigt, weiterzumachen, wenn ich aufgeben wollte.

Danken möchte ich auch meinen wunderbaren Freundinnen und Freunden und unseren treuen Unterstützern, die unseren Auftrag jahrelang mittrugen und mir und uns mit Rat und Tat zur Seite standen. Sie haben dazu beigetragen, das zu werden, was wir heute sind! Wir sind jedem Einzelnen dankbar für die Liebe, Treue, Geduld und Begleitung eines mehr oder weniger langen Wegstückes!

Regine M., Ute M., Susanne K., Ruth B. sowie Stefan R. danke ich für euer positives Feedback, die Ermutigung und konstruktiven Veränderungsvorschläge. Ihr habt daran geglaubt, dass es sich lohnt, die Geschichte zu veröffentlichen. Das weiß ich sehr zu schätzen.

DANKE!